साहित्य की व्यापक चिन्ताएँ

[साक्षात्कार]

साहित्य की व्यापक चिन्ताएँ

नन्द चतुर्वेदी

राजकमल प्रकाशन

ISBN-978-81-267-3040-7

मूल्य : ₹ 395

पहला संस्करण : 2017

प्रकाशक : राजकमल प्रकाशन प्रा. लि.
1-बी, नेताजी सुभाष मार्ग, दरियागंज
नई दिल्ली-110 002

शाखाएँ : अशोक राजपथ, साइंस कॉलेज के सामने, पटना-800 006
पहली मंजिल, दरबारी बिल्डिंग, महात्मा गाँधी मार्ग, इलाहाबाद-211 001
36 ए, शेक्सपियर सरणी, कोलकाता-700 017

वेबसाइट : www.rajkamalprakashan.com
ई-मेल : info@rajkamalprakashan.com

मुद्रक : बी.के. ऑफसेट
नवीन शाहदरा, दिल्ली-110 032

SAHITYA KI VVAPAK CHINTAYEN
Conversations with Nand Chaturvedi

भूमिका

संवाद और बहस नन्द चतुर्वेदी के सोच का मूल सार था। वे स्वतंत्रता और समता के पक्षधर थे और हमेशा इन चिरंतन मूल्यों की रक्षा के लिए सार्वजनिक मंचों से भाषण, परिसंवादों, कवि सम्मेलनों और गोष्ठियों के जरिए अपनी बात करते थे। उन्हें 'संवाद-प्रेमी' भी कहा जाए तो कोई अतिशयोक्ति नहीं होगी।

साक्षात्कार ज्यादातर एक सवालों की परिधि में की गई बातचीत होती है। 'साहित्य की व्यापक चिन्ताएँ' और अन्य साक्षात्कार सामायिक विषयों पर गम्भीर चिन्ताएँ तो हैं ही साथ ही नन्द चतुर्वेदी के साहित्यिक सोच की बयानी भी हैं। वे कविता की परम्परागत बुनावट के साथ-साथ उसकी सामाजिकता और उससे जुड़े सरोकारों को भी जानते-पहचानते थे। वे कविता को अँधेरे से मुक्त होने की छलाँग मानते थे। उनकी कविताएँ आसपास के परिवेश और संघर्षरत मानव से जुड़ी थीं।

इन साक्षात्कारों की यह भी विशेषता है कि ये समाज और साहित्य की व्यापक चिन्ताओं को बताते हैं। गांधी-लोहिया की विचारधारा को पूरे जीवन-भर मानने वाले नन्द चतुर्वेदी अपने मित्र-समीक्षक नवल किशोर जी के द्वारा यह पूछे जाने पर कि 'आपकी कविताओं में प्रेम की कोमल अनुभूतियों की कविताएँ क्यों नहीं हैं? सारी कविताओं में बस समाज का दर्द, औरत का दर्द, पीड़ा...' वह कहते हैं, 'यदि रीतिकालीन कविता को आप प्रेम की कविता मानते हैं तो मैं नहीं जानता कि वह कितनी प्रेम की कविता है। यह भी एक विवेचना की बात है कि दरअसल प्रेम क्या चीज है और प्रेम की कविता कैसी होती है, लेकिन प्रेम करती हुई स्त्रियाँ नजर ही नहीं आईं।'

नन्द चतुर्वेदी कई मुद्दों पर साफगोई से राय रखते थे। शिक्षा, मीडिया, नया आर्थिक परिदृश्य, जिसमें निजीकरण और वैश्वीकरण शामिल हैं, उनकी व्यापक चिन्ताओं के हिस्सा थे। उनको एक दु:ख यह भी था कि राजस्थान के हिन्दी लेखकों को वह सम्मान और प्रतिष्ठा नहीं मिली जिसके वे हकदार

थे। वे राजस्थान को उत्तर प्रदेश की मंडी बनाने के खिलाफ थे और बार-बार इस दु:ख की बयानी इन साक्षात्कारों में करते हैं।

नन्द चतुर्वेदी इन साक्षात्कारों में स्वयं से भी साक्षात्कार करते हैं और अपने जीवन को कविताओं से जोड़ते हैं। समाज में स्त्रियाँ लगातार कष्ट पाती रही हैं, चाहे वे मौसीमाँ हों, जैसे मेरी नानी है, 'कि तुम्हारी देह से जैसे बर्फ की धार ही निकल रही हो; या मैं तुम्हारी देह पर सो जाता और तुम कहतीं कि लो, नौ बज गए, वह जो रेल की सीढ़ी लगातार...वही कविता है।''

इन साक्षात्कारों में नन्द चतुर्वेदी कविता में भाषा के साथ कैसा सरोकार रखते हैं, उसका जवाब भी देते हैं। नन्द चतुर्वेदी समय को पहचानने वाले और समाज की विसंगतियों को जानने वाले कवि-चिंतक थे।

सामाजिक यथार्थ और कविता विषय पर नन्द भारद्वाज ने नन्द चतुर्वेदी से लम्बी और सार्थक बातचीत की है। समाजवादी सोच और आन्दोलन की पृष्ठभूमि के बारे में नन्द चतुर्वेदी कहते हैं : 'समाजवादी सोच से जुड़ने की पृष्ठभूमि कविता ही है। कोई भी लेखक-कवि यथास्थिति के साथ जुड़ नहीं सकता। वह परिवर्तन और बदलाव के मूल्यों की पदचाप सुनता है। कवि होने के नाते विषमता या भुखमरी या गरीबी को सहन करना और रस-विलास में डूबे रहना मुझे कभी भी सम्भव प्रतीत नहीं हुआ। चेतना के किसी भी स्तर पर यह कभी स्वीकार नहीं हुआ कि दुनिया की तरफ से आँख मूँद कर ऐसे संसार में डूबे रहें जो स्मृतियों का संसार है क्योंकि वे स्मृतियाँ भी सामाजिक व्यवस्था से टकराती रहती हैं। दरअसल एक क्रूर संसार में कोई भी मुलायम, कमनीय स्मृति जीवित नहीं रह सकती। यदि आपको कमनीय स्मृति भी जीवित रखती हो तो संसार की क्रूरता, विषमता, गरीबी, भुखमरी आदि से संघर्ष करना ही होगा। यह संघर्ष कविता से अलग नहीं है।'

इन साक्षात्कारों में उनकी कविता के विषय, उनके कविता लिखने का कारण और उनके काव्य-संसार के आन्तरिक रचना-संसार की विस्तृतता है। ये सम्पूर्ण रूप से नन्द चतुर्वेदी की साहित्यिक चिन्ताओं और उनके सफल-असफल होने की कथा भी हैं।

नौ दशकों के लम्बे जीवनकाल में नन्द जी ने कई सामाजिक कालखंडों में अपना जीवन जिया। झालावाड़-उदयपुर का सामन्ती-काल, आजादी की लड़ाई और देश-निर्माण के सपने, आजादी के बाद बराबरी का सपना भी टूटा और बहुत बाद के दिनों में उन्हें निजीकरण और वैश्वीकरण के सवालों के उत्तर भी खोजने पड़े।

नन्द चतुर्वेदी मानते थे कि व्यक्ति की उसकी आयु से नहीं, बल्कि उसकी सृजनात्मक ऊर्जा से हमें खुश होना चाहिए। नन्द चतुर्वेदी बताते हैं कि जब उन्होंने लिखना प्रारम्भ किया था तब वे रोमानी दृष्टि रखते थे पर यह दृष्टि बदलकर अब आवश्यक दृष्टि में बदल गई है जो मुझे अब आर्थिक, राजनीतिक, सांस्कृतिक प्रभाव लेती नजर आ रही है (हिमांशु पंड्या और पल्लव से बातचीत)। जैसे मनुष्य का स्वाधीन होना, क्योंकि स्वाधीन लोग ही समता की और समता के लोग ही स्वाधीनता की बात कर सकते हैं। सब सुखों के बीच भी स्वाधीनता अपना एक मूल रखती है और सारी स्वाधीनता के बावजूद समता न हुई तो एक दुखांत पराधीनता की ओर ही जाएँगे।

नन्द चतुर्वेदी न केवल कवि, आलोचक, शिक्षक थे बल्कि वे एक बेहतरीन अनुवादक भी थे। उन्होंने जीद, प्रीस्टल, कामू और रंगायन (सम्पादक : पीयूष दईया) सँभाली और ऊराँव भाषा की 50 कविताओं का अनुवाद किया। होल्डर लेन उनके प्रिय कवि थे। अनुवाद और संस्कृति विषय पर अमरीकन लेखिका केथरीन रसेल रिच के साथ संवाद करते हुए वे 'क्या अनुवाद कला है?' सवाल का जवाब यह कहकर देते हैं : 'यह एक व्यावसायिक दक्षता भी हो सकती है, पर जब यह कला होती है तो अनुवादक से इसकी माँग दो स्तरों पर होती है—भावनात्मक और व्यावसायिक स्तर पर। किसी सुन्दर अनुवाद के लिए अनुवादक को अनुवाद-प्रशिक्षित होना जरूरी है, किन्तु साथ ही उसके मन में उस भाषा, उस देश और उसकी सांस्कृतिक गरिमा के प्रति भी उतना ही भावनात्मक लगाव आवश्यक है।' इसी साक्षात्कार में नन्द चतुर्वेदी हिन्दी में सूर्य-चन्द्रमा के कई पर्यायवाची शब्दों का जिक्र करते हैं और कहते हैं कि चन्द्रमा के लिए हमारे पास दस शब्द हैं और हर शब्द एक भिन्न प्रकार की मृदुता दर्शाता है। अंग्रेजी में आपके पास एक ही शब्द है—'मून'। मून और मून। आपके पास केवल 'सन' है। मेरे पास सूर्य है—इसका उच्चारण ही एक प्रगल्भता दर्शाता है और फिर उसके लिए सूरज, रवि, आदित्य और भास्कर जैसे अन्य कई शब्द हैं।

इस पुस्तक के कई साक्षात्कारकर्ता नन्द चतुर्वेदी के साथी, सहयोगी कवि और प्रियजन रहे हैं। विदेश और देश के अन्य भागों से आए विद्वज्जनों ने भी उनसे बातचीत की है।

'आलोचना क्या सर्जनात्मक कर्म है?' डॉ. शंभु गुप्त के इस सवाल पर नन्द चतुर्वेदी कहते हैं : 'एक जिद न हो, एक दुराग्रह न हो, यदि यह मन:स्थिति बनती है तो किसी भी समय आलोचना एक सर्जनात्मक कर्म

होती है और यह सर्जनात्मक कर्म अनेक तरह से आलोचना होगा। मेरी दृष्टि में यह स्थिति आनी चाहिए। अब यह नहीं आती है तो संकट उत्पन्न होता है और एक तरह से कहें तो 'मूठाग्रह' भी उत्पन्न होता है।'

इन लम्बे साक्षात्कारों में नन्द चतुर्वेदी अपने पढ़ने-लिखने, स्मृतियों और बचपन के दिनों की चर्चा भी करते हैं। वे सदाशिव श्रोत्रिय को बताते हैं कि जिस प्रकार कोई उपन्यास-प्रेमी उपन्यास पढ़ता है, उसी तरह वे वैचारिक निबन्ध पढ़ते हैं, विविध प्रकार का गद्य, जैसे—मनोविज्ञान, अर्थशास्त्र, शिक्षा, समीक्षा-आलोचना, समाजशास्त्र और समकालीन चिंतन।

आलोचक ओम निश्चल के इस सवाल पर कि वे मृत्यु के बाद किस रूप में याद किया जाना पसन्द करेंगे, नन्द चतुर्वेदी का उत्तर है : 'एक सामान्य हिन्दी कवि की तरह जो सामाजिक बराबरी के लिए और सत्ता के भयावह होते हुए वृत्तों के विरुद्ध लिखता रहा, मुक्ति के सपने देखता रहा।'

इस संकलन के साक्षात्कार समय-समय पर हिन्दी की कई पत्र-पत्रिकाओं में प्रकाशित हुए हैं। हम पत्र-पत्रिकाओं तथा मित्र सम्पादकों के आभारी हैं, जिन्होंने इन्हें प्रकाशित किया। साथ ही, साक्षात्कारकर्ता साहित्यकारों, आलोचकों और दृष्टिवान कवियों के भी हम आभारी हैं जिन्होंने हमें ये साक्षात्कार प्रकाशित करने की अनुमति दी। राजकमल प्रकाशन के भाई अशोक महेश्वरी को धन्यवाद देना महज औपचारिकता नहीं है। वे नन्द जी के शुभाकांक्षी रहे हैं और साहित्यानुरागी तो हैं ही। इस पुस्तक में शामिल सभी साक्षात्कारों को नन्द जी ने अपने जीवन के आखिरी वर्षों में संपादित और चयनित किया था। यह प्रसन्नता की बात है कि उनके न रहने के बाद काव्य संकलन 'आशा बलवती है राजन्' (राजकमल से ही) और अब यह संकलन उनके शुभचिंतकों के पास पहुँच रहा है।

मुम्बई

—अरुण चतुर्वेदी
अनुराग चतुर्वेदी

अनुक्रम

की व्याख्या करने के लिए हम उनकी भूमिकाओं का उल्लेख करने के आदी हैं। स्कूल के दिनों में यह निर्जीव रूपक मैंने भी सुना था जिसके अनुसार पुरुष और नारी जीवन की गाड़ी के दो पहिए हैं। [illegible] को इस तरह की यांत्रिक निर्भरता में [illegible] करते तो हम पुरुष और नारी की सामाजिक भूमिकाओं की भिन्नता के शास्त्र में भटक जाते हैं। इन भूमिकाओं की पृथकता दर्शाना और उसे बढ़ावा देना एक सांस्कृतिक दायित्व होने के अलावा आजकल एक व्यापारिक उद्योग बन चुका है। इसकी प्रबलता हमें पुरुष और नारी की पूरकता का कोई अन्य अर्थ नहीं देखने देती। नारी [illegible] ने युंग के चिंतन को फैलाते हुए यह दिखाने का प्रयास किया है कि पूरकता का अर्थ आत्म की छाया में छुपे [illegible]। किसी भी वस्तु की छाया रोशनी के कारण बनती है। वस्तु का वह रूप जो प्रकाश के कारण दिखाई देता है, छाया में भी रहता है पर साफ नहीं दिखता। इस भौतिक अनुभव को चिंतन के भीतर [illegible] इस्तेमाल करते हुए हम कह सकते हैं कि पुरुष स्वयं का जितना [illegible] देखता है, वह उसका प्रकाशित रूप है। उसके आत्म का [illegible] रूप छाया में छुपा रहता है। इस [illegible] रूप को हम पुरुष [illegible] नारी [illegible] कह सकते हैं। पुरुष [illegible] आत्म [illegible] बलशाली [illegible] और [illegible] आदमी के रूप में पेश करता है जिसकी छाया में नारी को निर्बल, कायर और बुद्धिहीन [illegible] पुरुष [illegible] अपनी आत्म छवि की उलट रचना करके पुरुष निश्चिन्त हो जाता है। यह उलट रचना उसके अहं को तुष्ट करती है—यह जताकर कि वह [illegible] है क्योंकि वह नारी से पूर्णतः भिन्न है। इस बोध को लिए [illegible] स्त्रियों के संपर्क में आता है, [illegible] भूमिकाओं, जैसे माँ, बहन या पत्नी, की तरह देखता है। [illegible] उसके अंतर्मन में [illegible] सुलाती [illegible] स्थापित सामाजिक [illegible] पोषण [illegible] पुरुष होने से [illegible] सोच की आदत इन मान्यताओं को सच उतारती है [illegible] में हम कह सकते हैं कि पुरुषों की स्त्रियों के प्रति सोच और बर्ताव उनके अन्तर्मन में [illegible] संचालित होती है जहाँ उसकी व्यक्तिगत बुद्धि का प्रकाश नहीं पहुँच सकता।

[illegible] जाने वाली उम्र में यह [illegible] मेरी पुस्तक [illegible] में आया [illegible] अर्थ में। इस पहुँच को [illegible] प्रयास [illegible] आगामी वर्षों में इस पुस्तक की रचना [illegible] [illegible] [illegible] स्त्रियों [illegible] विवेचन करने में मदद दे सकती। [illegible] [illegible]

अँधेरे से मुक्त होने की छलाँग है कविता

डॉ. इन्दुशेखर 'तत्पुरुष' की बातचीत

सर्वप्रथम आज की परिस्थितियों में जीवन में कविता की जरूरत को आप किस तरह आँकते हैं?

मेरा खयाल है कि कविता की शायद इसी समय ज्यादा जरूरत है। जब जीवन सूखता जा रहा हो और खंडों-खंडों में विभाजित होता जा रहा हो और लोगों की आर्थिक तृष्णाएँ भी बढ़ रही हों, तब कोई भी कवि वह चाहे छोटा हो, बड़ा हो, जीवन को सन्तुलित, संवेदनशील और रसमय बनाने का यत्न करेगा।

एक और महत्त्वपूर्ण बात है कि सम्पूर्ण साहित्य का काम जीवन को 'इन्क्लूसिव' बनाना है, 'एक्सक्लूसिव' नहीं। जीवन को एकीकृत करना है। यदि हम इस दृष्टि से देखें तो आपके प्रश्न का यही उत्तर हो सकता है। कुछ लोग कहते हैं कि कविता पढ़ी ही नहीं जा रही और कविता का अन्त होता जा रहा है, किन्तु वैसा मुझे नहीं लगता। मुझे नहीं लगता कि भारतीय परिदृश्य से कविता जल्दी ही गायब हो जाने वाली है। मैंने एक जगह लिखा भी है कि भारत का स्वभाव कवित्वमय और संगीतमय है। उसमें बुनियादी तौर पर भावात्मक उत्तेजना विद्यमान रहती है। अत: इस शताब्दी में और आने वाली शताब्दी में भी कविता एक बड़ी आवश्यकता रहेगी। यदि उसे विलुप्त किए जाने के प्रयास किए जाते हैं तो वह दुर्भाग्यपूर्ण होगा।

वे कौन-सी मूल चिन्ताएँ अथवा चुनौतियाँ हैं जो आपको कविता लिखने के लिए प्रेरित करती हैं?

शायद आपके इस प्रश्न का मूल आशय जो है, वह यही है कि मैं कविता क्यों लिख रहा हूँ? इसका उत्तर थोड़ा मुश्किल है।

इसको आप थोड़ा देखिए कि जो पहले यथार्थ का रूप था, आपको ऐसा प्रतीत होता था कि वह समाज का निश्चित रूप है जिसको बहुत सारे आलोचकों ने 'एकायामी यथार्थ' कहा, जो हमारी आजादी के पश्चात् हमारी कविता का पहला चरण था, वह 'एक आयामी' था। इधर थोड़ी कठिनाई यह हो गई कि हमारे जीवन

का वह यथार्थ 'बहुआयामी' हो गया है। आप सामाजिक जीवन में देखें; चाहे वे हमारे सामाजिक सम्बन्ध हों, सांस्कृतिक संवाद हों, एक संशय, अंग्रेजी का शब्द 'सिनिसिज्म' काम में लें तो एक 'सिनिकल', 'सिनिसिज्म', 'संशयग्रस्तता' जैसी नजर आने लगी है। पहले जैसे कोई थोड़ा भी कवियों से प्रश्न करता था कि वे कविता क्यों लिखते हैं तो उनका उत्तर एकायामी यथार्थ होने के कारण सरल होता था। जैसे तुलसी ने कहा, *'स्वान्तः सुखाय तुलसी रघुनाथगाथा भाषा निबन्धमतिमंजुलमातनोति'*, उन्होंने कह दिया कि यह स्वान्तः सुखाय है। रीतिकाल के कवि से पूछा तो उसने कहा कि 'आगे के सुकवि रींझे तो कविताई, न तो राधिका कन्हाई के सुमिरन को बहानो है।' बाद में सामाजिक यथार्थ की बातें होने लगीं। फिर और अगर नजदीक से आप देखें तो जैसे स्त्रियों ने कहा कि हम स्त्रियों के लिए लिख रही हैं, दलितों ने कहा कि हम दलितों के लिए लिख रहे हैं, फिर अल्पसंख्यकों ने कहा कि हम अल्पसंख्यकों के लिए लिख रहे हैं, तो इस तरह अब आप देखें तो कई तरह के उत्तर हैं।

जैसे मैं ही पहले अपनी कविताओं के सम्बन्ध में विचार करता हुआ अपने-आपको समाजवादी कवि, सामाजिक आवश्यकताओं का कवि घोषित करता रहा हूँ। लेकिन अब उस तरह की एकनिष्ठता संशयशील हो गई है। क्योंकि स्वयं कवि का व्यक्तित्व विभाजित हो गया है। वह स्वयं यह निश्चित करने की स्थिति में नहीं है कि यही एकमात्र सामाजिक अथवा जीवन की सच्चाई है अथवा यही बुनियादी सच्चाई है। इस तरह से हम देखें तब भी आपको एक कविता की निश्चित धारा तो नजर आती है थोड़े भिन्न-भिन्न रूपों में। अब भी एक गैर-बराबरी का समाज है, शोषण आधारित या वंचितों-विपन्नों का समाज है, उसके प्रति अपनी नाराजगी व्यक्त करना और समाज रचना के अमानवीय रूप को देखना मेरे साहित्य लेखन का प्रयोजन बना हुआ है।

कविता में आपकी चिन्ताएँ साधारण आदमी की चिन्ताएँ हैं। आम आदमी का संताप और संघर्ष, आशा और निराशा उनमें बोलती है। लेकिन वे एक प्रबुद्ध वर्ग, एक सुशिक्षित व्यक्ति को समझ में आने वाली और पसन्द आने वाली कविताएँ हैं न कि साधारण आदमी के। कविताओं का इस तरह रचाव आपके द्वारा सायास हुआ या कि अनायास?

मैं इसका कोई बहुत सुनिश्चित उत्तर तो नहीं दे पाऊँगा लेकिन मैं समझता हूँ कि मेरा जो रचना संसार है, जहाँ से मैं शब्दचयन करता हूँ, वह मध्यवर्गीय व्यक्ति का ही है। मूलतः जो मेरी संवेदनाएँ हैं, लिखने की प्रेरणाएँ जहाँ से मिलती हैं, वे उस वर्ग का ही प्रतिनिधित्व करती हैं। आप देख ही रहे हैं कि उस वर्ग का विस्तार भी होता चला जा रहा है, जिन लोगों के साथ आपका जीवन-व्यवहार है, उन सामाजिक स्थितियों

का आपकी कविता पर भी प्रभाव पड़ रहा है। जैसे आप पुरानी संस्कृत कविता को लें, तो देखेंगे कि उन कविताओं में सामन्ती आभिजात्य प्रमुख है, जो इस बात का प्रमाण है कि कवि का वर्गीय चरित्र कविता में किस तरह हस्तक्षेप करता है।

यह भी लक्षित किया जाना चाहिए कि अभिव्यक्ति के माध्यम किस तरह का हस्तक्षेप करते हैं। पहले रेडियो आया, उसने भिन्न प्रकार की साहित्यिक आवश्यकताओं को बदला। फिर टीवी आया, उसने देखने की दृष्टि बदल दी, रंगों के आयाम बदल दिये। देखें कि अब हिन्दी में एक नए प्रकार का भाषाबोध रचे जाने का प्रयास किया जा रहा है। एक नए प्रकार की भाषा—एक नई भाषा बन रही है और खास कर जो आई.आई.टी. इंस्टीट्यूट हैं, वे तो एक नई भाषा की तलाश ही कर रहे हैं। अभी हैदराबाद में एक गोष्ठी हुई जिसके समाचार मेरे पास आए हैं, जिसका मूल यह था कि भाषा को बाजार विकसित करने का साधन कैसे बनाया जाए? यानी भाषा की शुद्धता, सृजनशीलता की रक्षा करना अब थोड़ा कठिन-सा हो रहा है। जो आपने प्रश्न किया था कि हमारी कविता की भाषा प्रबुद्धवर्ग की है जबकि हम कहते यह हैं कि हम आम आदमी के लिए कविता लिख रहे हैं। अब तो आम आदमी भी बदल रहा है। मध्य वर्ग का त्वरित विस्तार हो रहा है। यदि मेरी कविता में उसका दखल बढ़ रहा है तो वह स्वाभाविक है। मैं उसी वर्ग का हूँ। मेरा आम आदमी वही है।

भाषा का प्रश्न सबसे महत्त्वपूर्ण प्रश्न है किन्तु चिन्ता की बात यह है कि भाषा ही क्यों, आज जीवन के दूसरे हिस्सों को देखें, भवन को देखें, भूषा को देखें, वे सब बदल रहे हैं। अब 'पिज्जा' भोजन हो गया है, 'बर्गर' नाश्ता हो गया है। भवनों में तो आमूलचूल परिवर्तन आप देख ही रहे हैं। जब भाषा, भूषा, भोजन, भवन—सब बदलाव के चक्र में हों तो मुझे सबसे बड़ी चिन्ता यह है कि कविता की भाषा ही कौन-सी रह जाने वाली है! अब जैसे अंग्रेजी में 'तुम' के लिए 'यू' है तो अल्फाबेट का U बना देते हैं। मैंने कई ऐसे विज्ञापन देखे हैं जिनमें FOUR की जगह 4 लिखा हुआ है। इधर आविष्कारों ने भी बड़ा दखल दिया है। अब कम्प्यूटर के साथ नए शब्द भी आ गए हैं। हिन्दी के कवि तो प्राय: अध्यापक कवि ही हैं।

उनकी वर्गीय निष्ठाओं और सामाजिक परिवेश को देखते हुए यह कहा जाना चाहिए कि उनकी कविताएँ और साहित्य पढ़े-लिखे बौद्धिक वर्ग के लिए हैं।

राजस्थान की अपनी विशिष्ट परम्परा, लोकमान्यताएँ और रूढ़ियाँ रही हैं। ये आज भी प्रचलित हैं। इनमें संवाद करने अथवा संघर्ष करने में एक कवि की किस तरह की भूमिका होनी चाहिए?

इसे आप दो हिस्सों में बाँटकर देख सकते हैं। एक आजादी के पूर्व का काल रहा, इसमें कवि की जो विवशताएँ रहीं, उनमें हम देखते हैं कि वह सामन्ती समाज का ही हिस्सा रहा और वह उन रूढ़ियों और अन्धविश्वासों का समर्थन करता रहा जो

सामन्तों को प्रिय थे। लेकिन आजादी के बाद वाला जो कवि-समाज बना, वह लोकतांत्रिक परम्पराओं का समाज बना और जो उसमें संवैधानिक प्रतिबद्धताएँ थीं, जिसमें धर्मनिरपेक्षता, लोकतंत्र, समाजवाद का प्रबल आग्रह रहा, उसने जीवन-दृष्टि को बदलने में बड़ी सहायता की और विवेकसम्मत तथा समतामूलक समाज रचना के प्रति आग्रह बढ़ाया। मेरी दृष्टि में प्रान्त के कवियों में शिक्षा के कारण, एक बदलती समाज रचना के कारण, वैश्विक साहित्य के सम्पर्क में आने के कारण और वैज्ञानिक आविष्कारों में कार्यकारण भाव ढूँढ़ने के कारण शक्ति और सामाजिक विवेक उत्पन्न हुआ। इससे नए मानवीय पक्ष और सौन्दर्यशास्त्र की रचना हुई। देखें कि इन बदली दृष्टियों के कारण कविता की संवेदनशीलता घटी नहीं बल्कि वे एक विवेकसम्मत समाज-रचना में मदद करने लगीं, जिसकी राजस्थान को अभी भी बड़ी आवश्यकता है। राजस्थान में अभी सामन्तकालीन मूल्यों का प्रबल विरोध नजर नहीं आता। यहाँ मेरी दृष्टि में पुनर्जागरण की आवश्यकता है। इसके लिए विवेकसम्मत जीवन-मूल्यों की शिक्षा, वैसा राजनीतिक व्यवहार और नया सामाजिक संगठन आवश्यक है।

एक अच्छी कविता, एक सार्थक कविता आप किसे कहेंगे?

प्रिय भाई, आपने सबसे कठिन प्रश्न पूछा है। मैं स्वयं पचास-साठ वर्षों से इसी के उत्तर की तलाश कर रहा हूँ कि अच्छी कविता के प्रतिमान क्या हैं? जैसे आप पूछें कि एक अच्छे जीवन के प्रतिमान क्या हैं? इसका उत्तर देना जैसे आसान नहीं है, उसी तरह अच्छी कविता की परीक्षा के प्रतिमान निर्धारित करने का काम भी कठिन है। मुझे कई बार तो लगता है कि यह व्यक्तिगत रुचियों पर ही तो निर्भर नहीं करता और यह फिर से वहीं ले जाता है कि एक अच्छी कविता का निर्णय कैसे हो या कैसे हुआ? कई तरह की कविताएँ लिखी गई हैं और एक रसिक व्यक्ति कई तरह की कविताएँ पसन्द करने के लिए स्वतंत्र है। आप मुझसे पूछें तो मैं उन धार्मिक कविताओं को भी पसन्द करता हूँ जो प्राचीन कवियों ने लिखी हैं। मैं उन शृंगार रस की कविताओं को भी पसन्द करता हूँ जिन्हें मध्यकालीन कवियों ने लिखा। मैं उन समाजवादी कविताओं को भी प्रिय समझता हूँ जो आधुनिक कविता का चरित्र हैं। मुझे उनकी प्रशंसा करने के अलग-अलग कारणों से कोई संकोच नहीं होता। जैसे मध्यकालीन कविता में, जो कवियों की चाराता है, अलंकारों की नाना छवियाँ हैं, वे मुझे प्रसन्न करती हैं। इसी प्रकार से आधुनिक कविता में जो वर्ण्य विषयों की वृहद् सूचियाँ हैं और मनोवैज्ञानिक सूक्ष्मताएँ हैं और भी कई प्रकार के काव्यचातुर्य के और कविता विस्तार के सुपरिचित लक्षण है, उन्हें मैं सराहना की दृष्टि से देखता हूँ। कवि को या एक पाठक को अच्छी या बुरी कविता का निर्धारण करने की अपेक्षा अपने जीवन के रसपूर्ण स्वादों को सजग बनाए रखना चाहिए।

बिहारी पुरस्कार से सम्मानित किए जाने के अवसर पर दिये गए आपके वक्तव्य का एक वाक्य सुभाषित की सी तरह महत्त्वपूर्ण है। आपने कहा था कि 'कविता अँधेरे में छलाँग लगाना नहीं है। अँधेरे से मुक्त होने की छलाँग लगाना है।' इसे थोड़ा स्पष्ट करें।

अगर मैं बहुत ईमानदारी व्यक्त करूँ तो इस आशय का वाक्य टी.एस. इलियट ने कहा है। इलियट ने कहा है कि 'पोइट्री इज नॉट एस्केप फ्रॉम इमोशन बट इज एन एस्केप इन्टू इमोशन।' दरअसल उस समय बौद्धिकों और काव्यालोचकों का एक समूह अभिव्यक्ति को भावुकता से अलग करने की चेष्टा कर रहा था और यह जो मेरा कथन है कि 'अँधेरे में छलाँग नहीं है बल्कि अँधेरे से मुक्त होने की छलाँग है', वह कविता के नए परिवर्तनशील स्वभाव को रेखांकित करने का प्रयत्न है। यह मूढ़ भावप्रवणता से कविता को बचाकर एक विवेकयुक्त मानवीय समाज का प्रयास है।

मेरा यह खयाल है कि इस समय भी एक लेखक को, कवि को, साहित्यकार को घबराकर अँधेरे में छलाँग के बजाय अँधेरे से मुक्त होने की ही छलाँग लगानी चाहिए। हालाँकि आज यह बहुत कठिन हो गया है क्योंकि आज का अँधेरा अनेक कारणों से उजालों की तरह नजर आ रहा है। अभी-अभी मैंने एक लेख लिखा है, जिसका शीर्षक है—'अँधेरे में डूबते उजाले के शहर।' इसी तरह आज बहुत-से उजालों का भ्रम पैदा किया जा रहा है, जबकि वे अँधेरे के विस्तृत होते लालची आयाम हैं।

['सुजस' के सौजन्य से]

अनुवाद और संस्कृति

अमरीकन लेखिका केथरीन रसेल रिच से बातचीत

अपनी चातुर्यपूर्ण और बेचैन करने वाली दृष्टि के लिए जानी जाने वाली कविताएँ लिखने के अलावा आपने बहुत-से दूसरे लेखकों का अनुवाद भी हिन्दी में किया है— जींद, प्रीस्टल, कामू, अन्य भारतीय भाषाओं के कवियों आदि का। किस विधा का अनुवाद आपको अधिक कठिन लगता है— गद्य या पद्य का?

पद्य का, क्योंकि पद्य स्वयं संस्कृति के अनुवाद का एक माध्यम है। किसी कविता के शब्द केवल शब्द नहीं होते : वे सांस्कृतिक स्मृतियाँ होते हैं—सामूहिक चेतना का एक हिस्सा। उनके अस्तित्व का फैलाव उनके बाहर तक होता है। आप जब एक कविता पढ़ते हैं तब आप देश, काल और व्यक्ति को भूल जाते हैं। केवल एक चेतना रह जाती है। सभी चीजें जैसे गड्डमड्ड हो जाती हैं—काव्य बिम्ब, लोगों के सपने और उनकी कल्पनाएँ। कविता का अनुवाद बहुत कठिन होता है।

गद्य की तुलना में अधिक कठिन?

निश्चय ही अधिक कठिन। किसी कविता का अनुवाद गद्य की भाँति पूरी तरह कर पाना सम्भव नहीं है। कविता की भाषा में आदेश और सांद्रता अधिक होती है। अनुवादकर्ता केवल शब्द की जगह शब्द ही रख सकता है और इसीलिए बहुत-सा अर्थ संप्रेषित नहीं हो पाता। विस्तार, अवकाश और मूर्त विचारों के कारण गद्य का अनुवाद अपेक्षाकृत सरल होता है। कविता व्यक्तिपरक होती है और उसमें एक महासागरीय गुण होता है। कवि अपनी आन्तरिक दुनिया को शब्दों में बदलने और साथ ही बाह्य दुनिया से एक निजी अनुभव का सृजन करने के लिए प्रशिक्षित होता है। यह एक दोतरफा प्रक्रिया है।

क्या लोगों की आन्तरिक दुनिया का कोई राष्ट्रीय चरित्र भी होता है? क्या आप ऐसा कह सकते हैं कि एक भारतीय की भीतरी दुनिया एक अमरीकन की भीतरी दुनिया से भिन्न होती है?

निश्चय ही, कुछ हद तक। भारतीय स्वभाव में अधिक कवित्व, अधिक कल्पनाशीलता है। वह सांसारिक समय की परवाह नहीं करता—भारत में हम अस्थायी स्थितियों से अप्रभावित रहते हैं। यह आतंकवाद, यहाँ मात्र एक राजनीतिक शब्द है। लोग कहते हैं, 'ठीक है, यह भी बीत जाएगा।' हमने बहुत से उतार-चढ़ाव देखे हैं, हमें इस चलते चक्र के बारे में पता है। हमारी संस्कृति पुरानी है।

पुरानी संस्कृतियों की सामूहिक स्मृति में बहुत-सी दुर्घटनाएँ-घटनाएँ रहती हैं जिनको तर्क-संगति देने के लिए वे युक्तीकरण का एक मनोविज्ञान विकसित कर लेती हैं। वे चीजों के बारे में युक्तिपूर्ण तर्क ढूँढ़ लेती हैं क्योंकि यदि प्रकृति अप्रसन्न हो और यदि अकाल मृत्यु और महामारियाँ बार-बार आती रहें तो आप अन्ततः कहने लगते हैं कि 'चलो, ठीक है, यही ईश्वर इच्छा है। हम इनका मुकाबला करते हैं पर हमारे अच्छे दिन भी आएँगे।' संस्कृत में वे कहते हैं— 'चक्रवत-चक्र जैसा है यह।' नए राष्ट्र बुरी परिस्थितियों से डर जाते हैं—खास तौर से यदि उन्होंने समृद्धि का समय ही देखा हो। अमरीका बुरे दिनों के मुकाबले से बहुत डरता है।

यदि आप किसी दूसरे देश की स्मृति में भागीदारी नहीं कर सकते तो आप कोई भाषा कैसे सीख सकते हैं?

यह तभी सम्भव है जब आप उस संस्कृति का एक जीवंत भाग बनने का प्रयास करें और उसके सुख-दुख को समझने की चेष्टा करें, अन्यथा आप भाषा को केवल ऊपर-ऊपर से पढ़ पाएँगे। सम्भव है, आप अन्ततः उसका केवल पर्यवेक्षण करने लगें। हमारे यहाँ विदेशी पर्यवेक्षण का भी एक इतिहास है। पर्यवेक्षक आन्तरिक अर्थ नहीं समझ पाते या नहीं समझना चाहते। वे किसी देश के बारे में जानकारी दे सकते हैं पर वे कभी कविता नहीं लिख पाएँगे।

आइए, हम भिन्न संस्कृतियों की आन्तरिक दुनिया के अनुवाद में आने वाली कठिनाइयों की बात करें और इसका आरंभ शब्दावली की सीमाओं से करें। किसी भाषा-पाठ्यक्रम को पूरा करने वाले व्यक्ति को सबसे पहले अनुपलब्ध शब्दों की समस्या का सामना करना पड़ता है, उन शब्दों की अनुपलब्धता का, जो दूसरी भाषा में नहीं होते। यह अनुपलब्धता बड़ी विकट होती है। उदाहरणार्थ— हिन्दी में 'प्राइवेसी' के लिए कोई शब्द नहीं है।

हाँ (हँसते हुए), लेकिन चन्द्रमा के लिए हमारे पास दस शब्द हैं और हर शब्द एक भिन्न प्रकार की मृदुता दर्शाता है। अंग्रेजी में आपके पास एक ही शब्द है—मून, मून और मून। आपके पास केवल 'सन' है। मेरे पास 'सूर्य' है—इसका उच्चारण ही एक प्रगल्भता दर्शाता है—और फिर उसके लिए सूरज, रवि, आदित्य और भास्कर जैसे अन्य कई शब्द हैं।

हिन्दी संस्कृत से आई है और संस्कृत भाषाकाल में लोग प्रकृति के सान्निध्य में रहते थे। प्रकृति के विभिन्न रूपों को देख-समझकर, उसकी क्रूरताओं और उदारताओं को लक्ष्य करके, संस्कृत कवियों ने मानवीय मनोभावों को व्यक्त करने में जबरदस्त दक्षता हासिल कर ली। वे मनुष्य की गहनतम लालसाओं को व्यक्त करने में भी समर्थ रहे हैं।

हर भाषा के भिन्न-भिन्न उद्गम-स्थल और भिन्न-भिन्न जरूरतें होती हैं अत: हर भाषा की शब्दावली सम्बन्धी सीमाएँ होती हैं और अपनी विशिष्ट ताकतें भी होती हैं।

किन्तु एक अनुवादक के रूप में आप उन सीमाओं का क्या करते हैं?

अन्तत: आपको यह तथ्य स्वीकार करना होता है कि बहुत-से ऐसे शब्द व अवधारणाएँ हैं जिनका केवल मोटा-मोटा अर्थ ही किया जा सकता है। संपूर्ण अनुवाद न तो सम्भव है और न ही वह अभीष्ट भी होता है। आप दाँत के बदले दाँत, कील के बदले कील या मक्खी के बदले मक्खी नहीं बिठा सकते। आपको अपनी शब्दावली से सन्तुष्ट होना पड़ता है क्योंकि यह सच है कि आपकी शब्दावली किसी दूसरी भाषा की शब्दावली जैसी नहीं हो सकती। इस तरह एक अनुवादक का कुछ दूर रह जाना सम्भव है।

हर संस्कृति की अपनी विशिष्ट पहचान होती है, ऐसे में कोई चीज अनुवाद में कैसे बची रह सकती है?

आप व्यापक अनुभवों से इन अवरोधों को हटाने की कोशिश करते हैं। उदाहरणार्थ—हमने शेक्सपियर का हिन्दी अनुवाद किया है। 'मर्चेन्ट ऑफ वेनिस' में लालच का चित्रण इतना प्रभावी है कि आप उसे किसी भी भाषा में जान लेते हैं। लालच एक सहजात वृत्ति है। वह सांस्कृतिक सीमाओं से ऊपर उठ जाता है। प्रेम भी एक तरह की सहजात वृत्ति है। यही कारण है कि प्रेम की कुछ खुशियाँ और कुछ पीड़ाएँ सभी जगह एक-सी होती हैं।

अभी एक दिन मैं टॉल्स्टॉय की एक कहानी पढ़ रहा था जिसमें एक राजकुमार किसी काउंटेस के प्रेम में पड़ जाता है। जब वह काउंटेस उसे सम्राट के साथ उसके यौन अनुभव के बारे में बताती है तो उसे इतना धक्का लगता है कि वह साधु बन जाता है, किन्तु कई वर्षों बाद उसके सम्मुख वैसा ही प्रलोभन उपस्थित होने पर वह स्वयं उसका शिकार हो जाता है। जिस समय मैंने इस कहानी को पढ़ा, वह रूसी से अंग्रेजी में और अंग्रेजी से हिन्दी में अनुवाद की जा चुकी थी। उसका हर अनुवाद, मेरा खयाल है, काफी सशक्त था, क्योंकि कामासक्ति और एक उच्चतर जीवन की चाह के बीच संघर्ष मानव जीवन में सदैव रहा है। ये दो ध्रुव सदा उपस्थित रहे हैं।

सैद्धान्तिक रूप से क्या मनोभावों का अनुवाद आसान नहीं होता, क्योंकि हम सभी के मनोभाव एक-से होते हैं?

मनोभावों की भागीदारी आसान है पर अनुवाद कठिन है। हमने इन मनोभावों को सदियों से साथ-साथ जिया है, अत: उनकी अदला-बदली सरल है। जब गेटे ने कालिदास का प्रसिद्ध नाटक 'अभिज्ञान शांकुतलम्' पढ़ा तब वह खुशी से नाचने लगा क्योंकि उसकी करुणा इतनी मार्मिक है। मैं जो कहना चाहता हूँ, वह यह है कि एक जर्मन कवि भी एक भारतीय मनोभावों की तीव्रता महसूस कर सकता है। पर मैं साथ ही इस बात पर भी बल देना चाहूँगा कि किसी अनुवादक के लिए उसे अनुवाद में ला पाना कितना कठिन है! वह कितना मुश्किल है!

क्या अनुवाद एक कला है?

हाँ, हालाँकि यह एक व्यावसायिक दक्षता भी हो सकती है। पर जब यह एक कला होती है तो अनुवादक से इसकी माँग दो स्तरों पर होती है—भावनात्मक और व्यावसायिक। आप व्यावसायिक रूप से चाहें जितने दक्ष हों, भावनात्मक रूप से यदि आप उस भाषा के विरोधी हैं, यदि आप उस भाषा वाले देश को नापसन्द करते हैं तो उसका प्रभाव आपके अनुवाद में भी नजर आएगा। किसी सुन्दर अनुवाद के लिए अनुवादक को अनुवाद-प्रशिक्षित होना जरूरी है किन्तु साथ ही उसके मन में उस भाषा, उस देश और उसकी सांस्कृतिक गरिमा के प्रति भी उतना ही भावनात्मक लगाव आवश्यक है।

मैं एक बार एक ऐसे अनुवादक से मिली जिसे 27 भाषाएँ आती थीं। क्या किसी व्यक्ति का लगाव 27 संस्कृतियों से हो सकता है?

तब वह व्यावसायिक दक्षता ही होगी।

आपने कहा, 'भारत में हम लोग वाग्विलास में रुचि लेते हैं। भाषा लोगों के लिए एक बड़ा केन्द्रक है। वह हमें लोगों को, उनके सपनों को, उनकी दृष्टि को समझने में बड़ी मदद करती है। जिस देश में संवैधानिक रूप से स्वीकृत अठारह भाषाएँ हों और कई सौ अन्य गैर-सरकारी भाषाएँ हों, उसमें कोई यह भी मान सकता है कि भाषा वहाँ एक केन्द्रक होने के बजाय विखंडन का काम करेगी। आप इस बारे में कुछ कहेंगे?'

मैं कह रहा था कि हमारे यहाँ किस तरह की एक वाचिक परम्परा रही है जबकि यूरोपियन देशों में लिखित परम्पराएँ रही हैं। हमारे यहाँ गुरु से शिष्य तक विचार सुलेख या किसी संकेत लिपि से नहीं पहुँचते थे, वे बोलकर, मौखिक अभिव्यक्ति द्वारा संप्रेषित होते थे। हमारा बल अब भी मौखिक भाषा पर है जो एक व्यवस्थित लिखित परम्परा के रूप में यूरोप की तुलना में बाद में विकसित हुई। शिक्षक ही ज्ञान

का प्रमुख स्रोत रहा और इसीलिए बहुत-सा लेखन काव्य रूप में हुआ क्योंकि कविता को जल्दी से और रोचक ढंग से सीखा जा सकता है। वह गद्य जैसी नहीं है। हमारे यहाँ ज्योतिष और चिकित्साशास्त्र की पुस्तकें भी काव्य रूप में लिखी गईं—श्लोकों में, छन्द में। वे मंत्र होते थे। उनमें संगीत होता था।

और लिखित परम्परा का होना भाषा को कैसा रूप देता है?

अंग्रेजी में, उदाहरणार्थ, एक लिखित परम्परा है और उस परम्परा से विश्वकोशीय ज्ञान आया है। अंग्रेजी की प्रकृति सूचनात्मक है। दूसरी भाषाएँ विश्व को अधिक दैवी तरीकों से व्याख्यायित करती हैं।

बहुत-सी भारतीय भाषाओं के साथ-साथ यहाँ बहुत-से अच्छे लेखक हैं जो अपनी स्थानीय बोली में लिखने के कारण मोटे तौर पर अज्ञात रहते हैं। भारतीय उपन्यासों की अन्तर्राष्ट्रीय प्रसिद्धि केवल अंग्रेजी में लिखी पुस्तकों तक सीमित रही। आप भारतीय मूल के विदेशी लेखकों के बारे में क्या सोचते हैं?

मुझे उनमें से बहुतों के बारे में अधिक जानकारी नहीं है, मुझे मुख्यत: उनकी बड़ी रॉयल्टी के बारे में ही पता है। उनके पैसे के बारे में अक्सर चर्चा होती है और उसने हिन्दी और दूसरी भारतीय भाषाओं के लेखकों में कुंठा भाव भी पैदा किया है। वे भी विक्रम सेठ या झुम्पा लाहिड़ी या अरुन्धति रॉय जैसे मालदार हो जाना चाहते हैं। लेखन अब उतना सरल और गरिमापूर्ण नहीं रह गया है जितना कि वह अभी कुछ समय पहले तक था। लेखक से सामाजिक बुराइयों के विरुद्ध धर्मयुद्ध करने वाले योद्धा होने की उम्मीद की जाती है पर मैं देखता हूँ कि आजकल लेखक धर्मयुद्ध के साथ-साथ व्यापार भी करना चाहते हैं।

मैं एक समृद्ध पड़ोसी को देखता हूँ, एक फलते-फूलते बाजार को देखता हूँ, एक ऐश्वर्यपूर्ण जीवन को देखता हूँ—तब मैं कितना बड़ा धर्मयोद्धा हो सकता हूँ? लेखक भी तो उसी समाज की महत्त्वाकांक्षाओं का एक हिस्सा होते हैं जिसमें कि वे जीते हैं।

अमरीका में आने वाली पुस्तकों के माध्यम से जिस भारत का अनुवाद किया जा रहा है, वह क्या अमरीकन रुचियों के मुताबिक गढ़ा गया भारत है?

एशिया के देशों को चित्रित करने का प्रकाशकों का अपना एक तरीका है। वे हमारी गरीबी, हमारी बीमारियाँ, हमारी कुरूपताएँ, हमारे नंगे बच्चे और हमारी कंगाल लड़कियों को दिखाना चाहते हैं। यह केवल विपणन है। अध्यात्म भी बेचा जाता है। जब मैं अमरीकनों से बात करता हूँ तो मुझे लगता है, वे अब भी भारत को एक साधु-सन्तों के देश के रूप में देखते हैं। यह ठीक है कि आध्यात्मिकता के मामले

में हम अधिक सम्पन्न हैं, पर हमारे यहाँ एक कठोर जाति-व्यवस्था भी है जो धार्मिक आधार पर गैरबराबरी को उचित ठहराती है।

उपन्यासकार अमितोव घोष ने अमरीकन प्रकाशकों से कहा है कि वे भारत के श्रेष्ठ प्रादेशिक लेखकों को खोजकर उनके लेखन का अनुवाद करवाएँ; किन्तु अभी भारत में ही प्रादेशिक लेखन के लिए कोई फलता-फूलता बाजार नहीं है।

हिन्दी साहित्यिक पत्रिकाओं ने (इससे संबंधित) एक बड़ा आन्दोलन छेड़ रखा है किन्तु इन पत्रिकाओं का पठन-पाठन केवल लेखकों तक सीमित है। प्रादेशिक लेखकों का अनुवाद होता है किन्तु बहुत कम, क्योंकि उनकी किताबें खरीदेगा कौन? इसमें कई तरह के अवरोध हैं। इतनी निरक्षरता है, और गाँवों में, जहाँ अधिकांश जनसंख्या बसती है, लोगों के पास खाने तक को नहीं है—वे कोई किताब कैसे खरीदेंगे? बुद्धिजीवी और पढ़े-लिखे लोग भी किताबों पर पैसा खर्च नहीं करना चाहते। यदि आप किसी शिक्षक के घर जाएँ तो आपको उसके यहाँ मुश्किल से दस किताबें मिलेंगी। दरिद्रता एक बड़ा अभिशाप है। वह बहुत-सी सुन्दर कामनाओं को नष्ट कर देती है।

इसके अलावा हम अपनी भाषाओं को परस्पर जोड़ नहीं पाए हैं। जब हम अपनी कविताओं का अनुवाद करना चाहते हैं तब हमें पहले अंग्रेजी में उनका अनुवाद करना पड़ता है और तब उनका अनुवाद अन्य भाषाओं में होता है।

तो अंग्रेजी सेतु का काम करती है?

हाँ, यदि मैं अपनी कविता का अनुवाद तमिल में चाहता हूँ, मैं पहले अंग्रेजी में उसका अनुवाद करूँगा। इसके बाद कोई तमिल कवि हिन्दी से आई इस कविता को देखकर उसका तमिल में अनुवाद करेगा। वास्तव में देखा जाए तो इस भाषा में आते उसका नयापन समाप्त हो चुका होगा। उसका आधा भाग अंग्रेजी की भेंट चढ़ जाएगा। इस दोहरे नुकसान में पहला शिकार इसकी भाषा का संगीत होगा। जब आप इस तरह अनुवाद करते हैं तो आपके हाथ में केवल कुछ सामान्य बातें रह जाती हैं—केवल उसका कंकाल। तब आप उसके संगीत को, उसके अर्थ की समृद्धि को बचा नहीं पाते। दूसरों के लिए भी अंग्रेजी एक ऐसी विदेशी भाषा है जो कभी एक आदर्श उत्प्रेरक का काम नहीं कर सकती। कम-से-कम यह सारी प्रक्रिया ही आपको बेदम लगेगी।

हाँ, यह समस्या तो है, पर इसके अलावा किया भी क्या जा सकता है?

किन्तु हिन्दी राष्ट्रभाषा है, फिर माध्यम वह क्यों नहीं है?

अरे नहीं, वस्तुतः हिन्दी के सीमित संचार के कारण उससे काम चल नहीं पाता। हिन्दी कभी विश्वभाषा नहीं बन पाई। इसके तरफदारों ने जब भी इसका दायरा

बढ़ाना चाहा, उन्हें राष्ट्रीय समस्याओं का सामना करना पड़ा। अन्य भाषा-भाषियों ने उनकी अपनी भाषा की श्रेष्ठता का दावा करना शुरू कर दिया। वे कहने लगे, 'हमारे पास बेहतर लेखक हैं, बेहतर कवि हैं। हमारे पास जीवन के अधिक गहरे अनुभव हैं।' जब संविधान में हिन्दी को राष्ट्रभाषा बनाने के बारे में मतदान द्वारा फै सला हुआ तो दक्षिण में दंगे शुरू हो गए। लोगों ने इसके विरोध में आत्मदाह कर लिया। भाषायी श्रेष्ठता के इस संघर्ष ने राजनीतिक युद्ध का रूप ले लिया।

तो वे यह तथाकथित भाषायी साम्राज्यवाद कायम करने के बजाय पीछे हट गए?

हाँ, किन्तु अंग्रेजी की पकड़ इतनी सफल रही है कि लोग उसके साम्राज्यवाद को पहचान कर भी उससे चिपटे रहने को तैयार हैं। यह एक गम्भीर भारतीय समस्या है : हम जानते हैं कि अंग्रेजी से हमारा काम नहीं चलेगा, पर हम यह भी मानते हैं कि अंग्रेजी के बिना हमारा काम नहीं चलेगा।

उदाहरणार्थ, मैं एक हिन्दी का प्रोफे सर हूँ, पर मैं अपने पुत्र-पौत्रों को अंग्रेजी स्कूल में पढ़ाता हूँ हालाँकि मैं जानता हूँ कि अंग्रेजी में पढ़ना उनके मानसिक विकास के लिए हानिकारक साबित होगा। साथ ही साथ मुझे इस बात का बोध है, और हर एक को है कि यदि उन्होंने अपनी शिक्षा अंग्रेजी में नहीं ली तो वे जीवन में सफल नहीं हो पाएँगे। हम दो सौ सालों से इस बात पर बहस कर रहे हैं, 'जब से ईस्ट इंडिया कम्पनी ने इस देश पर कब्जा किया, तब से।'

मानसिक विकास के लिए हानिकारक से आपका क्या तात्पर्य है?

यदि कुछ अपवादों को छोड़ दिया जाए तो कोई भी सृजनात्मकता किसी विदेशी भाषा में नहीं फल-फूल सकती। हमारी सृजनात्मकता बाधित हो गई है। हम अपनी स्वयं की कोई भाषा विकसित करने में असफल रहे हैं। हम सहज रूप से अपनी आन्तरिक इच्छाओं का अन्वेषण नहीं करते। हमारे विद्यार्थियों को अपनी परम्पराओं से अधिक ज्ञान अंग्रेजी परम्पराओं के बारे में है। मैं अन्ध राष्ट्रीयतावादी नहीं हूँ किन्तु हमें उस सौन्दर्य के बारे में पढ़ाया जाना चाहिए जो हमारी भाषा में है। हमें अपनी परम्पराओं की महानता के बारे में पता होना चाहिए। हमें चुपचाप अंग्रेजी की श्रेष्ठता और हिन्दी की हीनता को स्वीकार नहीं कर लेना चाहिए।

आपको कई बार अपनी कही बातों का अनुवाद स्वयं करना पड़ता है। भाषा का यह बदलाव क्या आपमें भी परिवर्तन ला देता है?

हाँ! जब अंग्रेज यहाँ आए तो इस बात को लेकर बड़ी बहस हुई कि भारतीय स्कूलों में अंग्रेजी चलाने से क्या उन्हें कोई फायदा होगा? उन्होंने यह निष्कर्ष निकाला कि यदि भारतीयों को अंग्रेजी पढ़ाई जाए तो अंग्रेजी आदतें, अंग्रेजी शैली, अंग्रेजी रहन-

सहन सीख जाएँगे और वही हुआ है। लॉर्ड मैकाले की यह सोच दूरदर्शितापूर्ण थी कि यदि आपको अपना साम्राज्य कायम करना है तो पहले एक भाषा का साम्राज्य कायम करो; या जैसा एक इतिहासकार ने कई सौ वर्षों बाद कहा, 'मुगलों ने लड़ाई के लिए तलवारों का इस्तेमाल किया और अंग्रेजों ने भाषा का।'

अनुवाद : डॉ. सदाशिव श्रोत्रिय

[लेखिका का मूल लेख 'वाशिंगटन पोस्ट' में प्रकाशित हुआ था—साभार]

समतामूलक समाज की पक्षधरता

डॉ. ओम निश्चल की एक विशिष्ट बातचीत

आपकी विनोदी शख्सियत और प्रखर वक्तृता को देखकर ऐसा लगता है कि कहीं यह चतुर्वेदियों का जातीय स्वभाव तो नहीं है? चतुर्वेदियों में भी मथुरा के चतुर्वेदियों का कहना ही क्या! जाहिर है कि आपके पूर्वज भी कभी उत्तर प्रदेश से ही यहाँ आ बसे होंगे। राजस्थान की मरुभूमि में आपका कैसे और कब आना हुआ?

हम हैं तो उत्तर प्रदेश के ही, पर सैकड़ों साल से हमारे पुरखे राजस्थान में आ बसे हैं। झालावाड़ रियासत थी पहले जो कि पितृगृह है। वह हाड़ौती अंचल कहलाता है। काफी समय से यहाँ रहने के कारण राजस्थान के संस्कार हम लोगों में रच-बस गए हैं, फिर भी उत्तर प्रदेश का संस्कार हममें जीवंत है। मेवाड़ में मेरी ननसाल है। कहा जाता है कि महाराणा उदयसिंह के समय में एक बार महाराणा को प्यास लगी। सेनापति ने चारों ओर जल तलाश किया, परन्तु जल कहीं मिलने की आशा न थी। उसी समय उत्तर प्रदेश से एक चतुर्वेदी आ रहे थे—बाबा डूँगरजी। बाबा डूँगरजी के पास जल से भरी लुटिया थी। सेनापति ने उनसे जल पिलाने का आग्रह किया। बाबा डूँगरजी ने महाराणा और सैनिकों को जल पिलाया। विस्मित कर देने वाली बात यह भी कि पात्र खाली होकर फिर से भर जाता। सभी ने छक कर पानी पिया। इससे महाराणा प्रसन्न हो गए तथा बाबा डूँगरजी को अपने साथ ले आए। बेड़च के तट पर बसा उन्हें 'मिश्रों की पीपली' नामक गाँव दान में दिया। तभी से चतुर्वेदियों के परिवार यहाँ हैं। वैसे चतुर्वेदियों के परिवार मेवाड़, कोटा, बूँदी, झालावाड़, जयपुर, भरतपुर आदि नगरों में बस गए हैं। कुछ महाराष्ट्र चले गए। बाबा डूँगर जी वाली घटना मुगल आक्रमण के दिनों की है।

आपके भीतर साहित्यिक प्रवृत्तियों का उन्मेष कब हुआ और रचना की प्रेरणा किन-किन से पाई?

आगरा में बलवंत राजपूत कॉलेज के प्रिंसिपल डॉ. सिंह थे। उन्होंने एक बार मेरा परिचय पूछा। मैंने कहा, 'मैं नन्द चतुर्वेदी हूँ और कवि हूँ।' उन्होंने कहा कि भाई, दो-दो परिचय एक साथ न दिया करें। चतुर्वेदी कह देना ही काफी है। जाहिर है कि चतुर्वेदी हैं तो पहला तो यह कि वर्ण गौर होगा, दूसरा यह कि वे कवि होंगे ही। तो मैं समझता हूँ कि मेरे भीतर साहित्यिक प्रवृत्तियों का उन्मेष पारम्परिक चेतना का ही परिणाम है। यह शायद जातीय वैशिष्ट्य ही है कि लीक से अलग-सा दिखने की प्रवृत्ति मेरे भीतर शुरू से ही मौजूद रही है। वैसे भी चतुर्वेदियों की पहचान कुछ अलग ही दिखती है। किसी ने कहा भी है : 'चंचल नारि के नैन छिपैं, पर चौबे को छैल छिपै न छिपाए।' (हँसी)

जहाँ तक लेखन की शुरुआत का प्रश्न है, मैंने ब्रजभाषा में कवित्त और सवैयों के लेखन से की। तब राजस्थान के बहुतेरे कवि ब्रजभाषा में ही लिखते थे। झालावाड़ के महाराजा राजेन्द्र सिंह 'सुधाकर' स्वयं एक सुधी कवि थे। उनके दरबार में ब्रजभाषा के अनेक कवि आते-जाते थे। ब्रजभाषा में लिखे छन्दों का पाठ मुझे भाता था। उन दिनों कवि-सम्मेलन में द्विवेदीकाल के रससिद्ध कवि गिरिधर शर्मा 'नवरत्न' भी जीवित थे। वे झालरापाटन के ही थे। वे खड़ी बोली और ब्रजभाषा दोनों में कविता करते थे। श्री गयाप्रसाद शुक्ल 'सनेही', अनूप शर्मा जैसे कवि भी आते रहते थे। उन्हें सुनने का सौभाग्य मुझे मिला और सच कहूँ तो हिन्दी और ब्रजभाषा दोनों में लिखी जाने वाली रचनाओं ने मुझे गहराई से प्रभावित किया। दरअसल वह दौर ही ब्रजभाषा की कविता का था। लोग समस्यापूर्तियों को अपने काव्याभ्यास के लिए आवश्यक मानते थे। मैंने भी काफी समस्यापूर्तियाँ की हैं। सातवीं कक्षा में जब मैं था तो समस्यापूर्ति के लिए दी गई एक पदावली 'हमारे हैं' को एक भावपूर्ण कवित्त में प्रस्तुत किया था। मेरी समस्यापूर्तियाँ उन दिनों की प्रतिष्ठित पत्रिका 'सुकवि' में छपती थीं। बी.ए. तक मेरी शिक्षा क्रमशः झालावाड़, कोटा तथा अजमेर में हुई। फिर झालावाड़ वापस आ गया। तब तक खड़ी बोली की कविता की ओर मेरा रुझान बनने लगा था और कविताएँ कुछ इस तरह की होती थीं :

मधु के प्यालों में पलते हो
वैभव के मादक दीवानो।
अरे! तुम्हारे कुत्ते-बिल्ली
दूध जलेबी पीते खाते
मुर्गे-मुर्गी महलों के शोभा के
साधन समझे जाते।
उधर कहीं जो खुली सड़क पर
एक दूध मटकी फट जाती,
लाखों बहनें वस्त्र भिगो कर

दूध बाल मुख में चुचुवातीं।
ऐ, जननी के भामाशाहो!
जननी की कसकें पहचानो।

समाजवादी विचारधारा से आपका जुड़ाव कब हुआ?

जिन दिनों मैंने कोटा से एम.ए. किया यानी सन् 1948 से। तभी से मेरा वैचारिक रुझान समाजवादी विचारधारा की ओर हुआ। कोटा उन दिनों समाजवादियों का केन्द्र हुआ करता था। उन्हीं दिनों मैं नई अतुकांत कविता की शैली के प्रति भी आकृष्ट हुआ। याद आता है कि मैंने उन्हीं दिनों एक कविता लिखी थी—'जी हाँ, यह धन का अजगर है'। तब मन में राजस्थान को एक करने का राजनीतिक भाव भी था। सामाजिक स्तर पर बदलाव लाने का एक स्वप्न मन में था। वे उम्मीदों से चमकते दिन थे। मेरे मन में एक संकल्प था और एक सपना भी और यह आशा कि जल्दी ही हमारा प्रान्त सामन्ती यातनाओं से मुक्त हो जाएगा। मैं नसीराबाद (महाराष्ट्र) से नौकरी छोड़कर आया था और समाजवादी पार्टी का विधिवत् सदस्य हो गया था। कोटा से तब समाजवादी पार्टी का मुख पत्र 'जयहिंद' निकलता था। मैं उसके सम्पादक मंडल में शामिल कर लिया गया। उस समय की कविताओं पर पार्टी के सिद्धान्तों का दबाव स्वाभाविक था। उन रचनाओं की भाषा आवेशपूर्ण होती थी। नया जमाना, लाल सूरज, नई मशाल, रोशनी, शोषण की दुनिया का अन्त, झोंपड़ी को बचा लेने की प्रतिज्ञाएँ उन कविताओं की अन्तर्वस्तु जैसी होती थीं। कविताएँ गा-गाकर पढ़ता था। उस समय के एक लोकप्रिय गीत की पंक्तियाँ इस प्रकार थीं—'नए गान होंगे नई वंदना में/सितारो, तुम्हारी चमक जा रही है/नए चाँद की रोशनी आ रही है/अंधेर जगत से चला आ रहा जो/धरा धूल पर फैलता जा रहा जो/इसी को चढ़ेंगे नए गीत मेरे/नए पुष्प होंगे नई अर्चना में'। (1948)

उन दिनों ही मैंने जयप्रकाश जी और डॉ. राममनोहर लोहिया को देखा। जे.पी. सुदर्शन और सुरुचिवान थे। बाद में कांग्रेस से अपनी अलग पहचान बनाने के लिए जे.पी. ने लाल टोपी पहनना शुरू कर दिया था! डॉ. लोहिया ने 'ब्रांडेड समाजवादिता' का समर्थन नहीं किया। उन्होंने समाजवादियों को गैर-परम्परावादी सोच और भाषा-मुहावरों से समृद्ध किया।

क्या वैसा बदलाव सम्भव हुआ? समाजवादियों के साथ आपके अनुभव कैसे रहे?

मैं नहीं समझता कि ऐसा कोई वृहत्तर सामाजिक-राजनीतिक बदलाव प्रदेश या कि देश में सम्भव हुआ है जो समाजवादियों को काम्य था। वास्तव में गरीब राष्ट्रों की राजनीति, उन पर दबाव समृद्ध देशों की राजनीति से अलग होते हैं—भारत जैसे देश में अनेक तरह की स्थितियाँ और स्वार्थों के चलते बहुत-सी पेचीदगियाँ थीं। जो

स्वतंत्रता मिली थी, उसमें विभाजन की त्रासदी शामिल थी जिससे साम्प्रदायिक उन्माद का प्रचंड दौर शुरू हो गया था। रियासतों के एकीकरण का काम सामन्तों के असहयोगी रुख के कारण अत्यन्त दुरूह और चिन्ताजनक हो गया था। समाजवादियों ने सामन्तों के साथ सामान्य नागरिकों की तरह आचरण करने को कहा था। महलों को स्कूल और अस्पताल बनाने की माँग की थी। सम्पत्ति के सार्वजनीकरण का आग्रह करते हुए आन्दोलन भी किए थे लेकिन सामन्तों का भी एक पक्ष था, वे अपनी सम्पत्ति और सम्पदा बचाने के लिए एकजुट हो गए थे। हजारों वर्ष से जिस सम्पत्ति और सम्पदा पर उनका मालिकाना हक था, वह उनसे ली जा रही थी। इसे सामन्ती पक्ष ने असहनीय अन्याय की तरह चित्रित करना शुरू कर दिया था और तगड़ा मुआवजा और पदनाम 'डेजिग्नेशन' माँगे थे। राजस्थान में महाराज प्रमुख (उदयपुर के सामन्त को) और राजप्रमुख (जयपुर के सामन्त को) पदनाम सृजित किए गए। उनके प्रीवीपर्स निर्धारित किए गए, मुआवजे के रूप में बड़ी धनराशि दी गई और व्यक्तिगत सम्पदा और हवेलियाँ उनकी थीं, उन्हीं की रहीं। इतना ही नहीं, उनको महिमामंडित करने की कोशिश में कांग्रेस ने उन्हें अनेक सुविधाएँ दीं, लम्बे समय तक वे सांसद विधायक चुने जाते रहे। जनसंघ (भाजपा) पर सामन्तों, कुलीनों का कब्जा ही है। राजस्थान में गरीब से गरीब राजपूत दूसरे गरीबों से अलग, ठसकदार, रुतबेवाला सूर्यवंशी या चन्द्रवंशी हैं, मानववंशी नहीं। थोड़े समय पहले ही सती हुई स्त्री की विभूतिमयता को एक बड़े समाचार पत्र ने (जिसकी भाजपाई पक्षधरता प्रकट थी) अध्यात्मवादी तर्कसंगति देकर रंगीन फोटोग्राफी के साथ पेश किया था। समता के पक्ष में अब विचार तक स्थगित होने के दिन आ गए हैं। बदलाव के पक्ष की सारी सम्भावनाएँ नए पूँजीवादी, नवधनाढ्य वर्गों के पक्ष में चली गई हैं।

मेरा सम्बन्ध राजस्थान के समाजवादियों तक ही सीमित रहा। पार्टी साठ के दशक तक ही असरदार रही। आपातकाल के बाद उसका जनता पार्टी में विलय हो गया, तब से समाजवादी पार्टी के साथी भटकाव की मनःस्थिति में रहे। पुरानी समाजवादी पार्टी के साथियों के साथ मेरे सम्बन्ध तनावरहित थे। मैं राजनीतिक दृष्टि से नहीं, वृहत्तर सामाजिक मूल्यों और बदलाव के कारण पार्टी का सदस्य बना था, वह आकांक्षा मुझे अभी भी समता पक्ष का रचनाकार बने रहने का उत्साह देती है।

अपने जीवन में लोहिया जी से आप कदाचित दो-तीन बार मिले हैं। दूसरे समाजवादी चिंतकों-जयप्रकाश नारायण, आचार्य नरेन्द्रदेव और अच्युत पटवर्धन आदि से भी मिलने का सौभाग्य मिला होगा। इन समाजवादियों से लोहिया जी कितने भिन्न थे? समाजवादियों की यह पौध असमय सूख नहीं गई होती तो क्या हमारे देश का राजनीतिक-आर्थिक परिदृश्य कुछ अलग होता?

जयप्रकाश जी और लोहिया जी के सिवा मैं किसी बड़े समाजवादी को नहीं जान सका। आचार्य नरेन्द्रदेव की पुस्तक 'भारतीय समाजवाद' बाद में पढ़ी। अच्युत पटवर्धन की एक भी पुस्तक नहीं पढ़ी। लोहिया जी से संयोगवश दो बार मिलना हुआ। एक बार तो वे मुझे रतलाम से खंडवा तक फर्स्ट क्लास में ले गए। उनका बड़ा बैग पुस्तकों से भरा था। उस पर आचार्य नरेन्द्रदेव का नाम लिखा था। जो पुस्तक वे पढ़ रहे थे, वह कवि टी.एस. ईलियट की 'मर्डर इन द किथिड्रल' थी। तब तक मैं इस कवि से अपरिचित था।

जयप्रकाश जी से लोहिया अधिक सरल और सहज नेता थे। उनका गद्य अत्यन्त स्फूर्तिदायक और अभिधा के अनोखे मुहावरों से बनता था और अनेक स्तरों पर संवाद करता था। जयप्रकाश जी चुनावों से बचते रहे, सम्भवत: वे सर्वानुमति के नेता होना चाहते रहे हों! लोहिया चुनाव लड़े, जीते-हारे। वे भारतीय समाज और राजनीति के विवादास्पद प्रश्नों से लगातार जूझते, टकराते रहे। वर्ण, नारी और भारतीय भाषाओं के सवालों पर बौद्धिक विमर्श से लेकर आन्दोलनकारी योद्धा की तरह उनका हस्तक्षेप जाना जाता रहा। मेरी दृष्टि से लोहिया जी के निधन के बाद 'लोकतांत्रिक समाजवाद' की व्याख्या और सैद्धान्तिक विमर्श कमजोर पड़ गया। वे समाजवादी पार्टी और उसके सिद्धान्तकार भी रहते तब भी राजनीति का रुख शायद नहीं बदलता। विश्व-व्यवस्था में जो उथल-पुथल हुई है, उससे समतावादी शक्तियों का मनोबल गिरा है। भारत की राजनीति पश्चिमोन्मुखी है। उसका आर्थिक ढाँचा पश्चिमी मॉडल पर बना है, इसलिए 'लोकतांत्रिक समाजवादी' जो गांधी वैचारिकी के समर्थक थे, अपने लिए जगह बनाने में सफल नहीं होते। गांधी नीतियाँ प्रभावहीन हो गई थीं, इतनी कि, गांधी ने खुद कहा, 'मैं खोटा सिक्का हो गया हूँ।' गांधीवादी हाशिए पर आ गए थे। विकास के पश्चिमी मॉडल की नियति आज की उपभोक्तावादी, व्यक्तिवादी नियति से भिन्न नहीं हो सकती थी।

नेहरू की नीतियों ने राजनीति को किस हद तक प्रभावित किया तथा एक समाजवादी के रूप में देश के विकास के लिए नेहरू जी के मॉडल को आप लोग किस रूप में देखते थे?

नेहरू की नीतियाँ ही राजनीति की अन्तर्वस्तु और रचना-शिल्पी थीं। उनकी इच्छा के बिना राजनीति में पत्ता तक नहीं हिलता था। व्यापक और सूक्ष्म दृष्टियों के भेद के बावजूद गांधीजी ने जवाहरलाल जी को राजनीतिक वारिस चुना था। मेरे लिए यह हमेशा उलझन-भरा प्रश्न बना रहा। यह कि गांधीजी ने इतने बुनियादी मतभेदों के बावजूद अपना राजनीतिक वारिस उन्हें क्यों चुना?

नेहरू का *प्रतिविश्व* पश्चिम ही था। वे मेरी दृष्टि में भारत को पश्चिम में ही खोज रहे थे। पश्चिम का व्यक्ति-स्वातंत्र्य, खुलापन, लचीला सोच, तर्कसंगति

आदि उनकी मनोवैज्ञानिक और सामाजिक आवश्यकताएँ थीं। रूस के समाजवादी मॉडल से वे राजशाही और गरीबी दोनों से टकराए और साथ ही अपने सांस्कृतिक उदारतावाद के पक्षधर भी बने रहे। इंग्लैंड की संसद और रूस का समाजवाद भारत को नई दुनिया में ले गया। विकास के अर्थशास्त्र और भारतीय सामाजिक संरचना की गहन समीक्षा न कर सकने के कारण 'नेहरूवियन मॉडल' एक तरफ झूल गया। उसने शहर, मध्यवर्ग और नौकरशाहों का मनोबल बढ़ाया। नेहरू केन्द्र पुरुष हो गए और व्यवस्था का स्वभाव भी केन्द्रीयकरण की ओर बढ़ता गया। राज्य शक्ति व्यवस्था-संचालन में रस लेने लगी और बड़ी चीजें बड़ी और महत्त्वपूर्ण हो गईं। 'लोक शक्ति' के अभ्युदय की चिन्ता प्राथमिक चिन्ताओं में शामिल नहीं रही।

लोकतांत्रिक समाजवादी उन दिनों युगोस्लाविया के समाजवादी प्रयोग में गहरी दिलचस्पी दिखा रहे थे और मेलविन डिजिलास की 'मैनेजीरियल सोसायटी' पुस्तक को बार-बार उद्धृत करते थे। यह राज्य-शक्ति और लोकशक्ति, दोनों में से किसी एक की प्राथमिकता देने का मुद्दा था। नेहरू राज्य-शक्ति के प्रतीक पुरुष बन गए थे। रूस का विकास-मॉडल लोकतंत्र और समाजवाद दोनों के साथ-साथ चलने की सम्भावना से इनकार करता था। समाजवादियों को भय था कि नेहरू अन्त में एक बड़े तानाशाह के रूप में स्थापित होंगे और उनके 'चोखंभा राज्य' की कल्पना को कमजोर कर देंगे। गांधी ने जिस 'ग्राम स्वराज' को भारतीय राज्य-व्यवस्था की धुरी माना था और जिसे लोकतांत्रिक समाजवादी लोक-शक्ति की बुनियाद मानते थे, नेहरू के राजनीतिक विमर्श में बहुत अहम् मुद्दा नहीं था। लोहिया ने अन्त में 'गैर-कांग्रेसवाद' को अपनी रणनीति का हिस्सा ही बना लिया था।

गौरतलब है कि आपातकाल में कांग्रेस का सर्वसत्तावादी रूप राज्य-शक्ति की भयावहता और विद्रूप का निर्लज्ज प्रदर्शन था और जयप्रकाश का सम्पूर्ण क्रांति के लिए बुलावा लोक-शक्ति के पीछे छूटी लड़ाई का एक हिस्सा था। कांग्रेस के अध्यक्ष उस समय 'इंडिया इज इन्दिरा एंड इन्दिरा इज इंडिया' कह रहे थे। नेहरू के वंशवादी आचरण को समाजवादी सन्देह की दृष्टि से देखते थे। समाजवादी नेहरू की नीतियों को अंग्रेज और अंग्रेजी-परस्त मानते थे। लोहिया ने संसद में उन पर और उनके छद्म समाजवाद पर तीव्र आक्रमण किया था।

क्या आज समाजवादी आन्दोलनों का पुनर्भव सम्भव है? साहित्य के प्रति आपके अपने आग्रह क्या हैं?

आज की राजनीति लगातार मूल्य निषेध की ओर अग्रसर है। लेकिन समाजवादी राजनीति, इसके बरक्स, मूल्यों का मानवीय हितों में स्वीकार है। बराबरी की समाज-रचना के आग्रह व्यक्ति और समाज की खींचतान और प्रतिस्पर्धा के बीच

पूरे नहीं हो सकते जो पूँजीवादी व्यवस्था की संरचना में ही निहित हैं। हमारे देश में समाजवाद के अभिप्रायों को, उसके उच्चतर मानवीय सन्दर्भों को निष्प्रभ करने के अनेक प्रयत्नों में हमारी जाति-प्रधान व्यवस्था और औपनिवेशिक राजनीति की गहरी साजिश है। अब राजनीति विश्व-व्यापार संगठन चला रहा है जिसकी समाजवादी राजनीति से शत्रुता है। तब भी मनुष्य के विचार में जो बराबरी के लिए एक अदृश्य चिन्ता और जगह है, उससे अनेक रास्ते खुलते-बनते नजर आते हैं। ये रास्ते पुरानी समाजवादी पार्टियों के रास्तों से जरूर भिन्न होंगे लेकिन वे गैर-बराबरी और एकाधिपत्य कायम करने वाले इरादों का प्रतिकार करेंगे। ऐसे प्रयत्नों को हम पूरी दुनिया में देख सकते हैं जो विश्व पूँजीवाद की मुखालफत करने के लिए इकट्ठे होते हैं। मेरी दृष्टि में गैर-बराबरी और समाजवाद के लिए भारतसहित सारे विश्व में किसी-न-किसी तरह के आन्दोलनों की सम्भावना खुली है।

कविता के प्रति मेरे अपने आग्रह हैं परन्तु मैं दूसरों के काव्याग्रहों को भी उतना ही आदर देता हूँ। साहित्य में भी जो वयस्क मतभेद हैं, उन्हें भी आदर की दृष्टि से देखता हूँ। मैं लिखते हुए मनुष्य की विपत्तियों से, दुख से, भौतिक त्रास से द्रवित होता हूँ तथा उन्हें सदैव अपनी कविता के केन्द्र में रखना चाहता हूँ। मैं उन्हें भी समादर देता हूँ जो मेरे से भिन्न कविताएँ लिखते हैं। वस्तुतः मैं मनुष्य की जीवन-स्थितियों में ही कविता पाता हूँ। साहित्य में किसी तरह की जिद या कला रूप का पूर्वग्रह काम नहीं देता। जैसे जिन्दगी है, जो सारे समीकरणों को व्यर्थ करती है, वैसा ही साहित्य है।

'साम्य' के 'शताब्दी अंक' में पहचान के संकट के सन्दर्भ में हिन्दुत्व को बचाने की कोशिशों को आपने धर्म और राजनीति की साझा रणनीति के रूप में देखा है। इसी तरह संस्कृति की जड़ीभूत अवधारणा को परिवर्तनशीलता के विरुद्ध मानते हुए आपका कहना है कि संस्कृति का प्रवाह सनातन अवश्य होता है लेकिन एक-दूसरे अर्थ में, जैसा बुद्ध कहते हैं, 'नदी में वही जल दुबारा नहीं आता।' क्या धर्म और संस्कृति की विरासत इतनी अल्पप्राण है कि उसे बचाने के लिए किसी राजनीतिक हाँक या धार्मिक अनुषंग के अभियान की वाकई जरूरत हो?

यह एक महत्त्वपूर्ण सवाल है। इसका उत्तर कठिन भी है क्योंकि इसका सम्बन्ध राज्य के कर्तव्य-निर्धारण से जुड़ा है। राजनीति कितनी फैले और कहाँ सिकुड़ जाए, धर्म और संस्कृति के प्रति दृष्टियाँ बनाने में मदद करे या न करे, शिक्षा प्रबन्धन का जिम्मा ले या नहीं ले, अभिव्यक्ति की मर्यादा निश्चित करने का जिम्मा किसका, धर्म और संस्कृति के विवादास्पद मुद्दों की निगहबानी कौन करे, अधार्मिक और संस्कृतिविहीन दृष्टियों को धर्म और सांस्कृतिक शील की तरह उठाने पर असामाजिक

तत्त्वों को कौन दंडित करे—मेरी दृष्टि में पुराने इस कथन से कि वही सरकार सबसे अच्छी है जो सबसे कम शासन करे। काम चलता नजर नहीं आता। जब धर्म और संस्कृति को व्यापारी लोग खरीदने लगे, तब जनोन्मुखी राजनीति के लिए धर्म, संस्कृति, शिक्षा, स्वास्थ्य और अच्छी जिन्दगी बचाने के लिए कोई तो उपाय करने ही पड़ेंगे। राजनीति का काम केवल विकास की घोषणाएँ करना नहीं है बल्कि उसकी प्राथमिकताएँ तय करना भी है और जब धर्म और संस्कृति अपनी प्राथमिकताओं से भटकने लगे, हिंसा और सम्प्रदायवाद सामान्य स्थितियों की तरह देखे जाने लगें तब राजनीति के हस्तक्षेप से और जन पक्ष के दबाव वाले अभियानों से धर्म और संस्कृति की मानवीय विरासत बचाना आवश्यक हस्तक्षेप होगा।

'शब्द संसार की यायावरी' में आपने लिखा है कि लिखने वालों को बार-बार यह समझना होगा कि शब्द की ताकत कहाँ है और वह कब-कब विलुप्त हो जाती है। क्या आज भी 'शब्द की सत्ता' उतनी ही ताकतवर रह गई है?

शब्द की सत्ता निरपेक्ष नहीं है इसलिए उसकी ताकत उसी में नहीं है। शब्द की ताकत वास्तव में समाज की ताकत है। इसलिए शब्द किसी भी समय सामाजिक ताकत को ही बताएँगे। आज यदि शब्दों का अवमूल्यन हो रहा है तो उसे सामाजिक सन्दर्भों में ही समझना चाहिए। यह समझा जाना चाहिए कि सामाजिक निष्ठाओं से विचलित समाज में शब्द की श्रेष्ठता का दावा करना कठिन होगा।

कभी-कभी यह भी होता है कि शब्द अपनी ताकत किन्हीं दूसरे सन्दर्भों में दिखाने लगे लेकिन ऐसा भी सामाजिक निष्ठाओं की प्राथमिकताएँ बदलने के कारण ही होगा। उदाहरण के लिए विज्ञापन की संरचना में हम लय-प्रधान शब्दों की संयोजना को देखें जो कविता की तरह लगती है। विज्ञापन में दरअसल कविता जैसी ताकत नजर आना या कि हमाम साबुन में ईमानदारी जैसे पवित्र शब्द की ताकत को भर देना काव्यात्मक और आध्यात्मिक निष्ठाओं के अवमूल्यन और वस्तु बिक्री की प्राथमिकता का ही परिणाम है। आज शब्द की सत्ता, उसकी प्रामाणिकता संदिग्ध हो गई है क्योंकि हम खंडित सामाजिक प्रतिबद्धताओं और दुहरे-तिहरे मानदंडों वाली जिन्दगी जी रहे हैं। अपने लिए एक तरह की, दूसरों के लिए दूसरे तरह की।

अकविता और उसके बाद के कवियों अर्थात् आठवें-नवें दशक तक के कवियों के कृतित्व को आप किस रूप में देखते हैं। आपने देखे, हिन्दी कविता का आकाश कितना व्यापक-वृहत्तर हुआ है?

निश्चय ही कविता का आकाश व्यापक और वृहत्तर हुआ है लेकिन उस पर मध्यवर्गीय भाषा और अन्तर्वस्तु संयोजन का गहरा प्रभाव है। इस तरह वह ज्यादा निजी होती

जा रही है। लोकोन्मुख होती कविता ठहर गई है और वह केवल सीमित प्रशंसकों के बीच पढ़ी जाने लगी है।

अभिव्यक्ति की रूढ़ियाँ जरूर टूटी हैं और कविता-भाषा अभिधात्मक भाषा-प्रयोग के कारण सरल भी हुई लगती है किन्तु वह जीवन के जाने-पहचाने हर्ष-विषाद से अलग होकर अनुभवों की आकस्मिकता और छोटी-छोटी व्याकुलताओं में रची जाने लगी है। थोड़े समय पहले की संघर्षशील कविताएँ जैसी नजर न आएँ, इस मनोवैज्ञानिक दबाव में अप्रत्याशित अनुभवों को कुछ करुणा, कुछ आत्मालोचन, कुछ निराशा के साथ अभिव्यक्त करती है।

समाजवादी कवियों में विजयदेव नारायण साही का स्वर आपको कैसा लगता है?

मुझे दुख है कि मैंने उनकी कविताओं को अधिक नहीं पढ़ा, समाजवादी दृष्टिकोण से तो एकदम नहीं। दरअसल साहित्य पढ़ते समय उसे किसी पार्टी के नजरिये से पढ़ने की तमीज मैं आज तक भी हासिल नहीं कर सका। मैं अब तक भी कविता में अलंकार वैभव से प्रसन्न होता हूँ और ईश्वरोपासना के छन्दों में कविता ढूँढ़ता हूँ।

समकालीन आलोचना का मिजाज आपको कैसा लगता है। क्या आपकी दृष्टि में आज की आलोचना निजी पसन्द और वैचारिक मताग्रहों से परिचालित लगती है?

देखिए, यदि रचना वैचारिक आग्रहों से परखी जाती है तो उससे सच्चे रचनात्मक मूल्यों का रेखांकन सम्भव नहीं हो सकता। आज आलोचना में एक प्रकार की शिविरबद्धता है। हमारे समय के बड़े आलोचकों को देखें, रामविलास शर्मा, नामवर सिंह, चन्द्रबली सिंह आदि; तो वे बड़े सिद्धान्तकार नजर नहीं आते, साहित्य का मार्क्सवादी पाठ करते नजर आते हैं। लेकिन साहित्य के स्वायत्ततावादी भी अपनी बाड़ में बन्द हैं, खुलेपन का या शिविरमुक्त होने का आग्रह उनका दूसरों के लिए है। उन्हें व्यक्ति-सत्य तो नजर आता है लेकिन मानवीय सत्य देखने से उन्हें परहेज है। कविता और आलोचना का इस तरह उन्होंने निजीकरण कर लिया है। बहरहाल, साहित्यिक आलोचना का अनुदार चेहरा, शिविरबद्धता और निजीकरण हमारी आलोचना के दुर्गुण हैं।

आशा यही थी कि हिन्दी के रचनात्मक विस्तार के साथ पढ़े-लिखे लोगों के मध्य एक समीक्षात्मक संस्कृति विकसित होगी, किन्तु ऐसा नहीं हुआ। आलोचना में वस्तुनिष्ठता की अनदेखी कर बहुधा निजी पसन्द या वैचारिक खेमेबन्दी के अनुसार ही लोगों को रेखांकित किया जाता है। आज आलोचकों की स्थिति यह है कि वे अज्ञेय की चर्चा करते हैं तो उनका सबसे खराब मॉडल देते हैं, जबकि नागार्जुन का मूल्यांकन करते वक्त वे उनका सर्वोत्तम मॉडल लेते हैं। यह दृष्टि हिन्दी

आलोचना के विकास में बाधक है। जिस आलोचना को रचना के लिए मशाल बनना चाहिए था, उसने अपने महत्त्व को भुला दिया है तथा वह केवल कुछ लोगों की प्रायोजक या प्रमोटर भर बन कर रह गई है।

क्या राजस्थान के विश्वविद्यालयों में नए साहित्य के प्रति चेतना है? यहाँ हिन्दी के पठन-पाठन का कैसा वातावरण है?

लगभग नहीं। गुरुओं ने ही जब नए साहित्य के प्रति दूरी बना रखी हो तो नई पौध में यह चेतना कहाँ से पैदा होगी? हिन्दी के पठन-पाठन का आधार तब बनता है, जब उसका कोई यथोचित जीविका उपार्जन से सम्बन्ध हो। हिन्दी का व्यावसायिक आधार दिनोंदिन क्षीण हो रहा है। ऐसी स्थिति में हिन्दी के पक्ष में कोई अनुकूल वातावरण कैसे बन सकता है? वह गरीबी की भाषा है।

यहाँ के रचनाकार जगत को लेकर आपकी प्रत्याशाएँ?

हमारे प्रान्त में कविताओं की बहुलता है, दूसरी विधाओं का लेखन अपेक्षाकृत कम है। इस कविता-लेखन का मूल्यांकन भी नहीं हुआ है। प्रान्त के साहित्य पर आलोच्य कृतियाँ लगभग नहीं हैं। एक तरह से वैचारिक साहित्य या कि साहित्येत्तर चिंतनधर्मी गद्य लिखने का अवकाश साहित्यकार मित्रों के पास नहीं है। साम्प्रदायिक शक्तियों का प्रतिरोध लगभग नहीं के बराबर है। ज्यादातर साहित्यकार मध्यवर्ग के हैं। वे उपभोक्ता संस्कृति के रू-ब-रू हैं। इस समय लेखक मित्रों से अपने प्रान्त की सामन्ती, साम्प्रदायवादी ताकतों को निष्प्रभ करने के लिए लिखने की, खास तौर पर गद्य लेखन करने की उम्मीद करना आवश्यक हो गया है। साथ ही, उन शक्तियों के साथ काम करना भी जरूरी लगता है जो पहले से ही इस तरफ काम कर रही हैं।

आलोचना में राजस्थान के कवियों का अभी भी मुख्य धारा के कवियों जैसा प्रवेश नहीं हुआ है। इसकी वजह क्या है?

इसके बहुत-से कारण हैं। प्रमुख कारण तो शैक्षिक, साहित्यिक, सांस्कृतिक पिछड़ापन है। एक और बात भी ध्यान से देखने पर नजर आती है और वह हिन्दी के उद्‌भव से जुड़ी है। हिन्दी का उद्‌भव गंगा-यमुना के इलाके से यानी उत्तरप्रदेश से जुड़ा है, इसलिए उत्तर प्रदेश हिन्दी का केन्द्र है। दूसरे प्रान्त इस केन्द्र के वर्चस्व को शोभित करने वाले, इस केन्द्र के साहित्यिक वैभव को वहन करने वाले, प्रचारित करने वाले हैं। व्यापार शब्दावली में मंडियाँ हैं। मैंने 'बिन्दु' के एक सम्पादकीय में लिखा था—हम उत्तरप्रदेश की मंडियाँ नहीं हैं। यह नाराजगी, आप समझ ही गए होंगे, उस केन्द्रीय वृत्ति के विरोध में है जिसके चलते हिन्दी की साहित्यिक पत्रकारिता हो या रचनाशीलता, उपेक्षित रही। आज भी हिन्दी प्रान्तों का बेहतरीन साहित्य, साहित्य की इतिहास पुस्तकों, पाठ्य-पुस्तकों में सहज स्थान नहीं पाता, न चर्चित होता है, एक

व्यापारिक हित के अन्तर्गत चर्चित होने भी नहीं दिया जाता। यह दुष्चक्र है। हम मुख्यधारा में नहीं हैं, इसलिए चर्चित नहीं हैं और चर्चित नहीं हैं क्योंकि मुख्यधारा में नहीं हैं। हो सकता है कि अभी हमें और मेहनत, अभ्यास की जरूरत हो या हममें उन निपुणताओं की कमी हो जो समीक्षकों का ध्यान आकृष्ट करती हैं, या स्थान और अनुकूल अवसर न मिले हों!

मार्क्सवादी विचारधारा और व्यवस्था को लेकर आप क्या सोचते हैं?

मेरी दृष्टि में भारत जैसे देश में मार्क्सवादी विचारधारा और व्यवस्था के फै लाव की फिलहाल कोई सम्भावना नहीं है, उसके अनेक कारण हैं। अभी मार्क्सवादी भी अपनी विचारधारा की पवित्रता में अटूट विश्वास रखते हैं। उनके विश्वास की दृढ़ता एक प्रकार की धार्मिक कोटि में आती है। किसी भी देश में बदलाव की अवधारणा और लक्ष्यों को वहाँ की परिस्थितियों और परम्पराओं का बल मिलना चाहिए लेकिन मार्क्सवादी विचारधारा और व्यवस्था राजनीतिक दृष्टि से पश्चिम बंगाल और केरल तक सीमित हुई नजर आती है। चुनावों में उनका जनाधार बढ़ा नहीं है। कुछ विद्वानों का आग्रह है कि गांधी और मार्क्स का समीकरण देश की व्यवस्था में प्रभावशाली हस्तक्षेप कर सकता है लेकिन दोनों की सैद्धान्तिक दृष्टियाँ बुनियादी तौर पर अलग-अलग हैं।

अखबारों में साहित्य-चर्चा दिनोंदिन विरल होती जा रही है। इसकी क्या वजह है?

साहित्य के प्रति अखबारों का रवैया कुल मिलाकर नकारात्मक है। दिनोंदिन समाज में उपभोक्तावादी प्रवृत्ति बढ़ रही है। सारे के सारे अखबार एवं सूचना माध्यम उपभोक्तावाद को ही बढ़ावा देने में लगे हैं। बेशक पत्रकारिता में साहित्यिक रुचि-सम्पन्न लोग भी होते हैं, आज भी हैं, पहले भी बड़े-बड़े साहित्यकार अखबारों से जुड़े रहे हैं। किन्तु आज इनकी दृष्टि में मालिकों का हित ही सर्वोपरि है। जनरुचि को साहित्य से संस्कारित करने के बजाय ये उपभोक्तावादी रुचियों के ही प्रचार-प्रसार में संलग्न हैं। वस्तुत: हम चाटुकार दृष्टि वाले, होशियार, चालाक मध्यवर्गीय लोग हैं, इसलिए इस वर्ग से तब्दीली की कोई आशा नहीं रखनी चाहिए। हम जिस उपभोक्तावादी समाज की ओर अग्रसर हो रहे हैं, उसमें अचरज नहीं कि साहित्यिक प्रवृत्तियों के लिए भविष्य में कोई जगह ही न रहे। अखबारों के मिजाज पर ज्यादा भरोसा नहीं किया जा सकता। वे विज्ञापनों पर नजर रखते हैं, जीवन-दृष्टियों पर नहीं।

आप एक अच्छे निबन्धकार भी हैं। शब्द संसार की यायावरी और उसके बाद यत्र-तत्र प्रकाशित आपके निबन्धों में एक सर्जनात्मक स्पर्श झलकता है। आपकी दृष्टि में अच्छे गद्य की पहचान क्या है?

आप शायद साहित्यिक गद्य या ललित गद्य की पहचान की ही बात कर रहे हैं। पुराना यह कथन कि गद्य लेखन ही कवि की कसौटी है, ललित गद्य के प्रसंग में ही है। अच्छे गद्य की पहचान उसकी अन्तर्वस्तु की प्रासंगिकता और शैली की गरमाहट (ऊर्जा या स्फूर्ति) है। यह गरमाहट या उत्तेजना हमेशा प्रश्नों की तलाश की आकांक्षा में निहित होगी। स्थापनाओं की नीयत विमर्श या बहस को बन्द कर देगी। अच्छा गद्य हमेशा बोलने के लिए उत्प्रेरित करेगा। बेकन ने गद्य पढ़ने-लिखने के बारे में कहा, 'रीडिंग मेकेथ अ मैन वाइड, राइटिंग मेकेथ अ मैन इक्जैक्ट।' अच्छे गद्य में, ललित गद्य में भी, युक्तिसंगतता (रेशनलिटी) महत्त्वपूर्ण गुण है। अच्छा गद्य 'अप्रतिहत वाग्मिता' (अनएंडिंग नैरेशन) है।

साहित्य के अलावा संगीत और कला की किन विधाओं में आपकी दिलचस्पी है?

शास्त्रीय संगीत में—पं. ओंकारनाथ ठाकुर, पंडित जसराज, कुमार गंधर्व और भीमसेन जोशी विशेष पसन्द हैं। रविशंकर के सितारवादन तथा अमजद अली खाँ के सरोद वादन को भी मैं ध्यान से सुनता हूँ। मुझे वायलन तथा गिटार भी पसन्द हैं। नृत्य में स्वप्न सुन्दरी व इंद्राणी रहमान भाती हैं। तीजनबाई के ओजपूर्ण पंडवानी नृत्य में मुझे लोक शिक्षण की भूमिका नजर आती है। कला व संगीत में लम्बे अभ्यास को मैं महत्त्व देता हूँ। अपने शब्द-संयोजन व काव्याभ्यास को भी मैं इन कला-साधकों की तरह ही साधना से सहेजना चाहता हूँ।

राजस्थान के लोकसंगीत की विशेषताएँ क्या हैं? इस पर आपकी टिप्पणी?

मेरी दृष्टि में हमारा लोकसंगीत परम्परा से बँधा है। वह अब केवल समारोहमूलक है—विशेष अवसरों पर गाया जाने वाला। देवरों में भोपों का भक्ति-गायन इकहरी रागों में है। बहुत-सा संगीत राजमहलों की सम्पदा होने के कारण खास तौर की अपील और विलासिता से प्रेरित है। लेकिन गाँवों में यह विविधतापूर्ण होने से अब भी आनन्द और उमंग जगाता है। हमारा जीवन जिस तरह शहरों की तरफ लौट रहा है और जिस तरह वैविध्य, सरलता, सामाजिक जिन्दगी खत्म हो रही है, लोकसंगीत की जगह कम होती जा रही है।

आप लगभग अस्सी वर्ष के होने वाले हैं। साहित्यिक दुनिया में रमे हुए एक जमाना बीत गया। क्या कुछ ऐसा रह गया है, जिसे अब तक नहीं लिख पाए हैं?

जिन्दगी जैसे बदलती, बढ़ती जाती है, त्यों-त्यों उसको समझने, जानने की इच्छा भी प्रबल हो जाती है—उन जटिलताओं पर उलझनों, संशयों और आशंकाओं पर लिखने की इच्छा, जो सामाजिक-सांस्कृतिक प्रक्रियाओं का नतीजा है। उत्पादन की

प्रक्रिया, उसके साधन और उसके प्रभाव जो रचनात्मकता पर असर डालते हैं, उन पर भी लिखने की इच्छा अपूर्ण रही। 'द्रौपदी' पर एक 'खंड काव्य' जैसा और गांधी तथा जयप्रकाश, लोहिया काल पर वैचारिक गद्य लिखना चाहा था, जो नहीं हो सका।

इन दिनों आपकी लेखनी क्या बुन रही है?

ज्यादा कुछ नहीं, कभी कुछ कविताएँ और कुछ गद्य अपनी उलझनों के बारे में। हमारे देखते-देखते दुनिया बदलती जाती है, केवल चौंक कर हम उसका अहसास करते हैं। कुछ समय पहले हमारे नगर में कारें थीं दस-बीस, अब ठसाठस हर घर के सामने कार और कार की आकांक्षा। लेकिन अब भी वही उलझन, असली मालिक कौन हैं दुनिया के—कार वाले या बे-कार वाले?

आयु के साथ शरीर को बचाने की चिन्ता भी लेखन को बाधित करती है। शरीर के पुर्जे घिसते जाते हैं, शरीर से मन को अलग कर पाना बहुत कठिन होता है।

अभी करीब पचास संथाल कविताओं का, जो प्रसिद्ध कवि सीताकान्त महापात्र ने संकलित और भाषान्तरित की है, हिन्दी में अनुवाद किया है। ये कविताएँ एक पत्रिका में छपी हैं।

हिन्दी का मौजूदा साहित्यिक परिदृश्य आपको कैसा लगता है?

जैसे बाजार मध्य वर्ग के हाथ में है, उसी तरह हिन्दी की रचनात्मकता का परिदृश्य भी मध्य वर्ग के बीच सिकुड़-सिमटकर रह गया है। भाषा भी एक रंगतवाली, एक मिजाज की और अन्तर्वस्तु भी। साहित्य लेखन में लगे लोग भाषा के इस इकहरेपन से उद्विग्न नजर नहीं आते। लोक के पास जो कई रंगते हैं भाषा की—और जीवन-रंगों की, उनसे मध्य वर्ग का लेखक भयभीत रहता है। लेखन में अब एक किस्म का 'प्राइवेटाइजेशन' का महिमामंडन है, इसलिए ऐसा लगता है, जैसे लेखक लेखक के लिए ही लिख रहा है। पाठकों को दूसरे विकल्प भी मिल गए हैं।

नन्द जी, आखिरी सवाल! मरणोपरान्त किस रूप में याद किया जाना पसन्द करेंगे?

एक सामान्य हिन्दी कवि की तरह, जो सामाजिक बराबरी के लिए और सत्ता के भयावह होते हुए वृत्तों के विरुद्ध लिखता रहा, मुक्ति के सपने देखता रहा।

आलोचना के सन्दर्भ

डॉ. शंभु गुप्त से साक्षात्कार

नन्द बाबू, आज मैं आपसे आलोचना की स्थिति पर कुछ बात करना चाहता हूँ तो सबसे पहले तो यही है कि आज आलोचना का जो परिदृश्य है, वह किस स्थिति से गुजर रहा है और उसके सामने क्या-क्या सर्जनात्मक संकट विद्यमान है?

मेरे सामने सबसे बड़ा आलोचना का संकट यह है कि आलोचना को हम सर्जनात्मक कर्म मानें या कि नहीं, क्योंकि कुछ लोग तो यह कहते हैं कि साहित्य है तो आलोचना है और कुछ ऐसा भी अनुभव होता है कि यदि स्वस्थ आलोचना हो तो साहित्य-सर्जन के लिए भी वह प्रेरणादायी होती है। अब प्रश्न यह उत्पन्न होता है कि हम कैसे निर्णय करें कि आलोचना स्वस्थ है कि नहीं ? क्योंकि जो लिखता है, वह प्राय: ही आश्वस्त होता है कि जो वह लिख रहा है, वह श्रेष्ठ है और अब उसमें आलोचक या पाठक किसी तरह का हस्तक्षेप करता है, दखलअंदाजी करता है तो एक आत्ममोह उत्पन्न होता है और लेखक चेष्टा करता है कि आलोचक या पाठक को ही दोषी करार दे। इस तरह से कि पाठक समझता नहीं है। आलोचक निहित स्वार्थों से ग्रस्त होता है और वह अपनी विचारधारा की कसौटी पर रचना को कसता रहता है। रचना में जो विचार हैं, उनको देखने की वह चेष्टा नहीं करता। इस प्रकार हमारा बचाव-पक्ष होता है और एक तरह से मोह भी होता है—अपनी रचना के साथ...।

लेकिन फिर इसका फैसला कौन करेगा कि पक्ष किसका ठीक है? मान लीजिए कि मेरी अमुक विचारधारा है और मेरा मानना है कि वह ठीक है, स्वस्थ है और मैं किसी की आलोचना करता हूँ और लेखक नाराज हो जाता है तो इस पूरी, एक तरह से जो लड़ाई है, इसका फैसला कौन करेगा?

ऐसी स्थिति में तो अवश्य ही असन्तुलन होगा। एक ऐसी शिक्षा, मेरे अनुभव से हो सकती है कि जिसमें आलोचक भी एक सीमा तक लेखक को समझने की चेष्टा करे और लेखक भी एक सीमा तक यह मानने को तत्पर हो कि वह दोषमुक्त नहीं है और उसकी रचना में जो दोष दिखाया जा रहा है, वह किसी कुटिल दृष्टि के कारण नहीं बल्कि उस रचनाकार को सहायता देने के लिए है। इस भाव से कि भविष्य में उसके लेखन–कर्म में जो आलोचक ने दोष बताए हैं या उस पर जो टिप्पणी की है, वह काम आए। लेकिन यह तैयारी दोनों तरफ से होनी चाहिए और जो मताग्रह हैं, चाहे वे रचनाकार के हों या आलोचक के हों, वे नरम हों। एक जिद न हो। एक दुराग्रह न हो। यदि यह मनःस्थिति बनती है तो किसी भी समय आलोचना एक सर्जनात्मक कर्म होगी और यह सर्जनात्मक कर्म अनेक तरह से आलोचना होगा। मेरी दृष्टि में यह स्थिति आनी चाहिए। अब यह नहीं आती है तो संकट उत्पन्न होता है और एक तरह से कहिए तो 'मूढ़ाग्रह' भी उत्पन्न होता है।

> *आग्रहों की जहाँ तक बात है तो कृति में यदि अपनी 'जेनुइननेस' है तो कोई भी आलोचक उसे इग्नोर नहीं कर सकता। लेकिन यहाँ एक और सवाल भी है। मान लीजिए कि अस्तित्ववादी या 'आत्मवादी' विचारधारा की कोई कविता है, जैसे हम श्रीकांत वर्मा की ही कविता को लें...। श्रीकांत वर्मा का जो कथ्य है, वह एक क्षोभ पैदा करता है और वह आशा की किरण को नहीं जगाता। तो मान लीजिए, एक व्यक्ति जो साहित्य को समाज–परिवर्तन की भूमिका के रूप में मानता है या लेता है, जिसे हम प्रगतिशीलता कहते हैं, तो वह आलोचक उसकी समीक्षा कैसे करेगा? क्या वहाँ लेखन और आलोचना में एक तनाव पैदा नहीं हो जाएगा? या तो वह उसको बिलकुल 'रिजेक्ट' कर देगा; या...वह उसके साथ क्या सलूक करेगा या क्या उसे करना चाहिए?*

अब यह जो कविता की जटिल बुनावट है, तो उस कविता की जटिल बुनावाट के साथ इस बात को देखना चाहिए कि क्षोभ के नाम से ही वह उसको न तो रद्द करे, न समाप्त कर दे। यदि उस कविता की बुनावट में व्यक्तिगत क्षोभ इस प्रकार का होता है कि जिससे आप कुछ सीखते हैं या जिससे आप स्वयं की हताशा को भी समझते हैं और समझकर फिर से नया शुरू करने के लिए संकल्पबद्ध होते हैं तो वह क्षोभ निन्दनीय नहीं है—यदि उस क्षोभ में बदलने की ताकत नहीं है और समाज को भी संघर्ष करने के लिए प्रेरित नहीं करता है, जैसा कि श्रीकांत वर्मा में प्रतीत होता है, तो...! क्योंकि श्रीकांत जब हताशा की या विफलता की कविता लिखते हैं तब वे एक प्रकार का 'रेशनलाइजेशन' भी करते हैं जो एक प्रकार से धीरज देने वाली

तर्कसंगति होती है। अपनी विफलता को इस तरह 'जस्टीफाई' करते हैं। तब उसका कोई विशेष परिणाम नहीं निकलता। क्योंकि मान लीजिए कि उन्हें राजनीतिक विफलता प्राप्त हुई तो वे उसके कारण को भी समझ गए थे। जैसा कि मैं समझता हूँ कि वे समझ गए थे। क्योंकि वे कोई सामान्य बुद्धि के नहीं बल्कि एक तेजस्वी व्यक्ति थे, प्रखर व्यक्ति थे। वे समझ गए थे कि क्या अवरोध हैं। लेकिन वे उन अवरोधों पर आक्रमण करने के बजाए करुणालिप्त रचना-कर्म से सन्तुष्ट हो जाते हैं। किसी प्रकार से मोहभंग नहीं होता। कारण कि जिस राजनीति के साथ वे वर्षों तक जुड़े हुए थे, उसे एकदम रद्द नहीं करते। उससे फिर भी उनको आशा बनी रहती है। इस तरह देखें तो जब आशा के कुछ क्षण आते हैं और फिर निराशा के, तब उनमें 'स्वपीड़न' की मनोदशा उत्पन्न होती है। तब वे राजनीति की विफलता और छल को कविता रूप देते हैं और निराशा प्रकट करते हैं। वे केवल उसको दोषी ही ठहराते हैं या कभी-कभी अपने-आपको ही दोषी ठहराने लगते हैं। लेकिन न तो अपने से लड़कर उस राजनीति से बाहर आते हैं और न उस राजनीति से लड़कर उसे बदलना चाहते हैं। यह उनकी डायरियों से और 'गरुड़ किसने देखा है' की कुछ कविताओं से भी लगता है। कुल मिलाकर वे भावुकता और सम्मोहन की स्थिति पैदा करते हैं। श्रीकांत वर्मा एक सम्मोहक कवि तो हो सकते हैं पर एक बड़ा कवि उन्हें नहीं कहा जा सकता।

इस 'बड़े कवि' से आपका क्या आशय है?

मेरी दृष्टि में एक बड़े कवि में और एक सम्मोहक कवि में अन्तर है। सम्मोहक कवि कई बार अपनी रचना से ऐसी प्रतीति कराता है कि जैसे वह आपको बहुत दूर ले जाना चाहता हो, लेकिन वह दूर ले जाता नहीं है। एक बड़ा कवि ऐसी प्रतीति भी कराता है कि वह दूर ले जा रहा है और एक ऐसे संघर्ष के बीच से भी गुजारता है कि जिससे आप अपनी प्रश्नाकुलता या अपनी बेचैनी का कोई-न-कोई सार्थक रास्ता ढूँढ़ते नजर आते हैं। ऐसा नहीं है कि मनुष्य को क्षोभ में से, हताशा-निराशा में से रास्ता नजर न आता हो। मैं उस कवि को बड़ा मानता हूँ जो अपनी हताशाओं में से ऐसा रास्ता दिखाता है जो मनुष्य को शक्तिहीन नहीं होने देता, बल्कि जागरूकता और संघर्ष की प्रेरणा देता है। यह किसी वैद्य की दवा की तरह नहीं है लेकिन ऐसा अनुभव है कि जो मनुष्य की गरिमा को बचाए रखता है।

एक सवाल इन दिनों काफी तेजी से आलोचना में आ रहा है कि हम कथ्य को प्राथमिकता दें या शिल्प को? कुछ लोग हैं जो कथ्य को प्राथमिकता देते हैं और शिल्प को मात्र एक साधन मानते हैं और कुछ लोग कथ्य को नगण्य मानते हैं और शिल्प को ही कविता या कला का पर्याय मानते हैं...?

लेकिन बड़े कवियों में आपको इस प्रकार का भेद करना सम्भव नहीं होगा। जैसे हम तुलसीदास के सन्दर्भ में बात करें तो, तुलसीदास वर्ण-व्यवस्था के कवि हैं, फिर भी उन्होंने ऐसी कविता की है जो कविता के धरातल पर भी बड़ी है और वैचारिक धरातल पर भी।

नहीं, मैं आधुनिक कविता की बात कर रहा हूँ...।

हाँ, आधुनिक कविता के सन्दर्भ में भी, आप किसी भी कवि को लें, अगर वह बड़ा कवि है तो उसे कथ्य और शिल्प के दायरे में बाँटकर उसके श्रेष्ठत्व को समझना कठिन होगा।

दरअसल मैं सन्दर्भ लाना चाहता हूँ, जनवादी कविता का। उनका मानना है कि...।

किसी भी बड़े जनवादी कवि को शायद इस प्रकार से विभाजित करके नहीं सराहा जा सकता क्योंकि कविता एक समग्र अन्विति है। इस स्थिति में कथ्य ही उसको ऐसा कला-रूप देगा जो उसकी सघन अर्थवत्ता के अनुकूल होगा। ये दोनों ही जल और तरंग की तरह से हैं—'कहियत भिन्न न भिन्न!'।

समकालीन प्रगतिशील और गैर-प्रगतिशील आलोचना में एक अन्तर पाया जाता है और कुछ लोगों का कहना है कि प्रगतिशील आलोचना में एक आक्रामकता-सी पाई जाती है। वे यह आरोप लगाते हैं कि प्रगतिशील ज्यादा आक्रामक होते हैं। आप इस बारे में क्या सोचते हैं?

कभी भी प्रगतिशील आक्रामक होंगे क्योंकि उन्हें ही यथास्थितिवाद से लड़ना पड़ता है और जो यथास्थितिवाद से लड़ेगा, वह स्वभाववश आक्रामक हो ही जाएगा। वह वैचारिक भिड़ंत भी करेगा जो उसको भी चाहिए। यह कह देना तो सरल होता है और सज्जनता जैसी भी लगती है कि उसे आक्रामक नहीं होना चाहिए लेकिन आक्रामक होना उसकी नियति है क्योंकि उसे सर्वथा नए भाव-बोध की दुनिया बनानी होती है। लेकिन सच तो यह भी है कि गैर-प्रगतिशील आलोचक भी कम आक्रामक नहीं होते!

उनके यहाँ एक रहस्यवादिता भी पाई जाती हैं जो अन्ततः व्यवस्था से जुड़ जाती है।

हाँ; क्योंकि व्यवस्था-पक्ष के वे होते हैं। वे व्यवस्था को उथल-पुथल कर देना नहीं चाहते इसलिए भी वे आक्रामकता का दोष लगाकर प्रगतिशील आलोचना की वैधता को ही सन्देहास्पद बना देते हैं। वह उनका बचाव पक्ष होता है जिससे उन्हें लोग स्वीकार कर लें, लेकिन प्रगतिशील आलोचना को आक्रामक होने से नहीं, कटु होने से बचना चाहिए।

आलोचना में खेमेबाजी आज भी खूब चल रही है। एक वर्ग है, उसके अपने लेखक हैं और उसी वर्ग के आलोचक भी हैं और एक वर्ग है जिसके लेखक हैं और उसी के आलोचक भी हैं तो एक जो सामान्य पाठक है, वह क्या केवल अपनी बुद्धि से तय करे कि...?

सामान्य पाठक की है, शम्भूबाबू, एक बुद्धि! और कभी-कभी वह सामान्य बुद्धि आलोचक की बुद्धि से भी अधिक पुष्ट और विवेकपूर्ण होती है। आप देखते हैं कि काल के बीच में से जो रचनाएँ बच जाती हैं, उन्हें बचाने वाला आलोचक नहीं होता। उन्हें बचाने वाला दरअसल सामान्य बुद्धि का पाठक ही होता है। हम कहीं भी इसकी जाँच करें और कैसे भी मूर्खता के बीच इस बात की जाँच करें तो हमें ऐसा अवश्य प्रतीत होता है कि लोग अनपढ़ हैं या निरक्षर हैं लेकिन ये अनपढ़ और निरक्षर लोग भी अपनी परम्परा, अपनी संस्कृति और अपने साहित्य के सम्बन्ध में कोई-न-कोई विवेकसम्मत राय बनाए रखते हैं और वह राय आलोचकों की दी हुई राय नहीं होती। वे यह अच्छी तरह से जान जाते हैं कि कौन-सा साहित्य उनके मनोबल को क्षत और ध्वस्त नहीं होने दे रहा! और जो साहित्य उनके मनोबल को ध्वस्त नहीं होने देता, उनकी आन्तरिक दुनिया को मजबूत और बड़ा बनाता है, वही साहित्य काल को लाँघ जाता है। तब एक पाठक भी आलोचक हो जाता है। यद्यपि वह लिखता नहीं है लेकिन उसका ऐसा प्रभाव होता है, ऐसी राय बनती है कि श्रेष्ठ और निकृष्ट छँट जाता है। काल छँटनी कर लेता है। श्रेष्ठ साहित्य की एक कसौटी यह भी है।

कुछ लोग मानते हैं कि जो साहित्य अपने समय के समानान्तर चलता है, अपने समय के साथ-साथ इतिहास के लम्बे दौर के बाद भी वही जीवित बच रहता है?

लेकिन यहाँ फिर हमें समय की भी बात करनी पड़ेगी कि हम समय को कैसे देखते-समझते हैं। समय को वही, उतना ही मानते हैं कि जो हम देख रहे हैं या समय को एक ऐसी शक्ति के रूप में स्वीकार करते हैं कि जो आन्दोलनों को, बदलावों को, परिवर्तनों को—सबको विलय करके हमें एक विशेष दृष्टि देता है। इस दृष्टि से यदि आप देखेंगे तो बहुत-सी बार कबीर हमें अपने समय का मालूम होने लगता है, गोकि वह हमारे समय का नहीं है। इसी तरह हमें कई बार ऐसा मालूम होने लगता है कि टॉल्स्टॉय जिसने किसी दूसरे देश में जन्म लिया था, वह हमारे ही देश का है, गोकि वह हमारे देश का है नहीं! तो कुछ बड़ी सम्बद्धताएँ होती हैं, कुछ मनुष्य के बड़े सरोकार होते हैं, बड़े अन्तर्द्वन्द्व होते हैं। इन बड़े अन्तर्द्वन्द्वों को, इन बड़े सरोकारों को, इन बड़े अभिप्रायों और अभिप्रेतों को जो साहित्य समेटता है, वह एक बड़े अर्थ में हमारे समय का साहित्य होता है यानी वह वर्षों की गणना में समय नहीं होता

लेकिन मनुष्य की गरिमा बचाने के उद्यमों की अनुभव की गणना का समय होता है...।

सन्दर्भ सामयिक उसके चाहे भले ही हों...?

हाँ, उसके सामयिक सन्दर्भ हो सकते हैं और सम्भव है कि कभी-कभी वे न भी हों, तो मनुष्य की शक्ति के सन्दर्भ हों, नैतिकता के सन्दर्भ हों! लेकिन जैसी कि मैंने अभी कबीर की बात कही, कबीर एक ऐसी सार्वकालिक भाषा काम में लेते हैं जो उनके समय को लाँघ जाती है और जो आज भी हमें अपनी लगती है तो काल के लम्बे दौर में ऐसी ही रचनाएँ बच पाती हैं।

नन्द बाबू, वह खेमेबाजी वाली बात रह ही गई...?

खेमेबाजी के बारे में यह कि...इस प्रकार की खेमेबाजी ठीक नहीं है कि हम अपने खेमे के एक बुरे कवि को श्रेष्ठ बना दें और दूसरे खेमे के एक अच्छे और श्रेष्ठ कवि को बुरा सिद्ध करने में लगे रहें। अतिसद्भावनाशील और कुंठित मन आलोचक किसी भी खेमे में पाए जा सकते हैं जिनकी ओर से हमें लापरवाह हो जाना चाहिए।

['सम्बोधन' के सौजन्य से]

मीडिया का खेल बड़ा रोमांचक है

डॉ. पल्लव से बातचीत

जिन सरोकारों से आपके लेखन का प्रारम्भ हुआ था, वह चेतना-ऊर्जा अब भी महसूस करते हैं?

बहुत प्रारम्भ में तो वह चेतना नहीं थी, जिसे हम बदलाव या जिन्दगी के त्रास से जुड़ी हुई कह सकते हैं। मैंने बारह वर्ष की आयु में झालावाड़ नरेश के दरबार में कविता पाठ किया था। वे कविता-प्रेमी रसिक थे और स्वयं भी कविता करते थे। उन दिनों झालावाड़ के हर मुहल्ले में कवि हो गए थे। लेकिन गहन दृष्टि डालें तो लगता है कि कोई-न-कोई बुनियादी चिन्ता अवचेतन में रही होगी जो धीरे-धीरे विकसित होती गई। मैं विचार करता हूँ कि हमारे समय के बड़े दार्शनिक हुए हैं गांधी और मार्क्स...मान लीजिए, वे न होते तो मनुष्य जीवन के संतापों-विषमताओं से हमारा संघर्ष होता या नहीं? जीवन के गहन विरोधाभासों से संघर्ष करने की चेतना क्या बुनियादी चेतना है या एक जरूरत?...मेरी कविताओं में निरन्तर विषमताओं से संघर्ष करने की चेतना देख पाता हूँ तो कहता हूँ कि ऐसा न लिखूँ तो लिखने की मेरी चाहत अधूरी ही रह जाएगी। लेकिन सबके लिए यह दावा नहीं करूँगा कि अवधारणाएँ बदलती न हों। मेरे लिए वे सरोकार बुनियादी हैं तभी तो मैं लिख रहा हूँ।

इधर भूमंडलीकरण के साथ आए नए विमर्शों ने क्या आपके बुनियादी सरोकारों को प्रभावित नहीं किया?

जो संघर्ष है, उसका सम्बन्ध समाज से है। एक सामाजिक आशा है, जिसके चलते साहस बनता है। जब समाज तेजी से बदलने लगते हैं, उनके राजनीतिक-आर्थिक-नैतिक आदर्श बदलते हैं तब लेखकीय आवेगों और आवश्यकताओं पर असर पड़ने लगता है। जब मैं बड़े संघर्षों को देखता हूँ तो लगता है कि जिन्होंने नेतृत्व किया, उनसे सामाजिक परिवर्तन की आशा थी और यह भी कि लोग उनकी आवाज सुन रहे हैं। लोगों का उनके संकल्पों से आन्तरिक जुड़ाव था, चाहे वह प्रकट न होता

हो। लेकिन जब लेखक और समाज की इच्छाओं और आशाओं में दूरी लगने लगे तो लेखक में फ्रस्ट्रेशन (विफलता बोध) पैदा होना स्वाभाविक है। अब नेतृत्व के लिए बड़ी सामाजिक मान्यता नजर नहीं आती, एक संशय बराबर बना रहता है।

जो सामाजिक चिन्ताएँ 60 और 70 के दशक में सार्वजनिक थीं, वे अब क्षीण होती गई हैं। इसलिए उनसे जुड़ा मन भी कमजोर पड़ा है। यदि प्रगति के, विकास के सामाजिक आदर्श बदल जाएँ तो लेखक उससे प्रभावित होगा ही। समाज, लेखक की मनोकामनाओं के समर्थन में यदि खड़ा नजर न आए तो लेखक एक सामान्य आदमी की तरह अपने-आपको हारा हुआ अनुभव करता है। आखिर उत्साह का झरना समाज से ही तो आता है।

फिर भी आप हारे नहीं हैं, कविता अभी भी लिख रहे हैं?

इसे आप निराशा का दर्शन न मानें। यह एक सामाजिक दुर्घटना है, जिसे हम देख रहे हैं। यह दुर्घटना नाटकीय भी मालूम होती है। जहाँ पूरा समाज मुट्ठी-भर धनाढ्य लोगों के हाथ में आ गया हो और मुट्ठी-भर मध्य वर्ग तमाम सामाजिक चेतना का प्रतिनिधित्व कर रहा हो तो तब ऐसा होता है। अगर इस नाटकीयता से पर्दा हट जाए तो स्थितियाँ और भी अधिक संतापग्रस्त करने वाली होंगी और तब संघर्ष के इरादों को अधिक प्रबल बनाना वाजिब लगेगा। मैं जब आज के परिदृश्य को इस ऐश्वर्य के नाटक के बीच देखता हूँ तब मुझे परिवर्तनकारी कविता लिखना और जरूरी मालूम होता है।

अपनी सुदीर्घ कविता यात्रा को देखते हैं तो क्या विचार आता है? क्या एक गहरा रोमांटिक बोध आपकी इस कविता की यात्रा में बराबर नहीं बना रहता?

हमारे यहाँ गीत की जो सरल व्याख्या की जाती है, उसमें रागात्मकता का भाव प्रबल रहा है। कई आलोचकों ने रागात्मकता को कविता का आवश्यक हिस्सा भी माना है। इस दृष्टि से जो मेरी कविता में भी रागात्मकता देखते हैं तो वह मुझे कोई प्रतिकूल टिप्पणी नहीं लगती। यदि 'इमोशन' भी कविता की बुनावट का हिस्सा हो तो उसे उदारता से देखा जाना चाहिए।...बाद की पश्चिमी कविता में जिन्दगी की नष्ट होती सहजता इलियट के यहाँ दिखाई देने लगी, बीटनिक्स की कविता में भयंकर सामाजिक आक्रोश नजर आता है। जब उपभोक्तावाद और अमानुषीकरण जिन्दगी को आक्रान्त करता है तो हम कविता के भोलेपन को भी अनावश्यक मानने लग जाते हैं।...तब भी मैं यह ढूँढ़ता हूँ कि कविता नितान्त रूखेपन से बोझिल न हो जाए और इसीलिए प्राय: उसे आस्वादपरक और मृदु बनाने की कोशिश करता हूँ।

आपको समकालीन कविता परिदृश्य कैसा दिखाई देता है?

हिन्दी कविता एक बड़ा क्षेत्र है और उसमें आप कई तरह के प्रयोग देख सकते हैं। प्रगतिशील कविता के स्तंभ कवियों—निराला, केदारनाथ अग्रवाल, शमशेर, नागार्जुन और त्रिलोचन—को देखें तो आज की कविता के समक्ष उनकी कविताएँ लगभग रोमांटिक हैं। प्रचुर मात्रा में गीत, लय और भावाकुलता उनमें देखने को मिलती है। बाद के दौर में नए कवियों ने कविता के लिए यह दुर्गुण मान लिया था कि उनको सुनकर तालियाँ बजा दी जाएँ। जैसे यह कविता के लिए अशुभ है कि उसे सुनकर श्रोता इतने अभिभूत हो जाएँ कि तालियाँ बजा सकें।...आखिर जो जनता की कविता होगी, उसका जुड़ाव ही एक भोलेपन से होगा। भोलेपन का अर्थ मूर्खता नहीं है। उर्दू और हिन्दी कविता में यह भेद है, जैसे आप फैज को देखें क्योंकि वे मनुष्य की भावनात्मक आवश्यकताओं को स्पर्श करते हैं, बड़े पाठक वर्ग तक पहुँचते हैं। जो सहज भावुकता है, उसे 'गलदश्रु भावुकता' न समझा जाए, वह कविता का उपकरण नहीं, सजग मानवीय स्पर्श ही है। जब गांधी ने 'साकेत' पढ़ा तब कहा कि आपने उर्मिला को बहुत रुलाया लेकिन मुझे जरा भी रोना नहीं आया। इसके साथ यह भी कहूँगा कि आज की कविता को समाजशास्त्रीय छवियाँ ग्रहण करते हुए आलोचनात्मक गद्य नहीं होना चाहिए।

हिन्दी में लोकप्रिय माध्यमों को अच्छी निगाह से नहीं देखा जाता।

सवाल यह है कि लोक माध्यमों से कौन कटा? आप याद करें, हिन्दी कवि सम्मेलनों में महादेवी, पंत या निराला रात-रात भर कविताएँ सुनते-सुनाते थे। हिन्दी में और भी चीजें कम हुई हैं, जैसे नाटक। मुझे लगता है, हमने अपनी अहंमन्यता के कारण, भाषाई वर्गवाद के कारण श्रोताओं का भी तो चुनाव नहीं कर लिया है? लोगों ने हमें काटा या नहीं, हमने स्वयं ही लोक विमुख होने का उपक्रम तो नहीं कर लिया है? मैं दूसरी भाषाओं को नहीं जानता लेकिन हिन्दी लेखक अधिकांशत: अध्यापन करने वाले हुए और वे लोक माध्यमों के प्रति 'अशिष्टता बोध' से पीड़ित हैं। हो सकता है, यह लिखित और वाचिक परम्परा का भेद हो। लिखित को गौरवपूर्ण और वाचिक को हीन समझने की मनोवृत्ति हो। कविता का पाठ्य-पुस्तक में आना भी कविता के मिजाज को बदल देता है। एक सरल कविता पर अध्यापकों को आपत्ति होती है कि इसमें पढ़ाने जैसा कुछ नहीं है। पढ़ाने जैसा होने का अभिप्राय कठिन होना तो नहीं है? आपके इस सवाल की गहन परीक्षा होना चाहिए कि हिन्दी की लोकप्रिय विधाएँ जनपक्ष से क्यों कट रही हैं?

आज के समय में मीडिया की नई उपस्थिति कैसी लगती है?

एक गरीब देश का मीडिया प्रभुत्वशाली वर्ग का ही तो नहीं मान लिया जाता है? यदि हाँ, तो उसके क्या परिणाम होंगे? वह मीडिया अपनी ही जरूरतों के मुताबिक एक विशेष वर्ग को तलाश करने में लगा रहेगा जो पहले से ही किसी कारण (जाति,

भाषा या सम्पदा) से प्रभुत्वशाली है। इस तरह स्वयं मीडिया भी एक अलगाववादी रुझान उत्पन्न करता है और वह उन्हें ही लोकप्रिय बनाता है, जो समाज में पहले से ही प्रतिष्ठित (कुप्रतिष्ठित) हैं। हिन्दी का लेखक मीडिया की दृष्टि में प्रतिष्ठित वर्ग का लेखक नहीं लेकिन अंग्रेजी का है। इससे आप समझ सकते हैं कि भाषा कैसे वर्ग तैयार करती है। मीडिया ने अपना दायरा तय करते समय ही 'अभिजनवादी' होना तय कर लिया है इसलिए वहाँ उसे लेकर कोई विचलन नहीं है कि वे उन लोगों के संघर्ष के साथ नहीं हैं, जिनके साथ होना चाहिए। मीडिया की चालाकी यह है कि वह जिस वर्ग का प्रतिनिधि है, उसी की खिल्ली उड़ाकर आदरास्पद बने रहने का दिखावा करता है। यह खेल बड़ा रोमांचक है।

एक कवि के संस्मरण 'अतीत राग' में आना...यह गद्य की ओर आकर्षण तो नहीं है?

यह कोई फुदकना नहीं है कि कविता करते-करते गद्य शुरू कर दिया हो। मैं तो समझता हूँ कि हमारी कविता भी एक तरह का गद्य ही है। जब यह प्रयत्न ही हुआ था कि कविता की भाषा जिन्दगी से अलग न हो तभी अभिधा की शक्ति कविता में आ सकी। अभिधा में ही लक्षणा और व्यंजना की शक्तियाँ आईं। निराला की 'भिक्षुक' कविता याद कीजिए, 'वह आता/दो टूक कलेजे के करता/ पछताता/पथ पर आता।' यह अभिधात्मक स्वभाव की कविता है, उसकी अन्तर्वेदना इसी से लक्षित हुई है। दरअसल यह गद्य (अतीत राग) कविता से अलग है ही नहीं। गद्य को कवियों की कसौटी माना गया है। अज्ञेय, मुक्तिबोध जैसे बड़े कवियों ने डायरियाँ और कहानियाँ लिखी हैं। छायावाद की कवयित्री महादेवी ने गहन दुनियादारी का गद्य 'शृंखला की कड़ियाँ' में लिखा है। मेरे लिए गद्य और पद्य का कोई अन्तर नहीं है बल्कि वह एक ही प्रकार की निर्मिति है।

[दैनिक 'हरितभूमि' के सौजन्य से]

चिन्तन में स्वाधीनता और रचना-कर्म में प्रयोगशीलता के पक्षधर

डॉ. नवलकिशोर

साहित्य सृजन कैसे? रुझान कैसे?

साहित्य-सृजन का आरम्भ संयोगवश ही हुआ। इसका कोई अनुमान भी नहीं था कि यह जीवन-पर्यन्त चलने वाला कर्म होगा और इससे कोई प्रसिद्धि मिलेगी। 'कवि-दरबार' नाम की झालावाड़ में एक संस्था थी, जो राजा के काव्यानुरागी होने के कारण समय-समय पर आयोजन करती थी, जिसमें समस्यापूर्ति की काव्य-परम्परा थी। वह देश के वरिष्ठ कवियों को समय-समय पर आमंत्रित करती थी। कानपुर के 'सुकवि' के सम्पादक गयाप्रसाद शुक्ल 'सनेही' और सीतामऊ के वीर रस के विख्यात कवि अनूप शर्मा जैसे साहित्यकार वहाँ आमंत्रित होते थे। उन दिनों जब मैं सातवीं में पढ़ता था, 'हमारे हैं' की समस्या-पूर्ति दी गई थी और मैंने उसमें भाग लिया एवं पुरस्कृत हुआ। प्रथम बार में ही पुरस्कार पाया तो सृजन के लिए बहुत उत्साह मिला। निर्णायकों में द्विवेदीकाल के विश्रुत कवि गिरिधर शर्मा 'नवरत्न' निर्णायक थे। तब से कवि-दरबार में निरन्तर आमंत्रित किया जाता रहा और सनेही जी के 'सुकवि' में मेरी समस्या-पूर्तियाँ छपती रहीं। उस कवि-दरबार में काव्य-भाषा के रूप में ब्रज की प्रतिष्ठा थी और मेरी काव्य-यात्रा भी ब्रज भाषा से ही शुरू हुई थी। झालावाड़ में राजकवि के रूप में कवीन्द्र हरनाथ की उपस्थिति नए लेखकों के लिए अत्यन्त प्रेरणास्पद थी। वे अपने समय के एक ख्यात सर्जक और आचार्य थे और उनका कविता-पाठ बहुत प्रभावशाली होता था। राजा राजेन्द्रसिंह 'सुधाकर', जो स्वयं कवि और शाइर थे (उर्दू में वे 'मखभू तखुल्लस' से लिखते थे), उनका बहुत आदर करते थे। हरनाथ जी ने मुझे अल्पायु में ही 'उद्धवशतक' के अनेक कवित्त याद करा दिये थे, जिससे काव्य-लय, छन्द-गति आदि के बारे में सीखा और अपने रचना-कर्म के प्रति विश्वास जगा। राजा के काव्यप्रेमी होने के कारण झालावाड़ के सांस्कृतिक परिवेश में ही कविता रची-बसी थी और कवि को बड़ा मान सम्मान दिया जाता था।

गद्य रचना को भी पर्याप्त प्रोत्साहित किया जाता था। उस समय वहाँ से पं. रामनिवास शर्मा ने 'सौरभ' नामक पत्रिका निकाली थी जिसकी तुलना 'सरस्वती' से की जानी चाहिए। वे हिन्दी अध्यापक थे और मेरे साहित्य-सृजन पर उनके सान्निध्य का भी प्रभाव रहा। मेरे पिता पं. सुदर्शनलाल चतुर्वेदी ने भी मुझे काव्य-लेखन की दिशा में बहुत प्रोत्साहित किया। उन्हें भक्त-कवियों की रचनाएँ कंठस्थ थीं, जिन्हें वे मधुर स्वर में गाया करते थे। उनसे मैंने कविता के लालित्य का महत्त्व जाना।

उस समय तक खड़ी बोली प्रतिष्ठित हो चुकी थी। राजगुरु पं. गिरिधर शर्मा 'नवरत्न' उसके प्रतिष्ठित कवियों में थे। ब्रजभाषा में लिखने के दिनों से ही मुझमें खड़ी बोली को अपना रचना-माध्यम बनाने की आकांक्षा उत्पन्न हो गई थी और इसलिए थोड़े समय बाद ही मैंने उसमें रचना शुरू कर दी। 1941-42 के आते-आते मैंने ब्रजभाषा से एक तरह से विदा ही ले ली और अपनी रचना खड़ी बोली में लिखना शुरू कर दिया। मेरी उस समय की एक लोकप्रिय रचना की कुछ पंक्तियाँ मुझे अभी भी याद हैं :

मधु के प्यालों में पलते हो, वैभव के मादक दीवानो
अरे, तुम्हारे कुत्ते-बिल्ली दूध-जलेबी पीते खाते
मुर्गे-मुर्गी महलों की शोभा के साधन समझे जाते
उधर कहीं जो खुली सड़क पर एक दूध मटकी फट जाती
लाखों बहनें वस्त्र भिगोकर दूध बालमुख में चिचुवाती
ए जननी के भामाशाहो, जननी की कसक पहचानो।

आप ब्रज भाषा की शृंगार-परम्परा से क्या सीधे प्रगतिशील दौर में आ गए? छायावादी कविता क्या आपको बिलकुल अछूता छोड़ गई?

तब छायावाद क्या है और प्रगतिवाद क्या है, इसका मुझे स्पष्ट बोध नहीं था, इसलिए उनके प्रभाव का कोई प्रामाणिक आधार मैं आपको नहीं दे सकता। लेकिन संवेदना के स्तर पर मुझे उस समय की सामन्ती क्रूरताएँ, सामाजिक ऊँच-नीच, नारी पर नर का निरंकुश वर्चस्व आदि विषमताएँ बहुत उद्वेलित करती थीं और किन्हीं प्रचलित काव्य परिपाटियों की अपेक्षा उन्हीं के दबाव में मेरा रचनाकर्म हुआ, जिस पर उस समय के बड़े कवियों का अलक्षित प्रभाव भले हो, जानबूझकर मैंने छायावाद या प्रगतिवाद की रचना-शैलियों को नहीं अपनाया। अपने आसपास के आदमी के दु:ख के प्रति अधिक चिन्ता के कारण ही सम्भवत: छायावादी रचनाशीलता का मुझ पर बहुत कम प्रभाव रहा। ब्रजभाषा में लिखते समय भी मैंने केवल प्रेमभाव के छन्द ही नहीं लिखे थे, सामाजिक विद्रुपताओं को लक्ष्य करके भी रचना की थी। पद्माकर की जैसी परिपाटीबद्ध रचना-पद्धति थी, उसके बरक्स मैंने उसी पद्धति में एक कवित्त लिखा था, जिसकी अंतिम पंक्तियाँ इस प्रकार हैं :

दीजै रंगशाला रतिशाला को हवाला कहा
बिलखत जे हैं एक एक ही निवाला को।

बाद में तो आप जानते ही हैं कि यह समाजबोध और यथास्थिति-प्रतिवाद मेरे काव्य-कर्म की पहचान ही बन गए।

आपकी सामान्य जन के प्रति पक्षधरता का यह संवेदनात्मक बोध कब और कैसे एक वैचारिक दृष्टि में परिणत हुआ? आप केवल रचना के स्तर पर ही समाजवादी सोच के लेखक नहीं रहे, लोहिया जी के विचारों के गहरे प्रभाव को आपने अनेक बार मुक्तभाव से स्वीकारा है। आप समाजवादी दल में सक्रिय रहे। स्पष्ट है कि आपके चिन्तन के जीवन और कर्म के जीवन में अविच्छिन्न सम्बन्ध रहा है।

आरम्भ में तो कविता के प्रति मेरा रुझान रोमांटिक प्रकृति का ही था—शब्द-कौतुक से एक मायावी संसार रचना ही कवि-कर्म का लक्ष्य लगता था। उसमें सामाजिक सरोकार संवेदनाजन्य ही था। साथ ही मेरी मानस-रचना में स्वाधीनता-संघर्ष की मूल्य-चेतना एक जीवित अनुभव थी। सन् 48 में गांधी की हत्या ने मुझे अपने समय के अन्य संवेदनशील युवा बौद्धिक की तरह बहुत विक्षुब्ध किया। मुझे वह केवल एक व्यक्ति की हत्या नहीं, एक विचार की हत्या लगने लगी और उससे मेरे मन में स्थितियों की जटिलता को समझने के लिए ज्यादा स्पष्ट दृष्टि की आवश्यकता का अनुभव हुआ। उस समय मैं महाराष्ट्र में एक हाई स्कूल का प्रधानाचार्य था। वहाँ तब सम्प्रदायवादियों और उनके विरोधियों के बीच विचारों की टकराहट बहुत तीव्र थी, जिसमें मैंने अपने को संकीर्ण हिन्दुत्ववाद के विरुद्ध पाया। वह संस्था सम्प्रदायवादियों के कब्जे में थी, इसलिए मैंने वहाँ से नौकरी छोड़ दी। मैं आगे के अध्ययन के लिए कोटा आ गया। मुझे अब अपने कवि-कर्म के लिए भी कविता के प्रति अपना रोमांच-भाव अपर्याप्त लगने लगा और मानवीय सरोकारों से उसे गहराई से जोड़ने की जरूरत महसूस हुई। अपने विचार और लेखन-कर्म को एक वैचारिक धरातल देने के लिए मुझे जयप्रकाश-नरेन्द्रदेव-लोहिया के भारतीय समाजवाद ने आकर्षित किया। मैं न केवल उनके विचारों से प्रभावित हुआ, बल्कि समाजवादी दल से भी सक्रियता से जुड़ा। आगे चलकर लोहिया के लेखों और उनकी किताबों का मुझ पर जबरदस्त प्रभाव पड़ा। यह मेरा सौभाग्य रहा कि लोहिया जी से मेरा व्यक्तिशः सम्पर्क भी बना। लेकिन मेरी तलाश यहीं समाप्त नहीं हुई। मैंने अपने समय के प्रखर पाश्चात्य मनीषियों और लेखकों को भी अपनी पहुँच के अनुसार लगातार पढ़ा। उन सबका प्रभाव मेरे कवि-कर्म पर पड़ा है और इस तरह मैं किसी एक विचारधारा और किसी एक परिपाटी का कवि होने से बचा रहा और मेरी लगातार बचने की कोशिश भी रही।

अपनी काव्य-यात्रा के आरम्भ से ही आपमें समाज के निचले तबके के प्रति जो सहानुभूति मिलती है और जो आगे आपकी समाजवादी प्रतिबद्धता में प्रकट हुई, उसके चलते आपको प्रगतिशील खेमे के कवियों में मान्यता मिलनी चाहिए थी, किन्तु वैसा क्यों नहीं हुआ?

सन् 1948 की गर्मियों में मनमोहन ठाकौर (जो आज भी साम्यवादी विचारधारा से जुड़े हैं) और मैंने झालावाड़ में अपने घर पर कुछ मित्रों के साथ दो दिन के विचार-विमर्श के उपरान्त 'हाड़ौती प्रगतिशील लेखक संघ' की स्थापना की थी। मुझे उसका महासचिव बनाया गया था। इसके तत्त्वावधान में हमने हाड़ौती के अनेक कस्बों में कवि-सम्मेलन और लेखक-गोष्ठियों के माध्यम से प्रगतिशील विचारधारा का प्रचार करने का उद्यम भी किया था। मैं 1950 में उदयपुर आया, तब भी कुछ आयोजन किए, जिनमें डॉ. मोहम्मद शफी अगवानी (प्रसिद्ध राजनीति-शास्त्री और जवाहरलाल नेहरू वि.वि., नई दिल्ली के पूर्व कुलपति) और कवि प्रकाश आतुर (सुखाड़िया विश्वविद्यालय के प्राध्यापक और राजस्थान साहित्य अकादमी के अध्यक्ष) जैसे लोगों ने भी शिरकत की थी। लेकिन प्रगतिवादी विचारधारा की वैचारिक जकड़न और स्थूल कलादृष्टि से मैंने अपने को दूर होते पाया। साम्यवादी विचारधारा से मेरे बुनियादी मतभेद थे—जैसे सर्वहारा क्रांतिमार्ग की अपेक्षा मेरी आस्था गांधी-दृष्टि से जुड़े समाजवाद में अधिक थी और रचनाकर्म मेरे लिए कोरा सामाजिक अनुष्ठान नहीं था अपितु एक कला-सृजन था। मुझमें इसी समय अपनी काव्य-भाषा को बदलने का एहसास भी जागा और जबकि मेरे अधिकांश साथी गीत-भाषा लिख रहे थे, मैंने कविता की उस खुली और नई राह को पकड़ा जो नई कविता की राह थी। मैंने अपनी कविता के जरिए स्वतंत्रता के बाद के मोहभंग को अपना स्वर दिया। मेरी बहुत सारी कविताएँ इसलिए व्यंग्य-प्रधान थीं। उदाहरण के लिए उस समय कई पत्रिकाओं में छपी अपनी कविता 'धन का अजगर' का उल्लेख करूँगा, जिसकी कुछ पंक्तियाँ इस प्रकार हैं :

जी हाँ, यह धन का अजगर है
मोटा ताजा
जिसको बिड़ला के बेटों ने
दूध पिलाकर पोसा-पाला
यह लेटा
पाकिस्तानी मस्जिद में गुमसुम
यह लेटा हिन्दुस्तानी मंदिर में गुपचुप
अब खादी की नई केंचुली में
सज-धज कर
फन फैलाकर
सरक रहा है धीरे-धीरे...।

इस तरह मेरी कविता की विषयवस्तु और रचना-रूप (फॉरमेट) बदले। राजस्थान में तब लिखी जा रही हिन्दी कविता में यह काव्य-संस्कार नया था। प्रदेश में इसका विरोध भी हुआ, लेकिन नई कविता तब तक हिन्दी में अपने पाँव जमा चुकी थी।

मैं सोचता हूँ कि अपनी इस नई काव्य-यात्रा में भी आपने अपना वैशिष्ट्य बनाए रखा। क्या आप बताएँगे कि वैसा कैसे सम्भव हुआ?

उस समय कविता में जो दो दृष्टियाँ थीं और जो अब भी हैं, वे मुझे अतिवादी लगीं। एक ओर प्रगतिशीलता का ऐसा आग्रह था, जो चिन्तन में स्वाधीनता और रचनाकर्म में प्रयोगशीलता को अस्वीकार करता था, दूसरी ओर 'नई कवितावाद' में स्वाधीनता का प्रश्न साम्यवाद-विरोध की राजनीति से जुड़ता था और रचना-दृष्टि में कलावाद की ओर जाता था। मुझे दोनों खेमे अस्वीकार्य लगे और इसलिए किसी भी खेमे के कवियों में मेरा नाम नहीं जुड़ सका। इसके बावजूद कवि के रूप में मेरी प्रतिष्ठा बढ़ती रही। मैं अपनी अलग पहचान बनाए रख सका, इस पर यदि मैं गर्व करूँ तो अनुचित नहीं होगा। आपको स्मरण होगा कि अपनी साहित्य-दृष्टि को प्रस्तुत करने की बलवती प्रेरणा ही 'बिन्दु' निकालने का निमित्त बनी थी।

आपके रचना-कर्म में यह जो बदलाव आया था, वह अंतिम नहीं था। अपने समय के साथ मुठभेड़ में आपकी कविता भी समृद्धतर होती गई है। क्या आप तब से अब तक की अपनी काव्य-यात्रा के विषय में कुछ बताना चाहेंगे?

आरम्भ में कविता के मानवीय सरोकारों को लेकर जो एक दृष्टि थी, वह मनुष्य-केन्द्रित थी और लगता था कि हम उससे अपने समय को परिभाषित करने में समर्थ थे। लेकिन धीरे-धीरे लगने लगा कि शत्रु चेहराविहीन होता जा रहा है और उसे परास्त करना और दुष्कर बन गया है। अब पहले वाली दृष्टि खंड-दृष्टि लगने लगी और उससे अपने समय की जटिलताओं को समझा नहीं जा सकता था। यह दृष्टि आज के उपभोक्तावादी दौर में और अपर्याप्त हो गई है। एक ओर स्थिति हमारे अपने देश में जड़ें जमाने लगी थीं। यह संस्कृति के नाम पर मनुष्य से मनुष्य के विरोध को लेकर चलती थी। स्पष्ट शब्दों में कहूँ तो सम्प्रदायवाद का दैत्य अधिक भयावह रूप में हमारे समाज पर अपनी प्रेत-लीला का तांडव कर रहा है। लेकिन इससे मेरी पूर्वास्था में विचलन नहीं आया, बल्कि एक समय, न्यायपूर्ण और समतावादी समाज को बनाने का संकल्प दृढ़तर होता रहा। इसे आप मेरे प्रथम काव्य संग्रह 'यह समय मामूली नहीं' (प्रकाशन वर्ष 1986) की कविताओं में देख सकते थे। उदाहरण के लिए 'सब हमारे पक्ष में हैं' कविता की कुछ पंक्तियाँ द्रष्टव्य हैं :

यह शताब्दी क्रूर लोगों की है
लेकिन हमारी भी है
यह युद्ध है
खड़े रहो
कोई पाप आकस्मिक नहीं होता
हमने होने दिया तो हुआ
सिर्फ इच्छाओं से रास्ते बदलते नहीं हैं
सत्ता की हार-जीत
यह दुःख
हमारा नहीं
युद्धरत रहो
जिसे बदलना है बदलेगा
ये वनस्पतियाँ जलेंगी नहीं
न यह कृति अनुर्वरा होगी
अब की बार पकड़ लें
हवा और बादल
और वक्त
और चौथा इस बार का भविष्य
सब हमारे पक्ष में हैं।

इसके बाद के अगले दोनों कविता-संग्रहों—'ईमानदार दुनिया के लिए' और 'वे सोये तो नहीं होंगे'—में आदमी और उसकी जिन्दगी को बचाने तथा एक उदार एवं सहिष्णु संस्कृतिवाला समाज बनाने की चिन्ता और प्रबल हुई है। भाषा के स्तर पर मेरा जो प्रयास रहा है, उसके बारे में आपने लिखा ही है, 'कवि अपने समय की गवाही देकर ही सन्तुष्ट नहीं रहता, वह इतिहास, परम्परा और संस्कृति में जाकर वर्तमान को समझना भी चाहता है...अपने समय पर उसकी टिप्पणियाँ और तीखी हुई हैं और उसका व्यंग्य और धारदार...उसकी भाषा बोलचाल की जुबान से जुड़कर और ताकतवर हुई है...इस क्रम में वह पुराने मिथकों को तोड़ते हुए सांस्कृतिक प्रतीकों के साथ एक शरारतभरी छेड़खानी करता है और साथ ही अतीत के खँडहरों पर भवि'य की नींव रखता है।'

आज आप अपने रचना-कर्म पर किस तरह के दबावों का अनुभव कर रहे हैं?

मैं आज जिन दबावों के बीच अपने सर्जक को पाता हूँ, उनमें प्रमुख हैं :

(अ) मूल्य-क्षरण के इस दौर में आप स्वयं सन्देह और अविश्वास से घिरते जाते हैं और एक खंडित व्यक्तित्व वाले हो जाते हैं। इसलिए काव्य-कर्म और उसके

प्रभाव के बारे में भी सन्देहशीलता जन्म लेने लगती है। जैसे मेरी कविता 'तब भी बचेगी दुनिया' की ये पंक्तियाँ लें :

मनुष्य को बचा लेने की
जितना बच सके
खुद मैंने कोशिश की
कुछ बचा नहीं।

(ब) आज भाषा अर्थ और प्रयोजन से शून्य होने लगी है। कवि और उसके समाज के बीच दूरी बढ़ गई है, उसके श्रोता और पाठक घटने लगे हैं। पहले कवि और पाठक एक विद्युत तरंग पर रहते थे, अब जरूरी नहीं है कि वह कवि को ठीक उसी अर्थ में लें, जिसमें वह रचता है—दोनों के बीच का फासला बहुत बढ़ गया है। पहले जिस आत्मविश्वास से कविता लिखने में सुख था, वह अनुभव नहीं होता, जो मेरी 'फिर से कहें' कविता में इस प्रकार व्यक्त हुआ है :

जब जड़ें सूख गई थीं
पत्ते और टहनियाँ
फल गिरने लगे थे
तब मैंने कहा था
हवा और पानी के बारे में
रोशनी, पृथ्वी और आकाश के बारे में
डरते हुए भी मैंने कहा था
डर के बारे में।

क्या आप सूचना-क्रान्ति के कारण भी अपने रचना-कर्म पर किसी तरह के दबाव का अनुभव करते हैं?

सबसे बड़े दबाव का अनुभव तो शब्द के प्रयोग के प्रसंग में होता है। सूचना-क्रान्ति में सूचनाओं का ऐसा तो अंबार होता है, जो लालच के बहुत-से दरवाजे खोलती हैं, लेकिन उनमें से ज्यादातर कहीं ले नहीं जातीं। वह चयन-विवेक को नष्ट करती है। जो महत्त्वपूर्ण है और जो महत्त्वहीन है, उनके बीच की सीमारेखा को वह पाटती है। वह हमें एकायामी सोच देती है। मसलन टी.वी. में दृश्यात्मकता तो रहती है, पर शब्द के उस सौन्दर्य को जो लय में, नाद में, अर्थगर्भिता आदि में निहित होता है, उसे नहीं खोलती। वह शब्दों का व्यावसायीकरण करती है। वहाँ एक होटल का विज्ञापन भी कविता की तरह पेश किया जा सकता है और वास्तविक कविता भी एक विज्ञापन जैसी नजर आने लगती है। इसी तरह अखबारों की भाषा की तात्कालिकता का दबाव इतना अधिक रहता है कि बहुत सारे कवि अपने अनुभव को अपनी जुबान में लिखने के बजाय जीवनानुभवों को अखबार से आयातित करते लगते हैं। अभिव्यक्ति

की स्वतंत्रता अखबारों के लिए बिकाऊ माल बन गई है। यह जबर्दस्त भ्रम फैलाया जा रहा है कि इंटरनेट, चैनल्स और अखबार आदि अभिव्यक्ति की स्वतंत्रता के अलमबरदार हैं। किन्तु वास्तविकता इससे भिन्न है—वे विश्वव्यापी व्यापारिक प्रतिष्ठानों और घरेलू पूंजीपतियों के हाथ में हैं, जिनकी दिलचस्पी अपने अर्थतंत्र की समृद्धि पर केन्द्रित होती है। हम रचनाकार जो इन प्रतिष्ठानों से ही स्वतंत्र होने की कामना करते हैं, उन्हीं के जाल में फँसते जाते हैं।

एक रचनाकर्मी के रूप में हिन्दी भाषी क्षेत्र में पुस्तक-संस्कृति के ह्रास पर आपकी क्या प्रतिक्रिया है?

साहित्यिक पुस्तकों के पाठक जहाँ घटते जा रहे हैं, वहीं अन्य विषयों की पुस्तकों, साहित्येतर पत्र-पत्रिकाओं और किस्से-कहानियों की किताबों की माँग बढ़ती जा रही है। इसका मतलब है कि पढ़ने वालों की संख्या बढ़ी है, पर लेखक उन तक नहीं पहुँच रहे हैं तो इसलिए कि वे बढ़ते पाठकों की इच्छाजन्य चुनौतियों को समझ ही नहीं पा रहे हैं। इसलिए लेखकों को पाठक-संस्कृति का दृश्य निराशाजनक लगता है। आगे आने वाले दिनों में यह खतरा भी बढ़ेगा कि बहुत-से लेखक ऐसा साहित्य रचेंगे जो भावुकतापूर्ण और विवेकशून्य प्रकृति का होगा। साहित्यधर्मियों को इस चुनौती का सामना करना ही पड़ेगा।

क्या आपका गद्य-लेखन आपके कवि-कर्म का ही विस्तार है?

बिलकुल ऐसा तो नहीं है। बहुत-सी बातें जो कविता में नहीं आती हैं, उन्हें अलग से कहने की आवश्यकता प्रतीत होती है और यह लगातार इन दिनों ज्यादा महसूस होती है। मेरा इधर का बहुत सारा गद्य वैसा गद्य नहीं है, जिसमें साहित्यिक समस्याओं पर चिन्तन-मनन हो, बल्कि वह सामाजिक उथल-पुथल से जुड़ा है। ऐसे गद्य-लेखन की एक जबर्दस्त जरूरत मैं महसूस करता हूँ। निस्सन्देह उसके लिखने में कविता-लेखन से अर्जित साहित्याभ्यास सहायता करता है, लेकिन उसकी तार्किक परिणति अधिक स्पष्ट और उद्देश्यनिष्ठ होती है। समता और स्वाधीनता के आग्रह भी उनमें स्पष्ट हैं और अनेक विषयों में मेरी रुचि भी परिलक्षित होती है। मेरी पूर्व प्रकाशित गद्य पुस्तक में अवश्य साहित्यिक प्रश्न प्रमुख हैं। अब जो पुस्तक प्रकाशित होगी, वह भिन्न प्रकार की होगी। मैंने साहित्यिक विषयों पर अनेक पाश्चात्य लेखकों के विचारोत्तेजक लेखों का अनुवाद भी किया है। इन्हें आप अगली गद्य कृति में देखेंगे।

क्या आप अपनी इतनी लम्बी काव्य-यात्रा के बाद अपने रचना-कर्म को लेकर एक सन्तोष का अनुभव करते हैं?

कर लेता यदि रचनाकर्म अब न करता होता। मैं आज भी उसी ऊर्जा से लिख रहा

हूँ और देखता हूँ कि आज भी बेहतर दुनिया का मेरा सपना अधूरा है और मेरा रचनाकर्म अब भी उस सपने के प्रति समर्पित है। मैं अपने रचनाकर्म के बारे में अपनी एक कविता के शब्द उधार लेकर यह वक्तव्य देना चाहूँगा :

एक किताब जैसी भी बनी हो
जिस किसी भी भाषा में लिखी गई हो
लेकिन जब कभी पढ़ी जाएगी
बहुत कुछ विलुप्त हो जाएगा
बदल बदल कर पढ़ने से
किताब का कुछ भी नष्ट नहीं होगा
बच जाएगा
जितना बचना चाहिए।

[राजस्थान साहित्य अकादमी द्वारा प्रकाशित 'साक्षात्कार' के सौजन्य से]

कविता एक यूटोपिया है और वह यूटोपिया मनुष्य ही रच सकता है

डॉ. पद्मजा शर्मा से रू-ब-रू होते हुए

अपनी रचना-प्रक्रिया पर प्रकाश डालें।

कविता लिखने के सिलसिले में बहुत-सी किंवदंतियाँ हैं, जैसे कई कवियों, लेखकों की हैं। कोई एक कवि अपनी टेबल पर कोई पुराना एप्पल नहीं रख लेता था तब तक उसे लिखने की प्रेरणा नहीं मिलती थी या कि जैसे मैंने शायद तुर्गनेव या पुश्किन के बारे में पढ़ा था, ठीक से याद नहीं आ रहा है कि रात के बारह बजे उनकी टेबल पर 'प्रेत' का सिर आता था और वह उनको लिखने के लिए विवश करता था और जब वे लिखते थे, वह सारे समय वहाँ रहता था। कुछ समय बाद वह चला जाता था और उनके लेखन की ऊर्जा भी चली जाती थी। लेकिन मुझे बहुत बार यह लगता है कि हमारे यहाँ जो परम्परा है, एक लम्बी कवि परम्परा है, उसमें इस प्रकार की कोई चर्चा नहीं आती। क्योंकि आप यह पूछें कि तुलसीदास की रचना-प्रक्रिया क्या रही होगी? जिन्होंने इतना लिखा कि जिसके हम पृष्ठ उलटते जाएँ तो शायद जिन्दगी के कुछ दिन खत्म हो जाएँ। जहाँ सवा लाख पद, कहते हैं, सूर ने लिखे। तो वे यदि अपनी रचना-प्रेरणा का ही इंतजार करते रहते या उसकी विलक्षणताओं के बारे में ही सोचते तो? मुझे लगता है कि रचना सतत प्रवाह है, जिसे अंग्रेजी में हम 'कंटीन्युअस प्रोसेस' कह सकते हैं। तो जैसा मैंने कहा कि आपको लगता है कि आप हर समय कविता कर रहे हैं। कोई निश्चित मुद्रा या उपक्रम नहीं होता। कबीर ने नित्य जीवन जीते, कपड़े बुनते-बुनते कविता लिखी। रैदास को लें। जूते बनाते हुए लिखा। मेरा भी कोई खास समय, कोई खास ऋतु, कोई पुष्प-गन्ध, कोई नक्षत्र लिखने का है, ऐसा याद नहीं आता। मैं यह भी कहना चाहता हूँ कि कई बार बाहरी दबाव भी होते हैं जो कविता लिखने के कारण होते हैं। मान लीजिए, कहा जाए कि 'राजस्थान दिवस' पर एक कविता लिखिए। तो कोई कहेंगे कि 'राजस्थान दिवस'

पर कविता लिखना तो एक घटिया 'कवि कर्म' है, क्योंकि आप विषय दे रहे हैं। लेकिन कई बार ऐसा होता है कि आप शुरू करते हैं और आपकी प्रतिभा जागृत होती है। तो हो सकता है कि एक दिये हुए विषय पर भी कविता लिख दें। हमारे जीवन में बहुत-से बाहरी दबाव ऐसे होते हैं जो हमें रचना के लिए प्रेरित करते हैं। दबाव केवल आन्तरिक ही नहीं होते। लेकिन यह बात मैं मानता हूँ कि वह एक सतत प्रक्रिया है और उसके लिए यह कहना कि खास किस्म का वातावरण हो, मुझे थोड़ा-सा बौद्धिक ऐश्वर्य मालूम पड़ता है।

कविता मन के लिए कि जन के लिए?

मन से तो लिखता हूँ और जन तक पहुँचा देता हूँ, तो 'जन मन' की कविता हो जाती है। लेकिन मैं यह ठीक से नहीं जानता कि हम लोग जो कविता लिख रहे हैं, वह दरअसल जन की है? क्योंकि हम लोगों की, कविता की ऑडियंस पहले से निश्चित-सी होती है। वह अदृश्य तो होती है लेकिन मन-ही-मन कवि यह जानता है कि उसकी कविता का पाठक कौन है। हम आज के मध्यवर्गीय कवि शायद मध्य वर्ग के लिए ही कविता लिख रहे हैं।

मान लीजिए, जो कविताएँ अभी मैंने सभा गृह में सुनाईं, वे कविताएँ मैं गाँव में जाकर सुनाऊँ तो गाँव के लोग कैसी प्रतिक्रिया करेंगे? यह प्रश्न मेरे मन में प्राय: विचलन पैदा करता रहता है कि मैं क्या दरअसल उन लोगों के लिए लिख रहा हूँ जिनको कविता की जरूरत है; या कि उस 'ऑडियंस' के लिए जिसे कविता की जरूरत नहीं है; या कि यह मेरा मनोविलास है; या मैं किसी के कल्याण के लिए कविता लिख रहा हूँ? यह मेरे मन में हमेशा सन्देहास्पद सवाल की तरह से रहता है। मैं जिस भाषा को काम में ले रहा हूँ, वह मीरा की जनभाषा या भक्त कवियों की भाषा से कितनी और क्यों भिन्न है! तो लिख तो मैं भी मन से रहा हूँ। मन के बिना तो कोई कविता होती नहीं है। लेकिन आप जन की बात कहें तो वह जन आपको भी व्याख्यायित करना पड़ेगा। प्रतिप्रश्न है आपसे कि कौन है आम आदमी?

आम आदमी माने-पीड़ित, दलित, दमित। एक कवि होने के नाते आप किसे 'आम' आदमी समझते हैं?

जिसको भोजन नहीं मिलता, रहने को मकान नहीं है। जो वंचित है, शोषित है। हम यही कहते हैं। हाँ, हम उनके लिए लिखते हैं। पर क्या यह कविता उनके लिए है? मैं एक माध्यम हूँ। उनकी वेदनाओं को व्यक्त करने के लिए। उनका एक वकील हूँ। लेकिन इससे उनका मेरी कविता से क्या सम्बन्ध जुड़ता है? मैंने तो आपसे कहा ही है कि कोई भी कवि अदृश्य रूप में अपनी 'ऑडियंस' तय करता है। वह जानता है कि वह किसके लिए लिख रहा है। यह भाषा किसकी है। ऐसा नहीं है कि यह

भाषा मुझे अनायास ही प्राप्त हो गई है। गद्य की हो या पद्य की हो, यह मेरी ही अपनी चुनी 'वर्गीय भाषा' है।

मैं इस बात को मानता हूँ कि भाषा एक चुना हुआ माध्यम है। वह किसी नदी की तरह स्वत: प्रवहमान नहीं है। मैंने अपनी मनोवैज्ञानिक जरूरत के लिए, अपने संवाद के लिए, यह तय किया है कि यही भाषा मेरे काम की है। यह भाषा अनायास नहीं आती। कवि ने वह चुनी है। वह चुनता है। जैसे बिहारी कहता है कि 'वह चितवन औरे कछू' तो वह चितवन क्या है? मेरे खयाल से वह उसकी भाषा-भंगिमा ही है, जो दूसरे कवि की चितवन या भाषा से भिन्न है। बिहारी कहता है कि 'अनियारी' और बड़ी-बड़ी आँखों वाली तरुणियाँ तो मैंने बहुत सारी देखी हैं पर जो चितवन की वक्र भंगिमा है, चितवन का बाँकपन है, वही तो सुजानों को बस में करता है, वही तो विरल है। तो मैं भाषा के सम्बन्ध में यह सोचता हूँ कि जो भाषा मैं काम में ले रहा हूँ, वह सायास मैंने विकसित की है। उसके लिए मैंने कोशिश की है कि यही भाषा मेरी है। वह एक मेरा अहम् भी है। हर कवि अपने अहम् को व्याख्यायित करने के लिए एक प्रकार की भाषा चुन लेता है और उसी से वह इतराता है, घमंड करता रहता है। प्रसन्न रहता है। पर आपका सवाल तब भी बराबर बना रहता है कि मध्यम वर्ग, कुछ लोगों ने कहा कि जन नहीं है। तो जो हमारी कविता है, मध्यमवर्गीय कविता है। और उसे 'जन' की कविता कहना मुनासिब नहीं है। दरअसल यह आपके प्रश्न का साफ उत्तर नहीं है। लेकिन हर कवि को इसका उत्तर देना पड़ता है कि उसकी कविता किसकी कविता है।

क्या कविता के बिना दुनिया चल नहीं सकती?

दुनिया के चलने का सवाल नहीं है। दुनिया बहुआयामी है। आप भावनात्मक जीवन को समृद्ध नहीं करना चाहतीं? क्या केवल 'इंस्टिंक्टिव लेवल', प्रवृत्त्यात्मक जीवन स्तर पर ही देखना चाहती है जिसमें आहार, निद्रा, भय, मैथुन शामिल हैं? तो देखें। कविता इससे अलग दुनिया बनाती है। इसीलिए हम कहते हैं कि जो मनुष्य की विशेषता है, भावनाओं की, उन भावनाओं के उद्वेलन की, उनके परिष्करण की और एक यूटोपिया बनाने की, यही कविता की जरूरत है।

दूसरी तरफ भी देखें, इस दुनिया से आदमी, मेरे खयाल से थोड़ा अलग भी होना चाहता है। क्योंकि जो दुनिया हमें मिली है, यह नहीं कहा जा सकता है कि वह हमारी चाही गई दुनिया है। रवीन्द्रनाथ ने एक जगह कहा है कि 'जो मुझे मिला है वह मैंने चाहा नहीं, जो मैंने चाहा वह मुझे मिला नहीं'। यह जो रवीन्द्रनाथ की पंक्ति है, इस बात की ओर संकेत करती है कि जिस दुनिया में हम रहते हैं, वह दुनिया और जो हमारी मनपसन्द दुनिया है, वे अलग-अलग हैं। उस अलग दुनिया के लिए कविता एक 'सांत्वना' है। कविता 'क्षतिपूर्ति' है। कविता एक 'यूटोपिया'

है और वह यूटोपिया मनुष्य ही रच सकता है। इसलिए मैं समझता हूँ कि केवल जरूरतों की दुनिया ही नहीं, कविता की दुनिया की भी जरूरत है और वह वैसी ही जरूरत है, जैसी जरूरतों की दुनिया है।

किसी लेखक को कब लगता है कि मैं अपनी कलम को तलवार की मानिन्द ताकतवर समझता था, पर वह बहुत असमर्थ है?

इस दंभ में लिखना बहुत कठिन होगा। एक लेखक के लिए यह दयनीय स्थिति होगी। लिखना एक किस्म से आत्मसंघर्ष है। वह ताकत दिखाना नहीं है। कवि हर समय कामयाबी और नाकामयाबी के बीच गुजरता है। वह कभी जय-पराजय की निर्णायक लड़ाई नहीं लड़ता। इसलिए न बहादुर होता है, न कायर। न बाजी हारता है, न जीतता है। लेखन एक नैतिक यात्रा है। इसलिए 'समर्थ' और 'असमर्थ' होकर न सम्पन्न होती है, न समाप्त। ईमानदार लेखक हमेशा अन्याय के विरुद्ध है। न दैन्यम न पलायनम। यह जिन्दगी की रिडल है। यह असल में जिन्दगी की पहेली है। जिन्दगी की पहेली यह है कि सारे समय हम यह समझते रहते हैं कि मैं दुनिया को समझ रहा हूँ। मैं बड़ा विशिष्ट हूँ। शायद एक बहुत ही निराशाजनक दुनिया में यही उसकी आशा है यह तसल्ली है कि मैं खारिज नहीं हो गया हूँ। मैं विकलांग नहीं हो गया हूँ यानी विकलांग भी यह समझता है कि मैं सकलांग हूँ। निराश व्यक्ति भी यह समझता है कि बहुत सारी स्पेस बची हुई है। बहुत सारी जगह बची हुई है तो किसी भी समय कवि यह नहीं समझता कि अब उसकी कविता की जरूरत समाप्त हो गई है; या उसकी कविता की धार कुंठित हो गई है।

कविता मनुष्य की 'एक्सिसटेंशियल' और दुर्दमनीय जरूरत है। अस्तित्व का ही एक हिस्सा है। इसीलिए वह कभी भी यह नहीं समझता कि मैं चुक गया हूँ। शायद यह आत्मा का स्वभाव भी न हो। चुक जाने या कि विरक्त हो जाने का भाव। मैं सोचता हूँ कि जब तक कोई गहरा इन्द्रियाघात या कि कोई दुर्घटना न हो जाए कि जिससे मस्तिष्क की क्षति हो जाए तब तक कविता से विरक्ति हो जाने का विचार अस्वाभाविक होगा। कविता वास्तव में हमारी जीवनदायिनी शक्ति और सभ्यता-विमर्श भी है।

कविता ईश्वर-प्रदत्त गुण है या सायास भी सम्भव है?

मैं लेखन की निरन्तरता पर बल दूँगा। मैं सोचता हूँ कि पचास प्रतिशत प्रतिभा भी हो तो पचास प्रतिशत कवि का अभ्यास और उसका श्रम होना आवश्यक होगा, जैसा टी.एस. इलियट ने भी कहा है। उन्होंने माना कि एक कवि को निरन्तर कुछ-न-कुछ लिखते रहना चाहिए। कुछ नहीं तो चिट्ठियाँ ही लिखते रहना चाहिए क्योंकि उससे वह सतत अभ्यास के दायरे में रहेगा। हो सकता है, अभ्यास न हो तो प्रतिभा का एक विलक्षण क्षण उसका दरवाजा खटखटाकर चला जाए।

प्रतिभा के विलक्षण क्षण को पकड़ने के लिए कवि को लगातार परिश्रम, अभ्यास, अध्ययन, चिन्तन करते रहना होगा। चाहे उसे लगे कि इसका कोई तत्काल मूल्य नहीं है या कि इसको कोई परखने वाला तो है नहीं, तब भी अपनी क्षमता को सजग रखने के लिए उसे ऐसा करना चाहिए। 'पोएट्स आर बॉर्न एंड नोट मेड' जो यह प्रचलित कहावत है, इसमें कुछ सत्य हो सकता है। कुछ ऐसी प्रतिभाएँ जरूर होती होंगी। मैं सोचता हूँ कि उनमें तुलसीदास या कालिदास, सूरदास इत्यादि लोग रहे होंगे कि जिनकी मानसिक ऊर्जा शोध लायक है। यह कि वह कौन-सा तत्त्व था उनकी स्मृति का, उनकी रचनात्मकता का कि जो इतने बड़े जीवन परिदृश्य को इतनी सहजता से और एकाग्रता से समझ सके? जैसे 'महाभारत' विलक्षण रचना है। लोग कहते हैं कि कई लोगों ने उसकी रचना की। तब भी उसमें जो प्रवाह और अनुभव साक्ष्य हैं, वे काल का अतिक्रमण करते हैं। चकित होकर हम ऐसे ग्रन्थों को कालजयी कहते हैं।

रचना समाज को कितना प्रभावित करती है?

यह कठिन सवाल है क्योंकि 'कितना प्रभावित करती है', इसको कैसे मालूम करें? दूसरी दिक्कत यह है कि समाज केवल साहित्यिक रचनाओं से ही प्रभावित नहीं होता, अनेक तरह से, अनेक घटनाओं-परिघटनाओं से प्रभावित होता है, यहाँ तक कि साहित्यकार भी। तब भी शब्द का प्रभाव तो रहा ही है। शब्दों की मंत्रशक्ति का वर्चस्व शताब्दियों से बना है। वे मानव नियति को संचालित करने में सहायक रहे हैं। हमारी यथार्थ की दुनिया केवल यथार्थ की ही नहीं है और न एक आयामी है। दुनिया से हमारे अनेक तरह के सम्बन्ध हैं—अबूझ, भावनात्मक, दारुण, मानव नियति के साथ उलझे। यहीं साहित्य सम्पूर्ण चराचर, मनुष्य और प्रकृति के साथ हमारे रिश्तों को प्रभावित करता है। प्रभाव की यह प्रक्रिया एकदम उजली-सी नजर नहीं आती लेकिन कुछ छिपी और अदृश्य-सी चलती है। साहित्य का प्रभाव अन्तर्मुखी है। मेरी दृष्टि से वह एक सहिष्णु, सुरुचिसम्पन्न समाज और व्यक्ति बनाने में अंशदान करता है। बहुत-से तत्त्व हैं जिनसे साहित्य की तकरार चलती है। वे प्रबल हों तो साहित्य निष्प्रभावी हो सकता है।

'अतीत राग' क्यों?

'अतीत राग' के लिए कोई विधिवत् तैयारी नहीं की थी। दरअसल जो मित्रगण थे, उनकी स्मृति में मैं कुछ लिखता रहा। बहुत सारी सामग्री इकट्ठी हो गई। मैं इस बात को स्वीकार करता हूँ कि मेरी प्रकृति में संचय करना नहीं है। जैसे बहुत सारे लोग होते हैं, जो अपनी कविता की कटिंग रखते हैं। मैं लिखने के बाद खुद निराश हो जाता हूँ। फिर उसके प्रति मेरे ममत्व में थोड़ी कमी आ जाती है। इसे आप मेरी रचना-प्रक्रिया भी कह सकते हैं कि मैं उसे जाने देता हूँ। हो जाने के बाद फिर उसके

लिए कोई खास रागात्मकता नहीं रहती। ऐसे कि जल्दी से छप जाए। कई बार मुझे यह आश्चर्य भी होता है कि कवि गण छपने की जल्दी में क्यों रहते हैं? बायरन ने एक जगह लिखा है : 'इट्स वन थिंग टू सी वंस ओन नेम इन अ बुक अदरवाइज ए बुक इज ए बुक'। मैं भी पुस्तकें छपवा रहा हूँ। मैं उससे मुक्त नहीं हूँ। लेकिन मैं हर बार यह सवाल करता हूँ।

'अतीत राग' में मित्रों से जुड़ी सामग्री जो संचित होती रही, इधर-उधर जो बिखरी थी, वही है। यह मेरे पुत्र का प्रयास है। उसने देखा और कहा कि 'यह तो बहुत ठीक है। एकत्रित कर लेते हैं।' तो बहुत सारा शेष रह गया। जो एकत्रित कर लिया, उसे छपने दिया। संयोग से राजकमल प्रकाशन वालों ने कहा कि इसे छाप देते हैं। मैं किसी अहंकार से नहीं कह रहा। बिलकुल विनम्रता मानिए कि साठ बरस तक कविता की कोई पुस्तक नहीं छपवाई। सबसे पहले 'यह समय मामूली नहीं' साठ बरस की आयु में छपी है। लेकिन अब भी मेरे मन में विकलता नहीं रहती कि कोई बड़ा काम कर लिया है, उसे जल्दी से जल्दी लोकार्पित कर दूँ। कविता लिखने के बाद एक 'निराशाजनक वैक्यूम' आ जाता है।

हिन्दी भाषा की वर्तमान स्थिति को दृष्टि में रखते हुए एक प्रश्न। 'अतीत राग' में आप कहते हैं कि 'भाषा के मोर्चे पर नेहरू ने अंग्रेजी को महत्त्वपूर्ण भाषा बनाने की चालाकियों को रोका नहीं'।

हाँ, एक तो यही चालाकी रही कि नेहरू हमारे लेखक होते, हिन्दी के होते, उत्तर प्रदेश के होते तो जो हैसियत उनको प्राप्त थी, वह सहज ही हमें मिलती। लेकिन क्या हमारे में प्रसिद्ध होने के स्थान पर अन्तर्राष्ट्रीय ख्याति का होना उन्होंने उचित नहीं समझा? क्या 'डिस्कवरी ऑफ इंडिया' के लेखन के समय उनके मन में यह भाव नहीं रहा कि मैं अंग्रेजी के लेखक की तरह विश्व-ख्याति का व्यक्ति बनूँ? उन्होंने अंग्रेजी भाषा क्यों चुनी? एक लेखक भाषा चुनता है। वह क्यों चुनता है? वे उत्तर प्रदेश के थे। यह भी नहीं था कि जवाहरलाल नेहरू हिन्दी भाषा में कमजोर थे और अगर मिली-जुली भाषा, गांधी की हिन्दुस्तानी में लिखते तब भी मेरा खयाल है कि नेहरू लिखने की एक कूवत रखते थे। तो कहीं अन्तर्राष्ट्रीय ख्याति का लेखक बनने की आकांक्षा उन्हें हिन्दी लेखक होने से दूर तो नहीं कर रही थी? ऐसा मेरा सन्देह है। इसी से मैंने 'चालाकी' शब्द काम में लिया। अपनी भाषा का दायरा जहाँ तक है, आप वहीं तक ख्याति प्राप्त करेंगे। लेकिन अंग्रेजी की ख्याति तो विश्व की भाषा की तरह है। क्या नेहरू विश्व-भाषा के लेखक बनने की आकांक्षा नहीं कर रहे थे? अपनी भाषा को छोड़ कर?

आपको 'बिहारी पुरस्कार, मीरा पुरस्कार' से सम्मानित किया गया। इनसे मिलने वाली खुशी को आप किस तरह से लेते हैं?

बहुत अच्छा लगा, कि चलो, यह भी मिल गया। बुरा भी क्यों लगता? कोई मैंने चोरी का पैसा तो हासिल नहीं किया था, या मैंने किसी की खुशामद करके वह पैसा हासिल नहीं किया, या कि मैंने किसी से चिट्ठियाँ या सिफारिश भी नहीं लिखवाई। आप सच मानें तो जब पुरस्कार घोषित हो गया तब मुझे पता चला कि पुरस्कृत हुआ। 'बिहारी पुरस्कार' की खबर एक अखबार में छपी। 'जय राजस्थान' में। उन्हीं के पत्रकार ने मेरा इंटरव्यू लिया। उसके सहसा आने पर मैं चकित हुआ। मैंने कहा, मैं तो बहुत बरसों से यहाँ रह रहा हूँ। आप तो कभी आए नहीं। अब क्यों आए हैं? उसने कहा—आपको मालूम नहीं? आपको पुरस्कार मिल गया। मैंने कहा, कितने रुपए का? उसने कहा, पचास हजार का। तो मुझे बहुत प्रसन्नता हुई। घर बैठे पुरस्कार मिल गया। न तो मैंने उस पुस्तक को पुरस्कार के लिए भेजा। हाँ, साहित्य अकादमी, उदयपुर के 'मीरा पुरस्कार' के लिए तो फिर भी भेजनी पड़ी। लेकिन प्रसन्नता हुई कि अनायास मिल गया। अगर मैंने कोई भी ऐसे हथकंडे अपनाए होते कि जो सुरुचिपूर्ण नहीं हैं, जिन्हें निन्दनीय दृष्टि से देखा जाता है; या अगर मैं कोई 'तिकड़म' करता तो जरूर अपराध-बोध होता। मैं खुश हुआ। लिखता रहा।

रचनाकार की धारणाओं में क्रमश: कोई परिवर्तन होता है?

हाँ, होता है। क्यों न हो? रचनाकार कोई जड़ीभूत 'स्टिल' पदार्थ तो है नहीं। मैं पहले ब्रज भाषा में लिखता था। फिर गीत लिखे। पहले ब्रज भाषा में कविता-सवैया लिखना शुरू किया। फिर सहसा गीत लिखने लगा। बीच में मैं समाजवादी गीत लिखता रहा। उनको मैं जनसभाओं में सुनाता। जैसे आप रिकॉर्ड बजाते हैं, उस तरह से। पहले हमारी जनसभाओं में कवि खड़ा कर दिया जाता था। जोधपुर के प्रसिद्ध कवि श्री रेवतदान और मैं पहले कविता पाठ करते थे। जब सब लोग आ जाते, स्त्रियाँ-पुरुष, फिर मीटिंग शुरू हो जाती। हम रिकॉर्ड थे। सभा में गाते थे खूब, खड़े हो-हो कर। बड़ा आनन्द लेते थे। आप उन्हें हारमोनियम पर बजा लें। ऐसे गाते थे। फिर समझ में आया कि यह ठीक नहीं। फिर अतुकांत कविता भी की। अतुकांत कविता में भी फिर समझ में आया कि यह शैली ठीक नहीं है, तो शैली बदल ली। फिर जीवन ने बताया, कुछ आयु ने, कुछ अनुभव ने बताया। कवि जड़ नहीं होता। वह सबसे ज्यादा सजग व्यक्ति है। धारणाएँ बदलती हैं, लेकिन यह बदलाव अपनी अभिव्यक्ति को अधिक सार्थक, सक्षम बनाने के लिए होता है। कभी वैचारिक धारणाएँ भी बदल जाती हैं। ऐसा 'परिवर्तन' कई प्रसिद्ध लेखकों में मिलता है। कविता करने वाले गड़बड़ स्वभाव वाले होते हैं।

यह गड़बड़ जन्मजात होती होगी?

हाँ, लगभग। कवि में एक 'सिक्स्थ सेन्स' होता है। वे छठी संवेदनात्मक इन्द्रिय से भावों को संगृहीत करते हैं। जैसे मधुमक्खी पुष्प का मधु लेती है, ऐसे ही सिक्स्थ

सेन्स है। वह अपनी धारणाएँ बदल ले तो मुझे कोई आश्चर्य नहीं है। पहले ऐसा लिखता था, अब नहीं। किसी का कोई आदेश मानने को रचनाकार विवश नहीं है। धारणाएँ ही नहीं बदलतीं, लिखना बन्द भी हो जाता है।

['राजस्थान पत्रिका' के सौजन्य से]

साहित्य की व्यापक चिन्ताएँ

नन्दबाबू के साथ डॉ. नवलकिशोर, डॉ. सदाशिव श्रोत्रिय

सदाशिव : *क्या आप याद कर सकते हैं कि आपको अपने कवि होने का अहसास सबसे पहले कब हुआ? कोई तो ऐसा समय रहा होगा जब आपने यह महसूस किया होगा कि मैं कविता लिख सकता हूँ?*

यदि आप लगातार लिखते चले जाएँ तो यह चमत्कृत करने वाला अनुभव शायद आपको कभी भी न हो क्योंकि आप उसको जीवन का एक हिस्सा ही बना लेते हैं...तो आप अनुमान कीजिए कि जिस लड़के ने छठी या सातवीं कक्षा से किसी भी तरह से कविता करना प्रारम्भ किया—चाहे वह तुकबन्दी ही हो, समस्यापूर्ति ही हो।—और तब से लगातार लिखना...लिखना।...तब वह कौन-सा क्षण होगा इसे अलग से याद करना, एक कठिनाई हो सकती है।...यह उन कवियों के लिए हो सकता है, जिन्होंने किया हो और छोड़ दिया हो।

सदाशिव : *कविता की एक प्रक्रिया यह भी तो हो सकती है कि एक भीतरी रचनात्मक दबाव के कारण कवि यह अनुभव करे कि उसकी किसी क्षण की विशिष्ट भावनात्मक अनुभूति को शब्दों में उतार लिया जाना चाहिए। मेरा खयाल है, आपने भी ऐसा कई बार किया होगा : यदि प्रारम्भ में नहीं तो बाद में किया होगा। क्या 'यह समय मामूली नहीं' की 'दर्द' या 'हवाओं की दस्तक' जैसी कविताओं के पीछे ऐसी कोई विशिष्ट अनुभूति नहीं है? जब तक यह आन्तरिक स्फुरण न हो तब तक तो आप कविता कैसे कर सकते हैं?*

यह एक सतत प्रक्रिया है सदाशिव, मेरा खयाल है कि यह सारे समय ही होता रहता है—यह दुनिया का आकलन...यह दुनिया को आत्मसात करना...। और फिर यह तो हो सकता है कि आप किन्हीं क्षणों को कविता के रूप में दर्ज करें उनमें से, या सबको दर्ज करने योग्य न समझें, लेकिन इसको बहुत सावधानी से अलग करना या अभिव्यक्त करना कि एक पूरे समय की उथल-पुथल में से कौन-सा दबाव, कौन-

सा आवेग किस समय अभिव्यक्त हो जाएगा, आप यह ठीक से कह नहीं सकते। तो आप जो सवाल कर रहे हैं, उसके लिए मैं यह कह सकता हूँ कि यह एक सार्वकालिक चिन्ता है, एक सार्वकालिक सृजन है जो होता रहा है। उसी में से शायद बाद में कुछ चीज निथर-छनकर अभिव्यक्त होती है...। मुझे ऐसा लगता है कि मेरे लिए यह क्रम रहा हो, या यह प्रक्रिया रही हो, इसलिए वह जो अलग से कोई बहुत सारे कवियों में होता है, वैसा कुछ नहीं हुआ मेरे साथ...।

आपने जिन कविताओं का जिक्र किया है, वे 50 के आसपास की कविताएँ हैं और उन पर निश्चय ही एक किस्म का रूमानी दबाव है। पर कवि के लिए केवल जो बाहरी है, या केवल जो आन्तरिक भाव है, वही कविता का विषय नहीं है...। मेरी दृष्टि में कविता की यात्रा दोनों तरफ होनी चाहिए। जो बाहर का विश्व है, उसको आप झुठला नहीं सकते और आपका अंदर का जो विश्व है, उसकी तलाश लगातार होती रहनी चाहिए। तो आपने जिन कविताओं का उल्लेख किया यहाँ, उन कविताओं में शायद उस तलाश की यह कोशिश रही हो, जो बहुत-सी बाद की कविताओं में भी देखने को मिल सकती है...। कई बार वैसी कोशिशें विश्व के दूसरे बड़े कवियों को पढ़ते हुए भी मैंने अपने कवि कर्म के साथ जोड़ी हैं।

कवि यह प्रयत्न करता है कि जो उसका एकांत है, जो उसकी अन्तर्मुखिता है, वह भी टूटे, क्योंकि इस प्रकार की अन्तर्मुखता उसे एक तरह से आत्मकेन्द्रित बनाती है। लेकिन यदि कवि इस आत्ममुग्धता या आत्मकेन्द्रीकरण को तोड़ने की कोशिश में बाहर जाता है और बाहर का ही हो जाता है, तब भी वह सम्पूर्ण नहीं होता। उसका खतरा यह होता है कि वह बाहर ही को देखता चला जाता है और अपने को अस्वीकार करता जाता है।

सदाशिव : *आप यह समझते हैं कि यह प्रक्रिया यदि नहीं हो तो इसके बिना कोई कवि अधूरा होगा?*

मेरी दृष्टि में यह कवि के कविता लेखन में बाधा पहुँचाएगी, अगर कवि दुनिया के सारे परिवर्तनों को नकारता और अस्वीकार करता जाए; या कि वह अपनी जो आन्तरिक आकांक्षा है, आन्तरिक इच्छा है रचना की, उसे नकारता जाए क्योंकि बाहर इतना कुछ परिवर्तित हो रहा है, तो इन दोनों ही रास्तों से कवि-कर्म बाधित हो सकता है।

सदाशिव : *आप अपने कवि होने को किस रूप में लेते हैं? क्या विशिष्ट और दूसरों से कुछ भिन्न होने के रूप में नहीं लेते?*

मैंने जो दूसरे लोग हैं, जो कवि नहीं हैं, उन लोगों को कभी अपने से हीनतर नहीं पाया। उनके लिए मेरे मन में कभी कोई अनादर का भाव नहीं आया बल्कि मुझे कई बार यह लगता रहा कि उनसे मुझे बहुत निकट सम्बन्ध जोड़ने चाहिए और उनकी

आकांक्षाओं के संसार को न समझना बल्कि यह अनुभव उस समय भी मुझे हुआ जब मैं ब्रजभाषा की कविता लिख रहा था और रीतिकाल की जो कविताएँ थीं, पद्माकर आदि की खास तौर से ऋतु-वर्णन, ऋतु-चर्या की कविताएँ, उन्हें पढ़कर भी मुझे अनुभव होता रहा कि यह लेखन एक किस्म का कलावाद है।

सदाशिव : *आपकी कई कविताओं को मैं जटिल काव्यात्मक मनोभावों को अभिव्यक्त करने वाली कविताएँ मानता हूँ। उस प्रकार की कविताएँ लिखने की क्षमता जिस व्यक्ति में है, उसे आप किसी ऐसे दूसरे व्यक्ति से, जो न तो शायद उन भावों को उस रूप में कभी अनुभव करता है और न ही जिसमें उन्हें अभिव्यक्त करने की क्षमता है, भिन्न नहीं मानते?*

मैंने इसका बहुत बारीकी से मनोवैज्ञानिक अध्ययन नहीं किया लेकिन मुझे यह हमेशा लगता रहता है कि यदि किन्हीं भावों को कोई अभिव्यक्त करे या अभिव्यक्त न भी कर पाए तब भी मैं यह कभी नहीं मानूँगा कि उसके पास उन्हें अनुभव करने की क्षमता नहीं है।

नवल जी : *जब आप कविता लिखने लगे तब यह अनुभव नहीं किया आपने कि एक खास विशेषता आपमें है? इस अहसास से एक प्रसन्नता, एक आनन्द अनुभव नहीं हुआ आपको कि दूसरों के मुकाबले कोई विशेष चीज आपके पास है?*

उनके साथ प्रतिस्पर्धा करते या उनके साथ अपनी तुलना करने में मुझे वह आनन्द नहीं मिला लेकिन जो रचना का आनन्द है, वह रचना का आनन्द ही मुझे समृद्ध करता रहा।

नवल जी : *एक ज्यादा उन्नत जीवन बिताने का आनन्द?*

मुकाबले में नहीं...।

नवल जी : *कोई मुकाबला नहीं, किन्तु जो जीवन चल रहा है आपके पास, उससे आप एक बेहतर जीवन जी रहे हैं, ऐसा अनुभव?*

जानबूझकर तो कभी ऐसा अनुभव नहीं हुआ कि मैं उनसे कोई विशिष्ट।

सदाशिव : *सृजनात्मक होकर आप कुछ समृद्ध कर रहे हैं एक विशिष्ट आनन्द के लिए-ऐसा?*

मुझे उसमें सदाशिव, ऐसा लगता है कि दूसरे दूसरी तरह से समृद्ध कर रहे हैं।

नवल जी : *यह आज लगता है कि उस समय भी लगता था?*

हमेशा ही मुझे यह लगता रहा कि अगर मैं कविता कर रहा हूँ तो दूसरा जलेबी बना रहा है, एक प्रयोगशाला में काम कर रहा है, एक बहुत अच्छी दुकान लगाए हुए है।...यह सब मिलकर ही तो एक दुनिया को समृद्ध कर रहे हैं, इसमें मैं विशेष क्या हूँ? अगर एक रंगरेज है...हमारे यहाँ पड़ोस में एक खुदाबख्श रंगाई का काम करते थे तो मुझे ऐसा लगता था कि खुदाबख्श भाई कितने अच्छे रंगरेज हैं और कैसे चटकदार रंग वस्त्रों को देते हैं! अपने वैशिष्ट्य को ही लेकर मैं कोई फूला-फूला नहीं फिरता था लेकिन इसमें भी मुझे आनन्द आता था कि बहुत सारे वैशिष्ट्य मौजूद हैं, आज भी मुझे यह नहीं लगता। जैसे कि मान लीजिए, मेरी किसी कविता को मेरी पत्नी नहीं समझती हैं तो मुझे कभी उन पर कोई क्रोध या ग्लानि या वे कम हैं और उनके जीवन में वह समृद्धि इस कविता को समझने के बाद आ जाती, ऐसा प्रतीत नहीं हुआ।

सदाशिव : *अपने प्रारंभिक जीवन के किन अनुभवों को याद कर सकते हैं आप जिन्होंने आपको कवि बनने में मदद की—रूप के, गंध के, स्पर्श के, भावों के अनुभव?*

हाँ, हैं जो उन कविताओं में भी हैं। जैसे एक तो जो स्मृतियों के—उनमें स्मृतियाँ ज्यादा रहीं और उनमें भी, जो नाना का गाँव हैं...या जैसे वह मौसियों वाली कविता है न 'दर्द', 'यह समय मामूली नहीं' (पृ. 71), वह परिवार का ही एक हिस्सा है तो जो स्मृतियों का संसार है और उनमें भी जो महिलाएँ हैं, जैसे नानी है, माँ है, मौसियाँ हैं, पड़ोसी हैं, मोहल्ला है...और उन स्त्रियों का जो एक प्रेममय संसार है, विशेषतः जिसमें कोई आकांक्षा नहीं है...बस, केवल अपना देना ही देना है, वह बात बराबर मन को विचलित करती है, जैसे वे प्रतिदान में कुछ नहीं चाहतीं, न कुछ चाहा।

सदाशिव : *कोई खुशबुएँ?*

(अब भी जैसे अपने कल्पनालोक में ही खोए हुए) केवल दिया, कोई खुशबू नहीं।

सदाशिव : *कोई रंग जो गहरी कहीं...?*

केवल नदी आती है जिसकी तरफ दूसरे कुछ आलोचकों ने भी इशारा किया है।

सदाशिव : *ध्वनियाँ?*

(जैसे मेरी बात न सुनकर बोलते चले जाते हैं) गति...देखिए आप, गति का कैसा रहा...जो कविता में आशावाद है...प्रायः मेरी कविताओं में मुझे ऐसा लगता है कि एक...निराशा नहीं है लेकिन एक आशा है...वह उस नदी की गति का ही...अगति नहीं है...जो हमारी आशाएँ हैं वे गतिमान...गति ही हैं...तो जो नदी का प्रवाह है वह कविता में एक प्रकार से...नाना के गाँव में उस नदी को प्रवाहित देखने का ही मैं

आनन्द लेता था...जहाँ बाल्यकाल व्यतीत हुआ...किशोर अवस्था के दिन भी कुछ व्यतीत हुए...।

सदाशिव : *नदी का जो प्रवाह है उसकी एक छाप आपके...।*

हाँ, मेरे मन पर बराबर...।

सदाशिव : *वह छाप जो कवि रूप में आपके मन पर बराबर एक...?*

लेकिन ऐंद्रिक अनुभवों के अलावा भी जैसे बहुत सारी चीजें कविता की प्रेरणा बन जाती हैं...एकदम कोई विचार...कोई खयाल...आत्मा-परमात्मा का भी हो सकता है...समाज का यथार्थ भी हो सकता है...या कोई ऐसा विचार जिसको...लगा हो आपको कि इसे अभिव्यक्त मुझे करना है...और वह या जो जुड़ गया किसी अनुभव से...प्रत्यक्ष किसी अच्छे-बुरे अनुभव से...जो अनुभव देखा...और उसकी कौंध हुई...आपको लगा कि ऐसा है मानवीय अनुभव...तिक्त है...या मधुर है...?

ऐसी तो साहब, बहुत सारी कविताएँ हुईं जो सामाजिक जीवन से जुड़ी हुई हैं, जैसे जो अकाल की कविता है...या कि जो युद्ध की कविता है...जो सामाजिक परिवर्तन की कविता है...जो स्त्रियों की दुर्दशा की या उनकी...।

सदाशिव : *आप पुराने उस समय को याद करें, उन अनुभवों को, जो आपकी स्मृति के भंडार में रहे, वे कौन-से विचार थे जिन्हें...?*

ऐसा मैंने नहीं किया। ऐसा नहीं हुआ सदाशिव कि वह जो कोई एक विचार का भंडार था...

सदाशिव : *अनुभवों का?*

जहाँ से ऊर्जा ग्रहण की हो...।

सदाशिव : *अचानक ही अंकित हो गया हो जो बड़ी गहराई से...?*

नहीं, बल्कि जो अचानक से अंकित हुआ, उसे मैंने ज्यादा काम में नहीं लिया।

सदाशिव : *मेरा मतलब यही था कि इस प्रकार के कोई अनुभव हों जो गहराई से आपकी स्मृति में बराबर रहे हों, जैसे कि वह जो गाड़ी गुजरती थी और उसकी जो सीटी बजती थी— 'गीली लकड़ियों के बीच', 'ईमानदार दुनिया के लिए' (पृ. 56-57), वह उस समय...?*

हाँ, वह तो मैंने आपको बताया ही था, मैंने आपको कहा था...नहीं अभी भी मैंने कहा कि ये जो स्मृतियाँ हैं, दिन भर जो सूना गाँव है या उदास गाँव है, वह जो नदी है, उस उदासी के बीच में भी वह नदी लगातार आगे ही ले जाती है...।

सदाशिव : *तो ये जो भावनात्मक अनुभव हैं, वे कोई उत्फुल्लता के अनुभव न होकर उदासी के अनुभव हैं?...इस प्रकार के अनुभव अधिक हैं क्या?*

हाँ, यह तो है ही कि वह एक जो सैडनिंग इफेक्ट...एक जो निराशा का, लेकिन उसमें सदाशिव, जो हमेशा एक अजीब स्थिति मेरे मन की बनती है, वह यह थी कि यह सब करते-करते...करते-करते जहाँ कविता अन्त करती है, वहाँ फिर कोई-न-कोई ऐसा धक्का लगता है...ऐसी कोई इच्छा होती है जो एक सामान्य मुहावरे में कहें तो, उस अनुभव को बदलने की आकांक्षा पैदा करती है, इस दुख की दुनिया को एक प्रीतिकर दुनिया बनाने की कोशिश करती है। यह सब है...ये उदास गाँव भी हैं...ये उदास रिश्ते भी हैं...यह न चाहा हुआ बदलाव भी है...ये स्मृतियाँ भी हैं...लेकिन तब भी मोर्बिडिट (रुग्णता) नहीं है। यह दुनिया रहने योग्य है। इस दुनिया में बहुत-सा प्रीतिकर भी है। सारी बौद्धिक कविताओं में, यह जो रचना का आनन्द है, यह विद्यमान है।

सदाशिव : *अच्छा, अब हम जरा कुछ आज के समय पर आएँ। आज के जीवन में कविता यदि पहले की तुलना में कम उपस्थित है तो आपकी राय में आगे चलकर इसके क्या परिणाम हो सकते हैं?*

मुझे ऐसा लगता है सदाशिव कि कविता पहले भी बहुत ज्यादा उपस्थित नहीं थी (प्रश्नकर्त्ता की हँसी), और अब भी यह कहना कि कविता उपस्थित नहीं है, यह भी कदाचित उचित नहीं है।

सदाशिव : *अच्छा!*

कविता...दरअसल इसके लिए बहुत सारी हमारे देश की स्थितियाँ जिम्मेदार हैं।

सदाशिव : *कौन-सी स्थितियाँ?*

देश में शिक्षा का जो अभाव रहा है, अब यह अध्ययन का विषय है कि क्या वह आर्थिक पिछड़ापन था? साहित्य के पिछड़ेपन का भी एक कारण होता है, लेकिन भारतवर्ष में कविता की उपस्थिति को व्यापक रूप से ही जाँचना चाहिए। जैसे जब मैं गाँव में कविता का केन्द्र ढूँढ़ता हूँ, तो वह एक धार्मिक, जैसे निराकार के भजन गाने वाले...।

सदाशिव : *लेकिन अब तो वह भी नहीं है। हमारे घरों में भी जितनी धार्मिक कविता पहले रहती थी, क्या उतनी मात्रा में वह अब भी है?*

नहीं, लेकिन अब दूसरे प्रकार से वह मौजूद है—जैसे सिनेमा के गीतों के रूप में वह मौजूद है, जैसे केसेट्स के रूप में वह मौजूद है।

सदाशिव : *कविता?*

वह भी जो कविता थी, जो लोक कविताएँ हैं, उनकी भी जाँच करनी पड़ेगी कि वे एक लय या तुकबन्दी के रूप में ही थीं या वे उस तरह की कविता थी जिसे हम कविता कहते हैं, क्योंकि बहुत सारे निराकार-साकार के जो भजन और कविताएँ हैं, उनमें भी कोई शब्द का उल्लास नहीं है। वे एक धुन हैं। वे एक लय हैं संगीत की। उनके शब्द-विन्यास की चमक हमें आकर्षित नहीं करती।

नवल जी : *सृजनात्मकता का जो क्षण होता है, उसको आप कैसे पहचानते हैं और वह क्षण रचना में कहाँ तक जीवित रहता है?*

सृजनात्मकता के सन्दर्भ में मैं ज्यादातर मनुष्य नियति को ही देखता हूँ। इसलिए जो बहुत सारे आवेशपूर्ण क्षण होते हैं, या चिन्ताएँ होती हैं, जो वैयक्तिक जीवन की होती हैं, जो काफी कष्ट-क्लेश देती हैं, वे भी मेरी कविता में आती रही हैं...या मैं उन पर भी कविता...तो इस तरह से जो समय और मनुष्य के सन्दर्भ में व्यापक क्लेश हैं, उन्हीं पर केन्द्रित हो जाता है सृजनात्मक क्षण प्राय:, या इच्छा। सृजनात्मक क्षण का अभिप्राय मैं यह समझता हूँ कि जो सृजन की इच्छा है, वह इच्छा मनुष्य के व्यापक क्लेशों के साथ है—जो भी है...।

सदाशिव : *एक बार बातचीत के दौरान आपने मुझे कहा था कि काव्य-रचना के समय कभी-कभी आप अपने-आपको एक विशिष्ट आवेश में महसूस करते हैं। तब आप अपने-आपमें एक अतिरिक्त ऊर्जा का अनुभव करते हैं, जिसे आप बगीचे में पानी देने या ऐसे ही किसी अन्य काम में विसर्जित करने का प्रयास करते हैं।*

वह क्या होता है सदाशिव, वह इसलिए होता है कि आप सन्तुलन न खोएँ। आप लिखने के समय अपने-आपको बचा सकें। इस बचाने के क्रम में कभी-कभी ये जो बाहरी चेष्टाएँ हैं, ये आपको दूसरी तरह से भी सोच लेने का अवसर देती हैं और एक अतिशय भावनात्मकता को—अतिशय भावुकता को गुजर जाने देती हैं जिससे, मेरी दृष्टि से जो काव्य का शिल्प है, उसकी रक्षा हो जाती है और बहुत बार आप उस भाव से सम्मोहित होने से बच जाते हैं।...यह एक निर्दैयक्तिकता जिसे कहते हैं—जिसको अंग्रेजी कवियों ने निर्वैयक्तिकता कहा है, जो मेरी दृष्टि से भी कविता के सौन्दर्य की रक्षा करती है—बनिस्पत उसका अत्यधिक रागमय हो जाना...।

सदाशिव : *तो आप जान-बूझकर उस भाव में अपने-आपको बहने नहीं देते हैं?*

कई बार...।

सदाशिव : *उसे रोकने की कोशिश करते हैं...?*

हाँ, बचाने की कोशिश करता हूँ, और उससे जो एक कलात्मक सौन्दर्य है, उसकी रक्षा होते हुए भी मैंने देखा है...।

नवल जी : *आपकी लम्बी साहित्य-साधना उदयपुर में हुई जो एक छोटा नगर था। यहाँ रहते हुए आप महानगर के बहुत-से लाभों और सुविधाओं से वंचित रहे, क्या आप ऐसा महसूस करते हैं कभी?*

नवल जी! मैं इसको इस तरह देखता हूँ कि हमारे यहाँ नगर-महानगर भी कोई ज्यादा मतलब नहीं रखते। हमारे यहाँ बहुत-सी बातें महानगर में होते हुए भी कोई मतलब नहीं रखतीं। हमारे यहाँ ज्यादातर सम्पर्कों का ही मैं प्रभाव देखता हूँ—आपके मन पर, आपकी प्रवृत्ति पर, आपके स्वभाव पर यह निर्भर करता है। मैं महानगर में भी ऐसे कई लोगों को पाता हूँ, जिन्हें उनके कौशल के अनुपात में प्रसिद्धि नहीं मिली, या मैं ऐसे लोगों को भी पाता हूँ जिन्होंने अवसरों के अनुकूल उपयोग में अपनी प्रतिभा के अनुपात में ज्यादा प्रसिद्धि प्राप्त कर ली। लेकिन सामान्यतया इस बात को मैं स्वीकार करता हूँ कि महानगरों में अवसर ज्यादा मिलते हैं और यदि आप उन अवसरों का उपयोग कर पाएँ तो प्रसिद्धि की दौड़ में थोड़े से आगे आ जाएँ। लेकिन कई बार छोटे स्थानों पर रहने के अपने लाभ और आनन्द भी हैं, और बहुत सारा क्षरण जो महानगरों में परिस्थितियों के साथ तालमेल बिठाने में होता है, जो कष्ट और बाधाएँ आती हैं, छोटे कस्बों में आप उनसे बच जाते हैं। सम्बन्धों की कटुता की जो आशंकाएँ महानगरों में होती हैं, वह छोटे कस्बों में कम नजर आती हैं। तो ऐसा नहीं है कि हम लोग इन सम्पर्कों का ज्यादा पछतावा करें, या ज्यादा दारिद्र्य अनुभव करें और मन को कमजोर बनाते रहें।

नवल जी : *अच्छा, आपकी पीढ़ी के कई लोग इस बात को लेकर प्रसन्न हैं कि इधर आज के युवकों की जो कविता आ रही है, वह सब प्रकार से विचारधाराओं से मुक्ति की कविता है। आप, जो जिन्दगी के ज्यादा दौर में समाजवाद से जुड़े रहे हैं, विचार-मुक्ति की इस कविता को किस रूप में देखते हैं? आप इस विचार-मुक्ति का स्वागत करते हैं या आपके पास अब भी कविता के लिए विचार का कोई स्वप्न बाकी है? क्या आप जब भी यह मानते हैं कि कविता तभी अच्छी हो सकती है जब उसके पीछे कोई दर्शन, कोई दृष्टि या दुनिया बदलने का कोई एक सपना हो?*

मैं आगे तो नहीं जानता नवल जी! मैं भविष्य की बात भी ज्यादा नहीं कर सकता, लेकिन मैंने जीवन में जो भी छोटा-मोटा अध्ययन किया है, उसके बल पर मैं यह पाता हूँ कि कविता समाज से विच्छिन्न नहीं हुई कभी भी, और विश्व के तमाम बड़े

कवि सामाजिक सन्दर्भ में ही समझे गए। सामाजिक सन्दर्भों से हटकर केवल कुतूहल करते हुए, या केवल उत्सुकता जागृत करते हुए वे कभी बड़े कवियों की गणना में नहीं आए। सामान्यता कवि जो अपना काम करता है, वह समाज के अंदर ही करता है, इसलिए यह जो एक विचारमुक्ति का आन्दोलन है, वह मुझे एक भटकाव-सा ही प्रतीत होता है। मैं यह समझता हूँ कि 'सामाजिक दृष्टि' का अभिप्राय उपदेश नहीं है। अगर एक कविता उपदेशित करती है तो कविता का नुकसान होता है। लेकिन एक समाज में अनेक प्रकार की स्थितियाँ हैं—अनेक प्रकार की—ऊर्जा देने वाली, ऊर्जा को तोड़ने वाली, मन को बनाने वाली, मन को खिन्न करने वाली। जो अनेक प्रकार की धाराएँ हैं, उन धाराओं को यदि कवि पहचानता है और उनके साथ अपना सम्बन्ध जोड़े रखता है तो समाज-मुक्ति से कविता अच्छी हो जाएगी या समाज के साथ जुड़ने से कविता अच्छी हो जाएगी, इस प्रकार के प्रश्न ही नहीं उठेंगे। ये प्रश्न एक तरह से कविता रचना के प्रश्न ही नहीं हैं। कविता रचना के प्रश्न ये हैं कि आप किन सन्दर्भों में समाज को आकलित करते हैं, देखते हैं, उसके क्लेशों को समझते हैं? उसकी विपन्नताओं को समझते हैं? उसके उत्कर्ष को समझते हैं? उसका आभ्यांतरीकरण किस प्रकार से करते हैं? मनुष्य के उत्कर्ष को आप किस प्रकार से ग्रहण करते हैं और इस उत्कर्ष के साथ आप अपने सम्बन्धों को कैसे जोड़ते हैं?

नवल जी : *अच्छा, इसको आप इससे जोड़िए...आपके पास बहुत समय तक एक सपना रहा—समाज बदलेगा, वर्ग विहीन होगा, तो जो स्थितियाँ आज हैं, उससे अपना स्वप्न टूटने का एक दुःख, एक रंज, एक निराशा आपको होती है?*

हाँ, होती है।

नवल जी : *तो क्या भविष्य के लिए सपना आप आज भी देखते हैं या देखना चाहिए?*

व्यवस्था के पुनर्निर्माण की आशा अब भी बची है, क्योंकि ये जो बहुत-से सपने हैं, वे काल्पनिक नहीं हैं। उनको हम सपना भी कहते हों, लेकिन वे केवल कल्पना ही नहीं हैं, वे मनुष्य के अस्तित्व की बुनियादी शर्तें हैं—जैसे मनुष्य की स्वाधीनता, जैसे मनुष्य की समता। इनको छोड़ना सम्भव नहीं है। और तब मुझे यह प्रतीत होता है कि चाहे जितने दिन तक चीजें उथल-पुथल होती रहें लेकिन अन्त में समता और स्वाधीनता के प्राप्त हुए बिना मनुष्य बच नहीं पाएगा, और इसलिए यदि इस बात को हम कविता में भी लाते हैं तो वह एक तरह से सृजनात्मकता की ही तलाश है।

सदाशिव : *लेकिन आपकी बाद वाली कविताओं के स्वर से लगता है,*

जैसे आप उन सपनों का टूटना देख रहे हों? और भविष्य में भी जब तक बाहर का तंत्र उनके अनुकूल नहीं होगा तब तक क्या हम उम्मीद कर सकते हैं कि वह हमें अपनी इच्छित दिशाओं में ले जाएगा?

लेकिन हम अन्त तक उस उम्मीद को बचाने की कोशिश करते हैं। हम उस टूटन के बाद भी, उस निराशा के बाद भी, उस सूखती हुई नदी को देखते हुए भी, उसकी गति की, उसके प्रवाह की इच्छा करते हैं। एक चीज का, सदाशिव, हो जाना ही अंतिम स्थिति नहीं है। उस हो जाने को भी मनुष्य लगातार तोड़ता रहता है। मनुष्य की जो जैविक इच्छा है, उसे मैं इस तरह देखता हूँ कि वह किन्हीं परिस्थितियों के कारण कुछ समय के लिए निराश करती हों लेकिन यह उसकी नियति नहीं है। इस हद को भी वह तोड़ देना चाहता है, और आप देखते हैं कि ऐसा होता है, अन्यथा एक समय की जो व्यवस्था है, वह तो हर तरह से बाधित करेगी लेकिन तब बाधा-मुक्ति कैसे होगी ?...सामन्तवाद को समेटे रखने की सामन्तों ने हर प्रकार से कोशिश की, पर क्या हुआ ? वे जो सबसे ज्यादा प्रभुत्वशाली, पराक्रमशाली लोग-बाग थे, वे कैसे टूटे ? वे क्यों टूट गए ? उनके किले ध्वस्त क्यों हो गए ?...तो मैं यह पाता हूँ कि अभी जो निराशा की स्थितियाँ हैं, उन निराशा की स्थितियों के बीच में भी उन स्थितियों को तोड़ने वाले लोग आन्दोलनरत हैं। कविता भी संघर्ष कर रही है, ऐसे कवि भी हैं जो उस बेहतरीन, सौन्दर्यमूलक कल्पना का रूप देने में लगे हुए हैं या उसकी रचना में लगे हुए हैं, वे सब मिलकर एक समूह हैं—जैसे कट्टरतावादियों का एक समूह है, जैसे कट्टरवादी भाषा की दृष्टि से भी कट्टरता लाना चाहते हैं...पवित्रता संस्कृति में भी पवित्रता, स्त्री-पुरुषों के व्यवहार में भी एक कट्टरतावादी दृष्टिकोण आपको देखने को मिलेगा। अगर एक कट्टरतावादी दृष्टि है तो वह हर क्षेत्र में है। ऐसे ही यदि एक संघर्षवादी दृष्टि है तो वह सब जगह है—कवियों में भी है, समाज, रचनाकारों में भी है, व्यवस्थाकारों में भी है। मैं ऐसे व्यवस्थाकार, ऐसे न्यायाधीश भी देखता हूँ जो मनुष्य की आकांक्षाओं के सन्दर्भ में न्याय को देखते हैं, समय के बदलते हुए स्वभाव के सन्दर्भ में न्याय को देखते हैं। तो ऐसे भी न्यायाधीश हैं जो काना-मात्रा के किसी तकनीकी बिन्दु के आधार पर ही चीजों को इधर से उधर करते रहते हैं।

नवल जी : *अच्छा, अब आप यह जवाब दीजिए कि आजकल जो नई क्रान्तिकारी मुद्राओं वाले दलितवादी लोग हैं, नारीवादी लेखिकाएँ हैं, ये सब आपकी पीढ़ी पर यह आरोप लगाते हैं कि समाजवाद के सारे नारों के बावजूद आप भी अन्ततः सवर्णवादी और मर्दवादी रहे हैं और यदि आज आप उनके बारे में चिन्ता करने लगे हैं तो इसका कारण आपकी अन्तःप्रेरणा न होकर उनके आन्दोलन रहे हैं। क्या आप उनके आरोपों को*

स्वीकार करते हैं? आपके जाति, लिंग आदि समस्त भेदभावों के परे हमेशा से समानता का राग अलापते रहने के बावजूद ये लोग आपको मित्र पक्ष का क्यों नहीं मानते?

जो उन्हें कष्ट में डालने वाले हैं, वे भी शायद मुझसे ही कुछ मिलते-जुलते हैं (हँसते हैं)...अतः यदि उन्हें मुझ पर भी सन्देह हो गया हो तो यह उनके सन्देह का स्थानान्तरण ही है और इतना तो मैं मानता हूँ कि कष्ट में अब भी वे ही हैं—मोटे तौर पर।...छोड़ दीजिए आप हजार-दस हजार या लाख-दो लाख को, यदि उनमें से कोई मंत्री इत्यादि के पद पा गए हों...। वहाँ भी वे मंत्रिगण सामाजिक दृष्टि से अपने-आपको हीन ही अनुभव करते हैं। आज भी दलित जाति का कोई मंत्री किसी ब्राह्मण मंत्री की तुलना में अपने-आपको अपाहिज और अनाश्रित ही पाता है। एक मनोवैज्ञानिक निराशा या पिछड़ेपन का दबाव बना है।

नवल जी : *यह आपका सहानुभूतिपूर्ण उत्तर तो ठीक है, पर यह जो हमारे सारे प्राचीन साहित्य को मर्दवादी या सवर्णवादी करार देते हैं और बड़ा साहित्य जिस तरह जाति, धर्म, लिंग के भेदभाव से परे सामान्य मनुष्य की चिन्ता करता है, इस बारे में आपकी सैद्धान्तिक स्थिति को तो आपको थोड़ा स्पष्ट करना होगा।*

मुझे, नवल जी, बार-बार यही प्रतीत होता है कि वे छले गए हैं और उनके विश्वास और इन सद्भावनाओं के बावजूद व्यवस्था से उन्हें कोई हक, कोई सहानुभूति, कोई गरिमा नहीं मिली। जो मूलतः व्यवस्था है, वह उनके पक्ष में नहीं है—हर तरफ से—आचरण में नहीं है। मन से उनके प्रति सहानुभूति नहीं है। सामाजिक कर्म के बँटवारे में उनको हमने कोई बहुत ज्यादा जगह नहीं दी, और उस शुद्धि के उस काम को भी, जो बहुत कष्टकर हैं, वे करते रहे हैं तो उनका विश्वास हम पर कैसे हो ? और जहाँ एक लचीली व्यवस्था का हम प्रारम्भ करते हैं, वहाँ हमीं में से लोग उनको मत-प्राप्ति के लिए तो चाहे जितने नरम, कोमल आश्वासन देते हों, लेकिन व्यवहार में उनका कोई आश्वस्त करने वाला परिणाम मिलता नजर नहीं आता।

नवल जी : *इधर आपकी कविताओं में औरत को लेकर खास हमदर्दी दिखाई देती है, पर यह पहचानना बड़ा मुश्किल है कि आपकी कविता में दलित वर्ग भी उस तरह आया है। यह क्या कारण है कि आपकी औरत के प्रति जो हमदर्दी जगी और एक दलित के प्रति आप सोए रहे?*

इसका कारण यह प्रतीत होता है कि स्त्री के साथ हम अपने घर में, अपने समाज में भी, अधिक निकटता से आते रहते हैं। उसके जीवन की बरबादी को, उसकी असमर्थताओं को, उसकी निराशाओं को और उसकी शक्ति को हम ज्यादा नजदीक

से देख पाते हैं। लेकिन दलितों से हमारा मिलना, सम्पर्क वह यदाकदा और आकस्मिक है। जातिवादी संरचना ने हमारा और उनका मेल-मिलाप बहुत कम किया है। स्त्री के साथ हमारा व्यवहार हमें हर दिन देखने को मिलता है, और एक तरह से हम उसके अपराधी भी होते हैं। अगर स्त्री हमारी रचनाओं में बार-बार आती हैं तो उसका कारण यह है कि हम स्त्री की शक्ति को जान-बूझ कर निरादृत करते रहे हैं और इसका अपराध-बोध हमें आहत करने लगा है। और वैसे भी दलितों की तरह स्त्री आकस्मिक रूप से हमारे जीवन का हिस्सा नहीं है। कविता में उसका आना औचित्यपूर्ण और स्वाभाविक लगता है। दलितों के जीवन को चूँकि हम गहराई से जानते ही नहीं हैं, उसके सम्बन्ध में हमारी जानकारी और संवेदना, स्त्रियों के जीवन की जानकारी और संवेदनाओं की अपेक्षा अत्यधिक कम है। शायद वह चर्चा में भी कम आता है और इसीलिए वह कविता में भी कम है। मुझे हिन्दी साहित्य में दलितों से संबंधित कविताएँ कम ही देखने को मिली हैं। अब भी वे ही अपनी यातनाभरी 'आत्मकथाएँ' लिख रहे हैं।

सदाशिव : *इसी से जुड़ा एक प्रश्न मैं आपसे पूछता हूँ नन्द बाबू! आपकी कई कविताओं में बच्चे जिस रूप में आते हैं, उससे लगता है कि हमारा समाज उनके प्रति पर्याप्त संवेदनशील नहीं है। इस बारे में आप कुछ कहना चाहेंगे?*

उनके जीवन का मनमौजीपन मुझे छिनता हुआ प्रतीत होता है और उनके माता-पिता की इच्छाएँ उन पर सवार देखता हूँ। सबसे बड़ा कष्ट यह है कि वे उसे व्यक्त नहीं कर पाते। उनके पास भाषा नहीं है। उनसे छिन गई स्वतंत्रता के कष्ट को बताने के लिए वे बेजुबान हैं। आप देखते हैं कि जो बेजुबान हैं, वे ही हमें ज्यादा उत्तेजित करते हैं। जैसे अगर हम स्त्री की बात करें तो स्त्री कष्ट पाती हुई बेजुबान है। अगर हम बच्चों की बात करें तो बच्चों का जो आनन्दमय संसार है, उस आनन्दमय संसार से वे बेदखल किए हुए देखे जा सकते हैं। तो बच्चे भी एक तरह से उस सामाजिक बड़प्पन के कष्ट को भोगते हैं और इस कारण उनका जो सहज, सरल जीवन बिखरा हुआ प्रतीत होता है, उन बच्चों के लिए भी कुछ कविताएँ हैं। एक वह है जिसमें उसकी माँ उसे घसीट कर ले जाती है, 'जो न चिड़िया है न तितली', 'ईमानदार दुनिया के लिए' (पृष्ठ 43-44) और 'मैं तुम्हारे लिए क्या कर सकता हूँ'—ऐसी एक कविता शायद कहीं है; या जहाँ अंग्रेजी...वह दादी माँ वाली कविता में भी है, 'दादी माँ चिन्ता छोड़ो' (वही, पृष्ठ 35), एक बच्चा है जो शायद कुछ भाषा के कष्ट भोग रहा है।

नवल जी : *एक बात बताइए नन्द बाबू, आपकी कविताओं में प्रेम की कोमल अनुभूतियों की कविताएँ क्यों नहीं हैं? सारी कविताओं में बस*

समाज का दर्द...औरत का दर्द...पीड़ा...! क्या हुआ कि किशोर अवस्था की बातें आपने छोड़ दीं? क्या यह देखकर कि जिन्दगी में संघर्ष ज्यादा जटिल है? वह ज्यादा अर्थपूर्ण है, क्या यह लगा?

पुरानी जो स्त्रियों की स्मृतियाँ हैं, वे दरअसल प्रेम की स्मृतियाँ नहीं हैं। जैसे प्रेम को प्राप्त नहीं कर सकती इन कष्टों के बीच से...कि प्रेम जैसे किन्हीं खास किस्म की स्त्रियों का अधिकार है...सुख-सुविधाएँ भोगती स्त्रियों का—ऐसा मेरे मन में बराबर भाव बना रहा...कि मोहिनी जीजी पिता के द्वारा पीटी ही जाती है...या नाथी जीजी पिता के द्वारा पीटी ही जा रही है क्योंकि उसने किसी लड़के को प्रेमपूर्ण दृष्टि से देखा है। तो एक प्रेम वाली...एक प्रेम में डूबी हुई रीतिकालीन स्त्री...यदि रीतिकालीन कविता को आप प्रेम की कविता मानते हों तो। मैं नहीं जानता कि वह कितनी प्रेम की कविता थी...या क्या वैसा ही प्रेम होता है जो बिहारी की नायिकाएँ करती रही हैं...यह भी एक प्रश्न है...या फिर चाहे घनानन्द ने ही उससे प्रेम किया हो...यह भी एक विवेचना की बात है कि दरअसल प्रेम क्या चीज है और प्रेम की कविता कैसी होती है, लेकिन प्रेम करती हुई स्त्रियाँ नजर ही नहीं आईं।

नवल जी : *सुना है, आपने तो प्रेम किया (नन्द जी हँसते हैं)...आपने तो कहा नहीं...पर इधर, उधर से...विद्याभवन में आपके रंगीले स्वभाव के बारे में...?*

इसमें कोई शक नहीं...कोई शक नहीं है...जो प्रेम...या आकर्षण...प्रेमाकर्षण की बातें कही जाती रही हों...वे हों भी सच...तब भी यह कहना कठिन है कि वे सब स्त्रियाँ—वे सब प्रेम करती हुई स्त्रियाँ थीं—या उनसे किया हुआ प्रेम ही प्रेम का मर्म है, या उस तरह का प्रेम ही प्रेम कविता की उत्तेजना दे सकता है। लेकिन आप अगर लगातार एक समुदाय को या अपने आसपास की स्त्रियों को विकल, असहाय, पीड़ित...लगातार क्षीण होती हुई...उच्च वर्गों द्वारा सम्मोहित की जाती हुई...अगर ऐसी स्त्रियों को ही जानते हों...या ऐसी स्त्रियाँ को कि जिन्हें गाँव में जूते पहनने की भी आजादी न हो...मैंने कई बार आपसे यह कहा भी कि मुझे सबसे अच्छा अब यह देखकर लगता है कि सब स्त्रियों के पैर में चप्पल हैं। वे सब अब नंगे पैर नहीं हैं। उनके तलवे जल नहीं रहे हैं...तो जब रीतिकाल की कविता मैं पढ़ रहा था तब भी मैंने यह लिखा :

दीजे रंगशाला, रतिशाला को हवाला कहा
बिलखत जे हैं एक एक ही निवाला को।

यह कविता बहुत प्रारम्भ की कविता है, तो जैसे पुरुषों का बिलखना मौजूद है, ऐसे ही एक समाज में स्त्रियाँ लगातार कष्ट पाती हुई हैं—चाहे वे मौसियाँ हों...जैसे मेरी नानी है...कि तुम्हारी देह से जैसे बर्फ की धार ही निकल रही हो...या मैं तुम्हारी देह

पर सो जाता...और तुम कहतीं कि लो, नौ बज गए...वह जो रेल की सीटी लगातार...वह कविता वही कविता है...।

नवल जी : *कवि के रूप में भाषा के साथ आपका सरोकार कैसा रहता है? क्या केवल संप्रेषण का माध्यम है वह आपके लिए या यदि वह उससे बढ़कर है तो क्या है? किस तरह से व्यवहार करते हैं आप भाषा के साथ कविता में? और उसी सन्दर्भ में यह भी कि क्या आपका लोक-भाषा की तरफ कभी रुझान हुआ और यदि नहीं तो क्यों नहीं हुआ?*

हाँ, सामान्यतः मैंने भाषा के सर्जनात्मक पक्ष को ही देखने की कोशिश की—यथासम्भव अपनी चिन्ताओं से मिलाते हुए, और इसमें कोई सन्देह नहीं कि जो एक अदृश्य पाठक-श्रोता मेरे मन में बना रहा, जिसे मैं सम्बोधित करता रहा अपनी कविता द्वारा, वह एक प्रबुद्ध वर्ग ही है। और एक प्रकार से शिल्प को भी मैंने कमजोर नहीं होने देना चाहा। और जब आप शिल्प के लिए एक खास किस्म की कोशिश करते हों...उसको बचाने की कोशिश करते हों...तब उसमें थोड़ी बौद्धिकता, थोड़ी चतुराई, थोड़ा अभ्यास—इन सबकी आवश्यकता आ जाती है। इसलिए आपको यों देखने में वे कविताएँ सरल मालूम होती हैं और मैंने लिखना भी—कविता की दृष्टि से—उत्कर्षमय समय में शुरू किया। वे कविता के अच्छे दिन थे—जब चाहे पश्चिम की कविता हो या चाहे भारतीय कविता हो या चाहे वे प्रगतिवादी या किसी अन्य धारा के कवि रहे हों, उस समय के कवि, चाहे वे निराला रहे हों या पंत रहे हों या महादेवी जी रही हों, या बाद में चाहे मुक्तिबोध रहे हों या अज्ञेय रहे हों—चाहे और भी जो उनके समकालीन कवि रहे, वे एक बौद्धिक युग के कवि, एक तरह के अध्ययनशील, एक तरह से कविता के शिल्प पक्ष को, कविता के भाषा-पक्ष को लापरवाही से नहीं देखने वाले।

नवल जी : *अच्छा, एक बात बताइए, एक समय था जब आपका गद्य साहित्यिक प्रश्नों पर केन्द्रित था, जैसे 'शब्द संसार की यायावरी' में ज्यादातर आपके साहित्य से संबंधित लेख हैं। इधर जो गद्य आपने लिखा है, उसका सम्बन्ध दूसरी चिन्ताओं से है, वह गांधी से है या कि विनोबा से है या कि वे जो नए आन्दोलन चल रहे हैं, इनसे। तो यह जो आपका भावात्मक पक्ष है, उसके लिए आपने कभी समय नहीं दिया। चिन्तन का जो पक्ष है, उसके लिए समाज...?*

समाज को मैंने जोड़ा...सामाजिक चिन्ताओं को...।

नवल जी : *यह स्पष्ट विभाजन-सा दिखाई देता है।*

हाँ, जी।

नवल जी : *चिन्तनपरक गद्य लिखते हैं तो आपकी चिन्ताएँ भी दूसरी हो जाती हैं?*

हाँ, बिलकुल।

नवल जी : *यह एक रचनात्मक गद्य नहीं है। यह संबोधनात्मक या विचारपरक गद्य हुआ, तो उस गद्य के लिखने में या इसके लिखने में कोई अन्तर लगता है आपको रचना-प्रक्रिया में?*

यह एक प्रकार का अभ्यास ही है जो...मैं ऐसा समझता हूँ कि गद्य इंग्जेक्टनेस और एक बौद्धिक अनुशासन देने वाला होता है, तो कविता के वह विरोध में नहीं है, और अगर आप समाज की एक रचनाशील कल्पना करते हों या एक रचनाशील समाज की कल्पना करते हों, तो आपको सामाजिक हस्तक्षेप अपने लेखन के जरिए करना चाहिए—उसके निर्माण में...उसकी समस्याओं को देखने में।...और इधर हमारे साहित्य की बहुत सारी जो विधाएँ हैं, उनमें गद्य का सौन्दर्य भी कितना विकसित हुआ है! जैसे कई बार आप यदि होटलों के विज्ञापनों को भी देखें तो वे आपको लगभग कविता जैसे ही लगेंगे (नवल जी की हँसी)।...तो मुझे ऐसा लगता है कि एक तो अपने-आपको इग्जेक्ट बनाने के लिए और दूसरा रचनाशील समाज के निर्माण के लिए गद्य भी लिखना चाहिए...जो साहित्यिक समस्याओं से अलग हो।...जैसे अगर आप कविता में मूल्यों की बात करते हैं तो जब तक सामाजिक प्रसंगों में मूल्यधर्मिता नहीं होगी तब तक आप कविता में कैसे अलग से... ?

नवल जी : *आपने बिन्दु का सम्पादन किया था। आजकल जो साहित्यिक पत्रिकाएँ निकल रही हैं, उनमें क्या चीज तो आपको काबिले-तारीफ लगती है और क्या आलोचनीय लगती है? और कैसा उनका स्वरूप होना चाहिए? और जब हम इन्टरनेट वगैरह के जमाने में जा रहे हैं तो क्या समझ रहे हैं कि पत्रिकाएँ कैसे जी सकेंगी?*

मुझे एक तो यह लगता है कि पिछले दिनों जो ज्ञान की या सत्य की, या मूल्यों की जो एक तलाश थी, बिन्दु के समय में हम लोगों ने यही कोशिश की थी कि जो अन्तर्ग्रथित मूल्य है—विनम्रतापूर्वक प्रयत्न किया जाए उनकी तलाश का कि हमारे समय के लिए उनमें से कौन-से सार्थक है! बिन्दु का पहला अंक ही 'मूल्य विश्लेषण अंक' था। तो वह जो एक प्रकार की प्रश्नाकुलता थी, जो एक जानने की इच्छा थी, अब इस प्रकार की चिन्ता करना एक तरह से ढीला-ढाला प्रयत्न माना जाता है। अब ज्यादा विश्वासपूर्वक घोषणाएँ की जाती हैं सत्य को जानने की, मूल्यों सन्दर्भ जानने की और मूल्यों को एक तरह से शिविरबद्धता की दृष्टि से देखने की...और अपने ज्ञान की प्रगल्भता का, या एक बौद्धिक दावा करने की, तो आज

जो पत्र-पत्रिकाएँ हम देखते हैं, उनमें जानने की इच्छा क्षीण होती नजर आती है और घोषित करने की इच्छा प्रबल होती है...कि हम सब जानते हैं। ज्ञान के उपार्जन में जो एक विनम्रता का हिस्सा है, या जो अनेक दृष्टियों से सत्य को जानने की इच्छा है, वह क्षीण होती जा रही है, क्योंकि उस तरह से अब जीवन में लाभ-हानि का भी मूल्यांकन हो रहा है। वह कठोरता से ही हो सकता है, एक तरफ हो जाने से ही होता है। अब अगर आप चीजों को गहराई से समझने की कोशिश करें तो वह समय का अपव्यय माना जाता है। एक बात तो यह...और जो आगे आप कहते हैं कि इंटरनेट वगैरह के समय में...तो मुझे ऐसा प्रतीत होता है, नवल जी कि सारी चीजें रहेंगी—पुस्तक भी रहेगी, कम्प्यूटर भी रहेगा, टी.वी. भी रहेगा। कोई चीज बेदखल नहीं होगी। समाज की दृष्टि से भी देखें आप—कितने स्तर वाला समाज है भारतीय समाज।...वहाँ एक पुस्तक भी मूल्यवान रहेगी। वहाँ इंटरनेट भी मूल्यवान रहेंगे। जब आप तुरन्त किसी चीज को जानने की इच्छा करेंगे तब आप एक दूसरा उपकरण काम में लेंगे, लेकिन जब आपके पास अधिक समय होगा तब आप पुस्तक पढ़ने की आकांक्षा करेंगे। जब अनेक रुचियों वाला समाज होगा तब अनेक रुचियों से ज्ञान संपन्न होने की आकांक्षा भी बनेगी, और ऐसा पश्चिम में हुआ भी है।

नवल जी : *राजनीति का आपका अनुभव कैसा रहा? राजनीति में आप बड़े-बड़े लोगों के बहुत नजदीक रहे, तो उस समय आपकी कोई राजनीतिक महत्त्वाकांक्षा जागी? राजनीति से आपके सम्बन्धों के बारे में सोचकर आज आपको कैसा लगता है?*

मेरा खयाल है कि मेरे जो पारिवारिक दायित्व थे, उनके रहते मुझे कभी इतनी शक्ति और इतनी स्वाधीनता नहीं मिली कि राजनीति में होने के खतरे उठा सकूँ, क्योंकि राजनीति करना आसान नहीं है। आपकी आर्थिक परिस्थितियाँ मददगार होनी चाहिए। और मैं जिस परिवार से था, उस परिवार की आर्थिक स्थिति इतनी अच्छी नहीं थी कि वह मुझे लम्बे समय तक राजनीति करने की स्वाधीनता देती। इसलिए राजनीति का जो सम्बन्ध रहा, वह महत्त्वाकांक्षाओं से नहीं जुड़ सका। दूसरी बात मैं यह समझता हूँ कि राजनीति को एक रचनाशीलता की दृष्टि से ही मैंने देखा कि वह हमारे भारतीय समाज में कैसे परिवर्तन ला सकती है, और मुझे यह लगा कि भारतीय समाज में जो सबसे बड़ा उसका दोष है, वह विषमता ही है। मुझे बहुत पहले से ही गांधी आकर्षित करते थे और मुझे ऐसा लगता था कि गांधी में जो एक अराजकतावादी तत्त्व था—एक स्टेट को न मानने का, यदि आप गांधी को ध्यान से देखें तो गांधी कभी भी राज्य-व्यवस्था के समर्थक नहीं लगते। और राज्य-व्यवस्था को वे एक तरह से मनुष्य के विकास की बाधा भी मानते हैं, इसीलिए वे लगातार लोकशक्ति के उन्नयन की बात करते हैं। समाजवादी पार्टी में जो व्यापक संकल्प थे, वे गांधी

दृष्टियों का समर्थन करते थे। वे अहिंसावादी बदलाव के समर्थक थे। वे चौखम्भा राज्य का अनुकरण करते थे। वे स्त्रियों के, दलितों के अभ्युदय की बात करते थे। वह मुझे राजनीति ही नहीं, समाजनीति भी लगती थी। इसलिए मैं समाजवादी पार्टी की तरफ आकर्षित हुआ और बाद में जयप्रकाश जी या लोहिया जी का चिंतन या उनकी जो चिन्ताएँ मुझे आकर्षित करती रहीं, वे चिन्ताएँ भारतीय संस्कृति की मुख्य धाराओं से मिलती-जुलती भी थीं। इस दृष्टि से राजनीति के ऊपर वे आक्षेप ही मुझे कोई बहुत सार्थक नहीं लगते थे। मुझे ऐसा लगता था कि जैसे हमें बहुत-सी जिज्ञासाओं से साक्षात्कार करना चाहिए, उसी तरह एक रचनाशील राजनीति के पक्ष का आदमी भी होना चाहिए, तो वह जो रचनाशीलता थी, वह जो लोकशक्ति को जगाने की बात थी, वह जो गांधी की परम्परा को आगे बढ़ाने के रास्ते को ढूँढ़ना था, वह सब मुझे समाजवादी पार्टी में मिलता था। इसलिए मैं समाजवादी पार्टी तक गया। उसमें किसी प्रकार की वैयक्तिक या कि कोई मंत्री बनने की, या किसी पद-प्राप्ति की कोई आकांक्षा नहीं थी। और इसी क्रम में मुझे जब टीचर्स ट्रेनिंग कॉलेज में पढ़ाने का अवसर मिला तब मुझे यह पद अपनी आकांक्षा की सन्तोषपूर्ण पूर्ति प्रतीत हुआ, कि मैं इस तरह भी समाज निर्माण का या सामाजिक रचना का काम कर सकता हूँ, क्योंकि मैं शिक्षा को भी हमेशा एक बड़ा सामाजिक हस्तक्षेप मानता रहा। और अगर अध्यापकों का ही पुनर्निर्माण किया जा सके या उनको ही कुछ नए सपने दिये जा सकें तो यह मुझे राजनीतिक आकांक्षा की पूर्ति-सा ही लगा, कि अगर मैं ऐसा समाज बनाना चाहता हूँ तो बुनियादी रूप में अध्यापकों के बीच में ही जाकर वह काम करूँ। पर कोई बहुत कामयाबी उस तरफ नहीं मिली।

> **नवल जी :** *क्या हम शिक्षा में अपनी इच्छा पूरी कर सकते हैं? हमें शिक्षा में किताबें-पाठ्यक्रम वगैरह पढ़ाना होता है। एक समय था जब पाठ्यक्रम के अतिरिक्त गतिविधियाँ खूब होती थीं। फिर हमारे देखते-देखते वे समाप्त हो गईं। हम अपने व्यक्तित्व का, अपने विचारों का प्रभाव जिन छात्रों पर डालना चाहते हैं, उन छात्रों का मतलब अब केवल डिग्री से है और उस डिग्री के लिए उसे अपने अध्यापक से निजी सम्बन्ध बनाने की जरूरत अब महसूस नहीं होती। तो आप बताइए, शिक्षक के रूप में आपने कैसे प्रभावित किया छात्रों को और आप अगर आज भी शिक्षा दे रहे होते तो आप अपनी क्या भूमिका देखते हैं? क्या सार्थकता महसूस करते हैं? आपको ऐसा नहीं लगता कि आपकी सारी प्रतिभा, सारी विद्या के लिए अब कोई अवसर नहीं है?*

मैं आपसे बिलकुल सहमत हूँ कि जगह की बहुत कमी हो गई है—परिवर्तन लाने के लिए कोई 'स्पेस' बची नहीं है, लेकिन तब भी मैं आपसे पूछता हूँ, और स्वयं

से भी यह पूछता हूँ कि दरअसल यह जो कुछ हुआ है, जो शिक्षा को कमजोर किया है या जो शिक्षक को कमजोर किया है, उसके पीछे एक किस्म का षड्यंत्र ही तो नहीं रहा है? एक किस्म की हताशा उत्पन्न करने की कोशिश ही तो नहीं की गई है? पर जैसे मैं नाकामयाब नहीं हुआ हूँ, तब भी मैं सरकार द्वारा, व्यवस्था के द्वारा और जो तंत्र इस समय काम कर रहा है—नौकरशाही का या व्यवस्थाओं का या राजनीति का—उस तंत्र ने जैसे संपूर्ण जीवन को मूल्य-भ्रष्ट किया है या नष्ट किया है, उसी तरह शिक्षा को भी नष्ट कर दिया है और इसी तरह उसने मुझे भी नष्ट कर दिया है। लेकिन तब भी यदि मुझे अपने को बचाना है तो मुझे यह विश्वास करना ही पड़ेगा कि अभी भी जीवन को बचाने लायक जगह बची है।

सदाशिव : *भाषा और साहित्य के शिक्षक के रूप में अपने अनुभवों के बारे में आप क्या कहना चाहेंगे?*

साहित्य शिक्षा देते हुए मुझे अनुभव होता था कि साहित्य की शिक्षा को जिस तरह की संवेदनशीलता उत्पन्न करनी चाहिए—मनुष्य के निर्माण, समाज की रचनाशीलता, उसके बौद्धिक उत्कर्ष के सन्दर्भ में—हमारी साहित्य-शिक्षा ने ठीक इसके विपरीत आचरण किया है और वह अभी भी भाग्यवादी या आदर्शवादी या उपदेशवादी पाठ्य-सामग्री ही उपलब्ध करवाती है। हम लोगों ने पूरी आयु ही जिस काम में लगाई, उसका प्रतिफल हमने साहित्य के प्रति आसक्तिमूलक नहीं पाया, यहाँ तक कि हमने जो अभिव्यक्ति की परिष्कृति, उसकी श्रेष्ठता, मौलिकता या सर्जनात्मकता चाही, उसे तो जाने दीजिए; किन्तु अभिव्यक्ति की जो सामान्य परिष्कृति है, उसमें भी।

सदाशिव : *बल्कि अभिव्यक्ति की क्षमता ही क्यों न कहें...?*

हाँ, अभिव्यक्ति की क्षमता की दिशा में भी आगे नहीं बढ़ सके।

सदाशिव : *यह आपने बहुत महत्त्वपूर्ण बात कही है। इसका मतलब यह है कि भाषा की दृष्टि से हमारा शिक्षित वर्ग अब भी बहुत पंगु-सा?*

पंगु-सा और लापरवाह।

सदाशिव : *और यह शिक्षा की लापरवाही...?*

यह शिक्षा की लापरवाही भी है और यह एक सामाजिक लापरवाही भी है। देखिए, कभी-कभी क्या होता है सदाशिव कि सामाजिक लापरवाही की जब हम बात नहीं करते तो सारी जिम्मेदारी जैसे शिक्षक के ऊपर ही आ जाती है। शिक्षक को ही उस बात का अपराधी मान लिया जाता है जिसके कारण ये अक्षमताएँ उत्पन्न हो रही हैं, जबकि आप यदि व्यापक रूप से देखें तो यह एक सामाजिक दृष्टिहीनता ही है।

भाषा के प्रति लापरवाही का मतलब है—एक गहरी सामाजिक लापरवाही की उपस्थिति।

सदाशिव : *बल्कि क्या नन्द बाबू, आप ऐसा नहीं मानते कि यह हमारे मानवाधिकारों का हनन भी है? मतलब आप शिक्षा तो दे रहे हैं, पर उस शिक्षा के फलस्वरूप किसी व्यक्ति को जो अधिकार मिल जाना चाहिए था, वह उसे नहीं मिल पाया अर्थात् आप उसको भाषा के स्तर पर उतना सक्षम नहीं बनाना चाहते कि वह अपने-आपको अभिव्यक्त कर सके?*

यह बिलकुल सही है। तो मैं आपको कहता हूँ कि पूरी उम्र कवि के रूप में व्यतीत करते हुए, एक पूरी आयु साहित्य शिक्षक के रूप में व्यतीत करते हुए भी एक सामाजिक दृष्टिहीनता के कारण, एक सामाजिक लापरवाही के कारण, एक संकल्पबद्ध शिक्षानीति न होने के कारण हम उन सब अक्षमताओं को चलने देते हैं।

सदाशिव : *और साहित्य के द्वारा संवेदनशीलता उत्पन्न करने की सम्भावना को भी नष्ट करते हैं?*

जिसके लिए हम साहित्य पढ़ाते हैं, समाज से भी वह संवेदनशीलता गायब हो गई है। हमारे स्कूल-कॉलेजों में भी हम उस संवेदनशीलता का अभाव देखते हैं।

सदाशिव : *व्यक्ति के द्वारा साहित्य की समझ भी तभी तो सम्भव है जबकि भाषा के स्तर पर उसमें उसके प्रति संवेदनशील होने की क्षमता रहे?*

हाँ, यह सही है। मैं आपके साथ सहमत होते हुए एक बात इसमें और जोड़ देना चाहता हूँ कि इसके लिए हम केवल शिक्षक को या विद्यालय को या पाठ्यक्रम को ही जिम्मेदार न मानें, बल्कि हम उस सामाजिक रचना के बदलाव की भी बात करें जिसमें इस संवेदनशीलता का विकास सम्भव नहीं होता। यदि वह सामाजिक व्यवस्था ही इतनी असंवेदनशील हो गई है तो आप चाहे कैसे भी शिक्षक या शिक्षा की बात करेंगे, आखिर टकराएगा वह शिक्षक, वह शिक्षा, उसी समाज से...तो जो दृष्टि उत्पन्न की जानी चाहिए, वह केवल शिक्षानीति को बदलने की ही नहीं लेकिन उस समाज को बदलने की होनी चाहिए ताकि संवेदनशील शिक्षा आसानी से फल दे सके।

सदाशिव : *अपने खान-पान या पहनने-ओढ़ने की रुचियों के सम्बन्ध में कुछ बताएँ?*

नवल जी : *पर इससे पहले पढ़ने की रुचियों के बारे में ही क्यों न बताएँ-किस विधा की, विचारात्मक या ऐसा तो नहीं कि जिन्दगी के ढलान पर आकर यह लगने लगा हो कि यह सब पढ़ना-लिखना व्यर्थ है?*

नहीं, बिलकुल नहीं; बल्कि जब पढ़ाते थे तब पढ़ाने से संबंधित गतिविधियों में बहुत-सा समय लगता था। अब समय की पर्याप्तता के कारण अध्ययनशीलता बढ़ ही गई है—अधिक पढ़ा है, अधिक पत्र-पत्रिकाओं में लिखने की इच्छा बनी है; बल्कि यह लगता है कि इसी इच्छा के साथ कुछ समय पहले भी पढ़ा होता तो कितना अच्छा होता! दरअसल जिस वातावरण में पढ़े, वहाँ अच्छे पुस्तकालय का न होना, पुस्तकों का प्राप्त न होना, शिक्षा का पिछड़ापन—इन सबने बहुत नुकसान पहुँचाया और उसका परिणाम यह हुआ कि अध्ययनशीलता की जो आदत पड़नी चाहिए थी, वह नहीं पड़ी उस समय। यह आदत कि पढ़ना, और पढ़ने से मौलिकता नष्ट नहीं होती, बल्कि पढ़ने से बहुत सारे दूसरे गुण भी आप देख पाते हैं, तो नवल जी ने जैसा पूछा कि अवस्था के कारण...बल्कि उलटा ही हुआ कि आयु के कारण जो शैथिल्य अनुभव होने लगता है, वह भी नहीं हुआ।

सदाशिव : *आपकी रुचि किन विधाओं में है?*

सामान्यतया वैचारिक निबन्ध पढ़ना मुझे पसन्द है। उन्हें मैं उसी तरह पढ़ता हूँ जिस तरह कोई उपन्यास-प्रेमी उपन्यास पढ़ता है, और वह भी विविध प्रकार का गद्य जैसे—मनोविज्ञान, धर्मशास्त्र, शिक्षा, समीक्षा-आलोचना आदि।

सदाशिव : *समाजशास्त्र?*

हाँ, समाजशास्त्र और समकालीन चिन्तन। यह पढ़ने में आनन्द आता है। खान-पान के सम्बन्ध में आपने पूछा तो मेरे खयाल से भारत में इन प्रश्नों को इसलिए नहीं पूछना चाहिए कि वे भी जातियों के साथ बँध ही गए हैं, तो जैसे आपको बहुत-सी स्वतंत्रताएँ नहीं हैं, वैसे ही आस्वाद की भी आपको स्वतंत्रता नहीं है। इसी प्रकार से आपको प्रेम करने की भी स्वतंत्रता नहीं है। स्त्रियों के सम्बन्ध में भी आप जैसे एक-पत्नी का आनन्द है—एक पत्नीव्रत का (हँसी)...इसी प्रकार से एक ही आस्वाद है प्रधान।

सदाशिव : *पहनने-ओढ़ने के सम्बन्ध में?*

पहनने-ओढ़ने के भी हमारे अधिकांश शौक हमारी आर्थिक सीमाओं से बँधे हैं। आप देखिए, मैंने पैंट पहनना टीचर्स ट्रेनिंग कॉलेज में नौकरी करने के बाद प्रारम्भ किया। धोती-कुर्ता पहनने के कारण मैं एक बार गवर्नमेंट कॉलेज, अजमेर से निष्कासित कर दिया गया था। उन दिनों जब स्वतंत्रता का संघर्ष भी था, तब वहाँ के प्रिंसिपल एस.एस. माथुर ने मेरी धोती-कुर्ते की भूषा को अभद्र भूषा—'रस्टिक ड्रेस'—कहकर मुझे कॉलेज से निष्कासित किया। वे नाराज तो थे स्वतंत्रता आन्दोलन में मेरे भाग लेने से किन्तु उन्होंने सूचना-पट्ट पर मेरे निष्कासन का कारण यह लिखा। हाँ, पर मैं वेशभूषा में सुरुचिपूर्णता का हिमायती हूँ। यह नहीं कि आप धोती

पर बुश्शर्ट पहन लें और ऊपर से कोट पहन कर हेट लगा लें जैसा कि यहाँ के एक प्रोफेसर किया करते थे, या बिना मोजों के जूते पहन लें!

सदाशिव : *अच्छा, नन्द बाबू, अपनी माँ को आप किस रूप में याद करते हैं? आपकी कुछ कविताओं में जिस तरह से आती हैं, उससे लगा है कि आपके रचना-जगत में उनका विशिष्ट स्थान रहा है?*

क्या होता है सदाशिव, कि अवचेतन में तो बहुत-सी चीजें रहती ही हैं। ऐसा नहीं है कि माँ सहसा प्रकट की गई हों, अवचेतन में न रही हों, और बहुत-सी बातें अवचेतन में रहती हैं। हजारों प्रतीक कवि के मन में हैं, बिम्ब हैं, लेकिन कौन-सा उपकरण कवि कब काम में लेगा, इसके सम्बन्ध में आप कभी निश्चयपूर्वक नहीं बता सकते। जैसे नदी थी, तो नदी मेरी कविता में, मेरी चेतना में, शायद मेरी परम्परा में भी जो प्रवाह है, जो गति है, इसका मैंने आपको बताया है—एक उमंग है नदी। वह हमेशा उसके प्रतीक के रूप में ही आती है। जैसे कई बार कुछ मित्रों ने यह प्रश्न किया कि आपकी कविता में इतनी आशा कहाँ से आ गई? वह दरअसल नदी का ही रूपान्तरण है। रुकती नहीं है न नदी, तो ऐसे ही जीवन के साथ एकाकार हो गई है वह नदी की गति, नदी का प्रवाह, परिवर्तन, क्रान्ति, कई तरह से वह नदी उसमें शामिल हो जाती है। तो इस तरह से माँ के सन्दर्भ में, हमेशा वे स्मृति में रहीं, लेकिन बाद में जब उनकी मृत्यु हो गई तो वे बहुत-सी कविताएँ, जिनमें माँ बार-बार लौट आती हैं, वे उनकी मृत्यु के उपरान्त हैं, जब वे न हों तो ही स्मृति हो, यह स्मृति का एक हिस्सा भी है। होने पर तो कोई स्मृति होती नहीं है, न होने की अवस्था में स्मृति होती है, वह स्मृति इन कविताओं में, जब उनकी मृत्यु हो गई, उस मृत्यु के बाद ही वह गहरा दबाव नजर आने लगा कि उनकी उपस्थिति कितनी रोमांचक, कितनी मोहक, कितनी आवश्यक, कितनी सर्जनात्मक थी। इसलिए मेरी बाद की कविताओं में बहुत बार वे आती रहीं और उनका अवदान भी स्मरण होता रहा, क्योंकि एक और बात भी जुड़ी हुई है इसके साथ। वह यह कि मैं अपने पिता के पास ज्यादा रहा ही नहीं, वे बाहर ही नौकरी करते थे। माता ही सब तरह से—भावनात्मक रूप से भी, रचना भी उनके नजदीक होती थी, सान्निध्य में होती थी, और वे ही एक तरह से सारा जीवन चलाती रहीं। पिता एक तरह से विरक्त ही थे।

सदाशिव : *मैंने यह प्रश्न अन्य रूप में पहले भी आपसे पूछा था पर मैं उसे फिर से पूछना चाहूँगा। एक कवि अन्य व्यक्तियों की तुलना में अधिक संवेदनशील होता है कुछ चीजों के प्रति, ऐसी आपकी मान्यता नहीं है क्या?*

रहता है, तभी तो जो उसकी मनोरचना है, उसकी जो भावनात्मक बनावट है, उसमें जो राग-विराग के प्रसंग हैं, जो प्रेम और घृणा के प्रसंग हैं, जो नाराजगी और पसन्द

के प्रसंग हैं, वे तीव्र होते हैं और उसी से रचना का एक पक्ष बनता है, उसी से सृजन का पक्ष बनता है एक, जिसको हम दृष्टि कहते हैं। जो कविताओं में आपको दृष्टि देखने को मिलती है, वह दृष्टि उस संवेदना का ही हिस्सा है, और हर कवि की एक दृष्टि होती है। एक वैश्विक दृष्टि भी है। ऐसी दृष्टि हो तो मेरे सुख का कारण हो! वैसी दृष्टि होती तो नहीं है, लेकिन बाद में वह दृष्टि अभावों की क्षतिपूर्ति करती है। मेरी कविताओं में वह दृष्टि बराबर उपस्थित है। और वह सामाजिक दृष्टि ही है, क्योंकि मैं यह मानता हूँ कि जब तक समाज से आप, यदि समाज बिलकुल भिन्न हो तो आप परिपूर्ण नहीं हो सकते। बहुत सारे कष्ट तो हमारे सामाजिक कष्ट हैं। अधिकांश नाराजगियाँ, अधिकांश रोष अपूर्ण समाज के कारण ही है, व्यवस्था के ही है, और आप देखेंगे कि पग-पग पर वह आपको विचलित करते हैं, या वह आपके मनोबल को तोड़ते हैं, तो संवेदनाओं का तो है ही।

सदाशिव : *यदि आज अधिकांश लोग कविता के प्रति संवेदनशील नहीं रहे हैं या यदि उसमें रुचि नहीं रही है तो क्या आपको ऐसा नहीं लगता कि उसके लिए पर्याप्त प्रयत्न भी नहीं हुए हैं? मेरा मतलब है कि क्या कुछ ऐसा नहीं किया जा सकता कि अधिकाधिक लोगों को अच्छी कविता सुनने को मिले और इस तरह श्रेष्ठ काव्य की समझ हेतु उनकी संवेदना विकसित हो?*

इसमें कठिनाई इसलिए लगती है मुझे सदाशिव कि कभी-कभी आप संवेदनाओं के अकाल में ही कविता करते हैं। कभी समय ऐसा आता है जब पूरा समाज रचना के, सर्जना के पक्ष का होता है, जबकि कभी-कभी सहसा अकाल पड़ जाता है, संवेदनाओं का...। जो आज आप देखते हैं—चाहे वह हमारे समझ में न आए, लेकिन बहुत सारी चीजें घटित हुई हैं जो मनुष्य और मनुष्य के बीच विभाजन कर रही हैं और एक समाज को बहुत-से हिस्सों में बाँट रही हैं। कई हिस्सों में बँटा हुआ समाज—अनेक प्रकार के अभावों से प्यासा समाज कभी भी साहित्य के आनन्द को ग्रहण नहीं कर सकता।

सदाशिव : *लेकिन अच्छी कविता के आनन्द को क्या हर व्यक्ति के अनुभव का हिस्सा नहीं बनाया जाना चाहिए? शिक्षा के सन्दर्भ में भी मैं आपसे यह पूछना चाहता हूँ कि अच्छी कविता के आनन्द को क्या हर व्यक्ति के संवेदनात्मक प्रशिक्षण का हिस्सा नहीं बनाया जाना चाहिए क्योंकि यदि ऐसा नहीं हुआ तो फिर कवि के लिए कविता करने का बहुत कार्य क्षेत्र भी कैसे बचेगा?*

यह सवाल तो आपने बहुत ठीक उठाया लेकिन अभी कविता की जो शिक्षा है, उसमें तो पूरी कविता आती नहीं है। जिन कविताओं का चयन पाठ्य-पुस्तकों में किया जाता है, वे कविताएँ एक विशिष्ट दृष्टि की होती हैं। वे कविताएँ कई बार काव्यात्मक

आनन्द की या पूरे जीवन की नहीं होतीं। उनका चयन कई बार कविता से नाराज करता है, और वे अच्छी कविताएँ भी नहीं होतीं क्योंकि एक बने-बनाए समाज को पुष्ट करने के लिए ही उनकी आवश्यकता होती है। जैसे वे प्रायः उपदेशात्मक होती हैं। वे नीति-सम्मत और सामाजिक सुरक्षा के दबाव में चुनी हुई होती हैं और दूसरा अध्यापक भी है। यह इस बात पर भी बहुत निर्भर करता है कि वह अध्यापक स्वयं कविता का रसज्ञ है या नहीं?

सदाशिव : *पाठ्यक्रम के अलावा क्या कोई अन्य साधन नहीं हो सकते जिनके द्वारा अच्छी कविता से परिचय करवाया जा सके?*

लेकिन सदाशिव, हमारे पास वही साधन है। हमारे यहाँ, जैसे एक बार अज्ञेयजी ने कहा था कि वही कवि हमारे यहाँ जाना जाता है जिसकी कविताएँ पाठ्यक्रम में हों!

सदाशिव : *और हमारे यहाँ कवि इस बात की घोषणा भी करते हैं कि उनकी कविता अमुक पाठ्यक्रम में...?*

हाँ, और इसके लिए तरसते भी हैं।

सदाशिव : *आज की साम्प्रदायिक ताकतों को पराजित करने में क्या साहित्य की कोई महत्त्वपूर्ण भूमिका हो सकती है?*

वस्तुतः सारे काव्य का प्रयोजन सब प्रकार की कट्टरताओं और संकीर्णताओं को तोड़ना ही है। एक अनुभव के सार्वजनिकीकरण का काम ही एक कवि करता है, इसलिए वह स्थान-काल के पार जाता है और साम्प्रदायिकता दरअसल है क्या? —आप एक आग्रह को, एक सिद्धान्त को, अटल और श्रेष्ठ मानते हैं। साम्प्रदायिकता एक उपासना-पद्धति, एक मजहब के श्रेष्ठत्व की घोषणा है कि मेरा मत दुनिया के सारे मत मतान्तरों से श्रेष्ठ है।...पर वह दुनिया को सीमित भी करता है।...इस तरह से आप देखते हैं सदाशिव कि अपने यहाँ पहले से ही कहा गया है—जो धर्माज्ञाएँ हैं और जो राजाज्ञाएँ हैं, उनसे अलग ही होगा कवि। और वह एक 'कांता सम्मततयो उपदेश युजः'...जैसे प्रिया की मृदुवाणी आपका हृदय आकर्षित करती है, वैसे ही कवि की वाणी आपका हृदय आकर्षित करे। इस प्रकार से साहित्य में, क्योंकि राजाज्ञा से भी एक बनी-बनाई ही सृष्टि मिलती है, और धर्माज्ञाओं से भी, तो ये दोनों एक तरह से सत्ताएँ हैं। और सत्ता, मुक्ति, वह कैसी भी सत्ता हो—चाहे धर्म की सत्ता हो, चाहे राज की सत्ता हो—उस सत्ता को सदा चुनौती के सामने खड़ी रखना यह एक अच्छे कवि या एक अच्छी सर्जना का लक्षण है। यह कविता ही नहीं, एक अच्छी सर्जना का भी लक्षण है कि वह जो एक बना-बनाया ढाँचा है, उसका अतिक्रमण करे। तो सम्प्रदाय में बँधकर जो उन ढाँचों की रक्षा करे, तब कवि कर्म का निर्वहन उस तरह कठिन होगा, तब कवि पराधीन होगा।

सदाशिव : *कवि रूप में आपको अब तक मिली ख्याति से क्या आप सन्तुष्ट हैं?*

मेरी दृष्टि में मैंने कभी विशिष्ट होने की आकांक्षा की नहीं। कभी इस तरह का भाव मन में मेरे आया ही नहीं। इसको बहुत-से लोग स्वीकार नहीं करते। वे समझते हैं कि यह नहीं मिली तो अब इस तरह कहना ही ठीक होगा (हँसते हैं)...कभी-कभी कोई चीज आपको मिलती नहीं तो उसके सम्बन्ध में रेशनेलाइज भी करते हैं, लेकिन मेरे मन में हमेशा यह भी भाव बना रहा है कि उस तरह की बड़ी कविता हुई भी नहीं, जो कविता की बड़ी परम्परा है, जो कवि होने का महत्त्व है, कविता की जो साधना है एक तरह से—उतनी पूँजी नहीं पास में थी, तो जितनी ख्याति मिली, वही सन्तोष के लिए थी। दरअसल बड़ी कविता के प्रसंग में ही बड़ा कवि होना महत्त्वपूर्ण लगता है, और इस दृष्टि से यह पछतावा कभी नहीं रहा कि बहुत-से कवियों के साथ अपना नाम नहीं छपा, या किसी बड़े आलोचक ने कविता के सन्दर्भ में कुछ नहीं लिखा, या कोई बड़ा पुरस्कार नहीं मिला। इससे जो एक ईर्ष्या होती है, वैसी ईर्ष्या कभी नहीं हुई। अब यों कभी कोई डाह हो गया हो तो उसने कोई बड़ा आघात नहीं पहुँचाया कि अब जैसे कोई अपना नोटिस ही नहीं ले रहा है, या कविता लिखने से क्या फायदा, या यश ही नहीं मिल रहा है तो क्यों रचना की जाए, इत्यादि-इत्यादि।

सदाशिव : *अच्छा, नन्द बाबू, यह आपके भावनात्मक जीवन से संबंधित एक प्रश्न है : कौन-सी चीजें आपको सबसे ज्यादा खुश करती हैं और कौन-सी सर्वाधिक निराश व दुखी?*

मुझे सबसे बड़ा आनन्द तभी आता है कि जब मैं बहुत-से लोगों के साथ होता हूँ और उनके बीच में एक गप्पबाजी, और कुछ निन्दा-स्तुति, सब तरह के रस-रंग की बातें—स्त्री की भी, प्रेम की भी, सौन्दर्य की भी—तो मुझे लगता है कि बड़ा अच्छा है। जैसे मैंने अभी नईम को एक खत में लिखा कि मुझे सबसे अच्छा तब लगता है जब—जैसे रात को बहुत-से लोग एक साथ सोए हुए हों और दिन में जो कुछ हुआ, उस पर कुछ टिप्पणियाँ कर रहे हों और फिर टिप्पणियाँ करते-करते ही सो जाएँ, फिर जब रात को नींद उड़े फिर बातचीत शुरू हो जाए! लेकिन जब तक यह साथ में, और जमीन पर वह भी, जमीन पर एक साथ सोने का आनन्द—यह मुझे बहुत ही तृप्तिकर लगता है, बड़ा खुश करने वाला लगता है...।

और जब बहुत कृपण लोग मिल जाते हैं, या लगातार दूसरों की निन्दा करने वाले लोग मिल जाते हैं, या निराश करने वाले लोग मिल जाते हैं, तो खिन्नता होती है तो मन उदास होता है। कुछ हर समय मेरे मन में यह रहता है कि कुछ बचा है अच्छा, जो उस अच्छे को बचाने के पक्ष वाले होते हैं, आशान्वित करने वाले लोग,

कुछ चलने की उमंग देने वाले, और जो कुछ नजर आ रहा है, उसके पार देखने वाले लोग मिलते हैं तो मजा आता है।

सदाशिव : *हिन्दी लेखन के समकालीन परिदृश्य में राजस्थान के लेखकों के स्थान व योगदान से क्या आप सन्तुष्ट हैं?*

यों सत्तर के दशक तक राजस्थान में साहित्य का जो अभ्युदय हुआ था, वह तो एक आशा बँधाता था, लेकिन बाद में जो घाटा नजर आने लगा, वह मन को अवश्य उदास और खिन्न करता है।

सदाशिव : *क्या कारण रहे होंगे उस घाटे के पीछे?*

एक तो मुझे लगता है कि जो यह पूरी जिन्दगी को बदलने की एक तस्वीर थी, जो एक सामाजिक स्फूर्ति प्राप्त होने की स्थिति थी, उसकी अपूर्णता मुझे इस बात के लिए जिम्मेदार लगती है, क्योंकि जैसा मैंने पहले भी कहा—मुझे हमेशा यह लगता रहता है कि रचना के भी बहुत सारे प्रसंग नितान्त वैयक्तिक नहीं हैं। आप कितनी भी व्यक्तिगत ऊर्जाओं वाले व्यक्ति हों लेकिन यदि सामाजिक स्थितियाँ मददगार नहीं हैं और सम्पूर्ण जीवन आपका शिथिल और ढीला-ढाला है तो बहुत सारी उमंगें रखते हुए भी आप कामयाब नहीं होते। यह बात रचना के पक्ष में मुझे बहुत गम्भीर रूप से आहत करती है। आजादी के बाद राजस्थान में जो साहित्य, संस्कृति और कला के गम्भीर सवाल हैं और उन्हें जितनी गम्भीरता से लिया जाना चाहिए, उसका वह पक्ष कभी भी मजबूत नहीं हुआ लेकिन मन में एक प्रतिस्पर्द्धा की भावना कि हमारा प्रांत साहित्य का पिछड़ा प्रांत माना जाता है, यह बात मन को हमेशा कष्ट देती रही। लेकिन जब साहित्य के पिछड़ेपन के सवाल को नजरअंदाज कर उनके स्थान पर, जैसे दूसरे पिछड़ेपन के सवाल उभरने लगे, जैसे विकास या और आर्थिक या राजनीतिक प्रश्न उभरने लगे, तो ये जो दूसरी आकांक्षाएँ थीं, सत्तर के पश्चात—आर्थिक अभ्युदय को, राजनीतिक अभ्युदय को, जिन्दगी को ज्यादा सुरक्षा मिले। नौकरियों की, जो पहले साहित्य की आकांक्षा थी, उसके साथ-साथ ये आकांक्षाएँ जब आईं, तब ऐसा लगने लगा कि साहित्य के सवाल को थोड़े दिनों तक स्थगित रखा जा सकता है...।

सदाशिव : *साहित्य जीवन के एक मूल्य के रूप में महत्त्वपूर्ण नहीं रहा?*

वह जिन्दगी की कोई बहुत अनिवार्य आवश्यकता हो और उसके बिना जिन्दगी जैसे चौपट हो जाएगी, ऐसा भाव धीरे-धीरे क्षीण होता गया। और अब आप देखते हैं कि वह और अधिक क्षीण ही होता जा रहा है, और अब जो भूमंडलीकरण का चक्र है, उसने हमें काफी निराश किया है, क्योंकि साहित्य वह समृद्धि दे नहीं सकता जिस समृद्धि की इच्छा हम अब करने लगे हैं। साहित्य दरअसल सारी दौड़ों से अलग ही करता है। साहित्य का मिजाज ही कुछ भिन्न प्रकार का है तो अब कहीं से भी

साहित्य-रचना के लिए उत्साह का कारण नहीं रह गया है—यहाँ तक कि स्वयं साहित्यकार के मन में भी 'बाजार' घर कर रहा है, और इसलिए हम देखते हैं कि जिस साहित्यकार को पैसा मिल जाता है...या जिसे बड़ी रॉयल्टी की आशा बँध जाती है, वह साहित्यकार सहसा हमें मूल्यवान मालूम होने लगता है। मुझे कभी-कभी भय लगता है कि साहित्यकार की जो मूल्यवत्ता है, वह उसे मिलने वाली रॉयल्टी के कारण तो नहीं है? हम उसकी चर्चा करने लगेंगे और इस तरह से भी साहित्यकार के लिए जगह बनाई जाती है—एक पूरी तैयारी के साथ, तो उससे जो सहज रूप से साहित्य-रचनाकार हैं, उन्हें थोड़ा क्लेश हो सकता है...।

और राजस्थान में खास तौर पर पिछले दिनों साहित्य और संस्कृति के साथ जो सलूक हुआ है और जिस तरह से उसे हाशिए पर ले आया गया है, वह तो चिन्ताजनक है ही। अब आप देखिए, हमारे यहाँ कितनी पत्र-पत्रिकाएँ निकलती हैं, यहाँ से कितने दैनिक निकलते हैं लेकिन उनमें साहित्य का पक्ष कितना दुर्बल है! उनमें साहित्य की चर्चा कितनी कम है! हमारे राजपुरुष, उन्हें तो एक भी साहित्यकार का नाम शायद ही याद हो! हो तो मुझे एक तरह का आश्चर्य ही होगा...। आप इसके बरक्स बंगाल में देखिए या आप गुजरात में देखिए या आप दक्षिण में देखिए, वहाँ के राजनेताओं को, राजपुरुषों को अपने लेखकों का, अपने कवियों का, अपनी परम्परा का जितना गहन ज्ञान? उतना ही गहन अज्ञान राजस्थान में हमारे राजपुरुषों को, राजनीतिज्ञों को...। इसलिए मुझे लगता है कि यह जो बाद वाला समय है, उसे हमारी दृष्टि से, साहित्य की दृष्टि से, अच्छा समय नहीं कहा जा सकता। आप और भी देखिए, हमारे यहाँ की पाठ्य-पुस्तकों में, हमारे यहाँ की पढ़ाई में, हमारे यहाँ की यूनिवर्सिटी की साहित्य-शिक्षा में राजस्थान के लेखकों की, राजस्थान के कवियों की बात करना एक तरह से यह माना जाता है कि हम प्रांतीयता की बात कर रहे हैं। मैंने तो, आप जानते ही हैं, इस बारे में कुछ ज्यादा ही वाचालता, मुखरता बताई और यह कहा कि हम 'उत्तर प्रदेश की मंडी नहीं बनेंगे'। सबसे पहले 'सप्त किरण' निकाली। वह एक तरह से सामूहिक प्रयास था इस उदासी को तोड़ने का, कि अच्छी कविता प्रकाशित ही नहीं हो रही थी। फिर बाद में बहुत सारे मित्रगण मिले जिनमें प्रकाश आतुर का नाम एक विशेष प्रकार से उल्लेखनीय है कि उन्होंने हम लोगों ने मिल कर अकादमी के मंच से—पत्र-पत्रिकाओं के माध्यम से—जगह-जगह से इस प्रश्न को उठा कर कि राजस्थान में भी साहित्य-रचना हो रही है, कुछ जगह बनाने की कोशिश की। लेकिन इन दिनों तो फिर परिस्थिति निराशाजनक ही है...।

सदाशिव : *नए लेखकों को आप कोई सीख या संदेश देना चाहेंगे?*

नहीं। मुझे ऐसा लगता है कि हम उनको कोई सीख या उपदेश न दें तो ही अच्छा रहेगा, क्योंकि जैसा मैंने कहा, रचना उपदेश को निरर्थक बना देती है, और हमने

बहुत बार उपदेश दे-देकर एक तरह का असन्तोष ही फैलाया है। दरअसल यह पीढ़ी अपने दुख-सुख को उसी तरह से भोग रही है जिस तरह से हमने अपने दुःख-सुखों को भोगा। और उसके बीच में से हमने रचना की है—जैसी भी की है—इसी तरह से जैसी भी रचना हो रही है जो नए लेखक कर रहे हैं। और मुझे कई बार आज के बहुत-से लेखकों के बारे में कहा जाता है कि क्या हो रहा है, ये वे जान नहीं रहे हैं, पर मुझे लगता है कि वे जिस संकट में हैं, उसे वे जान भी रहे हैं और उससे संघर्ष का उत्साह भी उनमें मौजूद है। जो मूल्य विध्वंस हो रहा है, उसके सम्बन्ध में पिछले दिनों कई छोटी-बड़ी गोष्ठियों में सम्मिलित होने के बाद मैंने अनुभव किया कि आज का लेखक अपनी दुनिया को बेहतरीन बनाने की हर कोशिश में लगा हुआ है और बहुत सारे लेखक उन सवालों से मुठभेड़ कर रहे हैं जिनसे हमारी पीढ़ी ने कभी मुठभेड़ नहीं की।

> **नवल जी :** *समाजवादी विचारों से जुड़े कुछ हिन्दी रचनाकारों को लेकर शीतयुद्ध के दौर में प्रगतिशील लेखक और आलोचक उन पर उसी प्रकार प्रहार करते थे, जैसे साम्यवादी दल से जुड़े राजनीतिक लोग समाजवाद से जुड़े जयप्रकाश-लोहिया और उनके अनुयायी राजनीतिकों पर। क्या आपने भी उस समय उनके विरोध और उनके प्रति विरोध का तीव्रता से अनुभव नहीं किया? क्या उसका आपके रचनाकार पर कोई प्रभाव पड़ा?*

यह दुर्भाग्यपूर्ण ही रहा कि साम्यवादियों और समाजवादियों के बीच एक प्रकार से टक्कर होती रही और एक राजनीतिक विरोध बना रहा लेकिन मुझे इसका मूल कारण कुछ गहरा भी लगता है। गहरा इस दृष्टि से लगता है कि दरअसल साम्यवादियों की नाराजगी मूलत: गांधी से थी जबकि समाजवाद की मुख्यधारा में गांधी विमर्श के ही लोग थे। कुछ तो बात साध्य और साधन को लेकर थी—जैसे अहिंसा का मुद्दा एक बड़ा मुद्दा था। साम्यवादियों के लिए यह कोई महत्त्वपूर्ण मुद्दा नहीं था क्योंकि जिस समय मैं समाजवादी पार्टी में शामिल हुआ—1948 की बात है यह—उस समय जयप्रकाश सबसे अधिक तीखी आलोचना स्टालिनवाद के प्रसंग में कर रहे थे, जिसने 'यातना शिविर' आदि का प्रारम्भ किया था। वे इस बात के लिए कोई बुरा नहीं मानते थे कि उनके मत से न मिलने वालों को मृत्यु से दंडित किया जाए। जैसे खेती के सम्बन्ध में जो कलेक्टिव फार्मिंग का विरोध कर रहे थे, वे स्टालिनवादियों की दृष्टि में कोई बहुत सुलझे हुए और सुबुद्धि किसान नहीं थे, और उन्हें अनेक प्रकार के दंड दिए गए। दरअसल इस प्रकार के किसी दबाव के अन्तर्गत समाज के निर्माण की बात गांधीवादियों और समाजवादियों को पसन्द नहीं थी तो एक तो मुझे यह मुख्य कारण नजर आता है। दूसरा कारण मुझे यह लगता है कि जो केन्द्रीकृत व्यवस्था है, उसका आग्रह हिंसात्मक ही होगा क्योंकि उसमें यह माना जाता है कि

सुन्दर समाज, जैसा हम सोचते हैं, उस तरह से ही बनेगा, और 'ग्राम स्वराज' की जो कल्पना है, जो 'हिंद स्वराज' में अंकित है, और वह जो चौखम्भा राज बनाने की कल्पना है कि राज्य शक्ति मूलत: जनशक्ति है जो कि गाँवों से केन्द्र पर जाए न कि केन्द्र राजाज्ञाओं द्वारा लोक शक्ति को शिक्षित करे—लोक में से शक्ति निथर-छन कर आए, न कि शक्ति के आदेशों के अनुसार लोक बने...जो सारा केन्द्रीकृत समाज है, वह एक बड़ा कारखाना या एक बड़ा बाँध या एक बड़ी रचना नहीं है, बड़ी रचना तो जनशक्ति है। तो जो साम्यवादी शक्तियाँ हैं, वे हमेशा केन्द्रीकृत शक्तियाँ हैं। और ये जो गांधी वाले समाजवादी लोग थे—जैसे लोहिया थे या जयप्रकाश थे—जयप्रकाश ने तो आपको मालूम होगा कि दलविहीन राजनीति को पंचायतों में चुनाव का आधार बनाने को कहा। उन्होंने कहा कि जो सज्जन है, जो अच्छे आदमी हैं, उन्हें ही पंचायत में लाया जाए और पार्टी चिह्न पर चुनाव न लड़े जाएँ। बड़े दिनों तक उन्होंने अपनी यह व्याख्या की थी। जयप्रकाश ने और लोहिया ने चौखम्भा राज्य का नारा दिया था। और तीसरा जो कारण मुझे समझ में आने लगा, जो साम्यवादियों और समाजवादियों के बीच भेद करता है, वह यह कि साम्यवादी सोचते थे कि जो मूल बात है, वह अर्थ नियोजन है। जो आर्थिक नियोजन है, उसके चरित्र को बदल देने से मनुष्य का चरित्र बदल जाएगा, तो सामाजिक प्रयत्नों पर आग्रह न करना और आर्थिक संरचना को ही केन्द्र में मानना—उसका परिणाम यह निकला कि बहुत सारे आर्थिक परिवर्तन तो हुए, विश्व भर में हुए, लेकिन जो सांस्कृतिक प्रयत्न हैं, जो पारम्परिक इतिहास या शिक्षा के प्रयत्न हैं, उनको नजरन्दाज कर दिया। साम्यवादियों की यह दृष्टि बनी रही लेकिन समाजवादियों का व्यक्ति-निर्माण की दृष्टि का आग्रह रहा यानी व्यक्ति की रचना में जो भी बहुत-सी धाराएँ हैं, हमारी स्मृतियाँ हैं, हमारा इतिहास है, हमारी परम्पराएँ हैं—अर्थ ही नहीं है उनमें प्रमुख...बहुत सारी छोटी-मोटी चीजें ही हमें मालूम होती है, लेकिन क्लेश के कारण बहुत-से दूसरे भी हैं—ऐसे बहुत-से कारण बने। साम्यवादियों को यह लगता था, जैसे उनका एक अन्तर्राष्ट्रीय समुदाय है और समाजवादियों को वे उतना महत्त्वपूर्ण नहीं मानते थे। वे समझते थे कि मार्क्स ने ही तत्त्व-चिन्ता की है। इस प्रकार का भी जो एक आग्रह है और शिविरबद्धता है, वह भी बनी रही...। तो इन कारणों से जो साम्यवादी पार्टी थी, वह अपने ही लेखकों को महत्त्वपूर्ण बनाए रखने की चेष्टा करती रही, और उन्होंने समाजवादियों को कोई स्थान नहीं दिया।

लेकिन राजस्थान में साम्यवादियों और समाजवादियों की कोई प्रबल तकरार हुई हो, ऐसा मुझे मालूम नहीं होता। कुछ समय के लिए यहाँ समाजवादी शक्ति के रूप में उभरे, कहना चाहिए कि साम्यवादियों से ज्यादा ही, और बाद में आप यदि विधानसभा आदि के चुनावों को देखें, तो समाजवादी अच्छी संख्या में मिलेंगे। लेकिन कोई तकरार इनके और उनके बीच में नहीं थी। और इसलिए हमारे रचनाकर्म

को साम्यवादियों ने किस तरह ग्रहण किया, इसका कोई प्रश्न ही नहीं उठा। हम लोग अपने ही प्रांत में इतने असहाय थे, और हम उसमें ही अपनी पहचान बनाने के लिए इतने संघर्षशील थे कि साम्यवादियों ने हमारी पहचान को धुँधलाने की कोई कोशिश की हो, यह सवाल ही हमारे सामने कभी नहीं आया, और आज आप देख रहे हैं कि समाजवादी पार्टी तो लगभग समाप्त ही हो गई है और साम्यवादी भी किसी तरह आगे नहीं आ रहे हैं। उनका भी कोई राजनीतिक या अन्य प्रकार का अभ्युदय नहीं हो रहा है। दुर्भाग्य से समाजवादी और साम्यवादी, या सारा का सारा बौद्धिक वाम राजस्थान की सामन्तवादी शक्तियों से, सम्प्रदायवादी शक्तियों से ही जूझ रहा है, और एक तरह से उन्हीं से आक्रांत भी है। बहुत सारे संगठन इस माने में ढीले भी पड़े हैं, और इस बीच में बहुत-सी दूसरी चिन्ताएँ भी शुरू हो गई हैं।

नवल जी : *आज अपनी राजनीतिक और उससे प्रभावित साहित्यिक प्रतिबद्धता के विषय में क्या कोई स्पष्ट वक्तव्य देना चाहेंगे?*

मैं केवल इतना ही कह सकता हूँ कि राजस्थान में जो निरक्षरता है, जो आर्थिक व सामाजिक पिछड़ापन है, जो बाल विवाह है, जो सती प्रथा का उन्माद है, जो जातियों का कलह है, जो कुशिक्षा है, कुपोषण है—वे ही ऐसी चिन्ताएँ हैं जिनका प्रगतिशील लोगों को, बौद्धिक लोगों को मिलकर प्रतिवाद करना चाहिए और जो प्रतिगामी शक्तियाँ हैं, उनका मिलजुल कर हमें सामना करना चाहिए।

[राजस्थान साहित्य अकादमी की मासिक पत्रिका 'मधुमती' के नन्द चतुर्वेदी पर केन्द्रित विशेषांक से साभार]

सामाजिक संघर्ष ही कविता का असली संघर्ष है

नन्द भारद्वाज से बातचीत

नन्द बाबू, एक लेखक के रूप में आपकी रचनात्मक प्रवृत्तियों में काफी विविधता और फैलाव है—आपने कविताएँ लिखी हैं, साहित्यिक लेख और समीक्षाएँ लिखी हैं, राजनीतिक टिप्पणियाँ, संस्मरण और सम्पादकीय लिखे हैं, भूमिकाएँ लिखी हैं। 'बिन्दु' जैसी साहित्यिक पत्रिका का सम्पादन किया है। यहाँ तक कि राजनीतिक गतिविधियों और शिक्षकों के आन्दोलन में खुलकर हिस्सा लिया है, लेकिन इन सबके बीच आपका कवि-व्यक्तित्व सर्वत्र मुखर रूप में विद्यमान रहा है। वह छवि कहीं भी ओझल नहीं हो पाई है। कविता के प्रति इस गहरी सम्बद्धता और अनुराग की आप क्या वजह पाते हैं, कुछ खुलासा करेंगे?

पहली बात तो यह है कि मैं आपको कोई साक्षात्कार या 'इंटरव्यू' नहीं दे रहा हूँ, आप स्वयं एक लेखक साथी हैं और इस नाते आपके सामने यह अहंकार शोभा नहीं देगा कि कोई 'साक्षात्कार' जैसा झमेला बने, बल्कि मैं बहुत आभारी हूँ कि यह मौका आप दे रहे हैं और उसी तरह से धीरे-धीरे बात करने लगूँगा, जैसा मैं आपसे अमूमन सड़क पर या बाजार में करता हूँ, क्योंकि यह तो परीक्षा देने जैसा हो जाएगा इसलिए इतनी आजादी मुझे आप देंगे कि बातचीत बहुत सहज ढंग से हो और वही होनी भी चाहिए। एक लेखक साथी दूसरे लेखक साथी से इसी तरह संवाद ही करता है, और उससे ज्यादा मुझमें वजन है भी नहीं। (सहज हँसी)

मुझे ठीक से मालूम है भी नहीं कि मैं कवि क्यों हुआ और वह छवि कैसे बनी। यह सही है कि वह आवेश तो सब जगह रहता है, शायद कवि-संवेदनशीलता का ही यह चरित्र हो या उसका ही यह पक्ष हो कि कहीं भी कोई विकृति, कोई अन्याय, कोई असहनीय बात, कोई दम्भ सामने आए तो उसका प्रतिकार-प्रतिरोध किया जाए, हो सके तो लड़ाई लड़ी जाए, न हो सके तो कम-से-कम विरोध तो किया ही जाए। मैं सामान्यतया यह समझता हूँ कि सभी लेखकों में यह बात होनी चाहिए,

इसके बिना लेखक होता ही नहीं है, होता है तो एक, अंग्रेजी शब्द ही याद आ रहा है—कैजुअलनैस, उसमें होती है, लेकिन जिसे लगातार एक लेखक के रूप में रहना हो, उसे सब जगह कैसा भी छोटा अन्याय हो, बड़ा अन्याय हो, सत्ता का अन्याय हो, व्यक्ति का अन्याय हो, कोई विकृति हो, संघर्ष करना उसका 'स्वधर्म' होता है।

हम अगर अपनी पुरानी साहित्यिक परम्परा को देखें तो पाएँगे कि मुख्य रूप से माध्यम के रूप में आदमी ने कविता को ही चुना है। जो भी लेखक या कवि हुआ, या जिस किसी को भी अपनी बात कहनी थी, तो उसे कहने के लिए सबसे सहज और प्रभावशाली माध्यम कविता ही लगी है। क्या आपको भी इसी अर्थ में अपनी बात कहने के लिए सबसे सशक्त और अपने नजदीक माध्यम कविता ही लगता था?

ऐसा नन्द जी, कभी बारीकी से सोचा नहीं। प्रारम्भ में तो सातवीं क्लास से ही जब मैंने कविता लिखना शुरू किया तो उस समय यह सिद्धान्त या विवेक था नहीं, एक तरह से कौतुक मानें इसे कि तुकबन्दी करना, समस्यापूर्ति करना, कुछ छन्द बनाना, हो सकता है कि वही सबसे आसान रहा हो, लेकिन बाद में तो यह जाना कि कविता से भी अलग चीजें विरोध के लिए हैं, जैसे आलोचना है। आलोचना को किताबी अर्थ में न लें, लेकिन जो शब्द का बड़ा संसार है, वह आलोचना है। कविता में भी आलोचना होती है अन्योक्ति, व्यंग्य-स्तुति आदि लेकिन गद्य ज्यादा असर करता है और उसकी ज्यादा बड़ी जगह होती है। कविता में वह बात नहीं हो पाती है। किसी समय में जब गद्य का रूप परिष्कृत न हुआ हो तब हो सकता है कि उन्हें दूसरा कोई माध्यम न मिला हो और उस मात्रा में उनकी सर्जनात्मक ऊर्जा का विस्तार भी कम नजर आता है। जैसे मैं यह सोचता हूँ कि जैसे बिहारी या भूषण या दूसरे जो कवि हैं, वे गद्यकार भी रहे होते तो उनकी प्रतिभा का अधिक विस्तार देखने को मिलता।

नन्द बाबू, इस मामले में अपने यहाँ प्रतिभा को भी बहुत महत्त्व दिया जाता रहा है, यानी यह माना जाता रहा है कि किसी कवि में जन्मजात प्रतिभा होती है और उसी का विकास एक खास अवस्था में किसी खास विधा में होता है, आप इस धारणा से कहाँ तक सहमत हैं?

आंशिक रूप से ही सहमत हूँ। मैंने बहुत पहले एक टिप्पणी भी की थी कवि-कर्म के प्रति। उसमें मैंने यह कहा कि बहुत-से लोग और मैं भी यह मानता हूँ कि अभ्यास भी बड़ी बात होती है। सिर्फ प्रतिभा को लेकर जो रचनाकार बैठे रहते हैं, वे कभी कोई बात चमत्कारपूर्ण या प्रभावशाली कह देते हों, लेकिन जो निरन्तर बनी रहने वाली सामाजिक स्थितियाँ हैं, उनके ऊपर जब कोई बात करनी होती है, तो वह लम्बे अभ्यास से ही प्राप्त होती है। जैसे आप प्रतिभा से कविता करते जाएँ, लेकिन पढ़े

कुछ भी नहीं, तो पाएँगे कि एक 'हुनर' आपको मिल गया है, लेकिन जो विवेक है, जो विचार है, जो ऊष्मा है, वह लम्बे अभ्यास से, अध्ययनशीलता, लेखकीय निरन्तरता से ही प्राप्त की जा सकती है।

हम यह भी देखते हैं कि जैसे एक संगीतकार का बच्चा है, वह साल-डेढ़ साल बाद से ही, जैसा उसके चारों ओर माहौल है, उसी को सहज भाव से ग्रहण करने लगता है, ठीक उसी तरह एक पढ़े-लिखे और काव्य-प्रेमी परिवार में पलने वाला बच्चा भी बचपन से कविताओं और किताबों की चर्चा के माहौल में जब बड़ा होता है तो उनके प्रति उसमें सहज रुझान होना स्वाभाविक है।

लेकिन मेरे घर में कुछ था नहीं ऐसा। अब कभी कोई पैतृक संस्कार रहा हो तो मुझे उसका स्मरण नहीं है। मैंने तो, थोड़ी-बहुत प्रतिभा हुई होगी तो हुई होगी, लेकिन अभ्यास की कमी नहीं रखी। जो भी अवसर आया तो पढ़ने-लिखने में आलस्य नहीं किया और निरन्तरता बनाए रखी। बहुत-से लोग मेरे सामने ऐसे थे जो प्रतिभा को ही महत्त्व देते रहे थे। वे थोड़े दिनों में एक ही ढर्रे में पड़ गए और बुझ गए, तो प्रतिभा के साथ जब तक आपका परिश्रम न हो, लेखन न हो—विशेष रूप से अपनी परम्परा को जानने का, उसके महत्त्व को समझने का, उसकी कमजोरियों, सामर्थ्य को, असामर्थ्य को पहचानने का तो केवल प्रतिभा पर आप बहुत दिनों तक मुग्ध नहीं रह सकते। मेरा कहने का अभिप्राय यह न समझा जाए कि मैं कोई बड़ा कवि हूँ, लेकिन बड़प्पन ऐसे ही मिल सकता है। आप जब तक अपनी समकालीनता और पूर्व-परम्पराओं से जुड़ते नहीं हैं, अभ्यास नहीं करते, विश्व-साहित्य को नहीं देखते, तो केवल प्रतिभा से बड़ा कवि-पद पाना मुझे सम्भव नहीं लगता।

थोड़ा बतौर जानकारी के बताएँगे कि वह कौन-सा समय था, जब आपने सचेत होकर लिखना आरम्भ किया और उस समय का माहौल कैसा था?

मेरी कविता-लेखन सामन्तशाही के विरोध से ही शुरू होता है। राजस्थान में, चाहे कहीं राजा थोड़े उदार हो गए हों या कठोर हों लेकिन मुझे यह लगता रहा कि राजा को अधिकारी के रूप में, विरासत के रूप में प्राप्त हुई राजशाही अन्त तक जनोन्मुखी नहीं होने देती और उससे लड़ना ही चाहिए। मैं बी.ए. में आया, 1942-43 के लगभग, जब स्वाधीनता का संघर्ष भी उग्र होता दिखाई देता है, उस वक्त मेरी करीब 20 वर्ष की आयु रही होगी, तब मैं रीतिकालीन कविता पढ़ रहा था और उस परम्परा के छन्द भी लिख रहा था, क्योंकि मुझे यह लगा कि जब तक मैं बड़े कवियों के कवित्त-सवैया, छन्द इत्यादि याद नहीं करूँ तब तक छन्द की विषमता या कि लयात्मकता से परिचित नहीं हो सकता। इसलिए रत्नाकर के छन्द और रीतिकालीन

कवियों के छन्द याद करता रहा। उस तरह के छन्द लिखे भी, एक आध शृंगार का भी लिखा, वय:सन्धि पर पहुँची नायिका का भी लिखा, लेकिन मैं स्वयं चकित हूँ कि यह विवेक कैसे उत्पन्न हुआ—यह जो सामाजिक वैषम्य का है, जिसे अनुभव करते उस समय मैंने यह कविता लिखी और अपने काव्य-गुरु हरनाथ जी की ऋतुओं की कविता या कि पद्माकर की शिशिर, शरद, हेमन्त की कविताएँ याद करते, जिसमें रतिशाला, रंगशाला का जिक्र होता था। तब मैंने भी एक छन्द लिखा, जिसकी अब तो एक-दो पंक्तियाँ ही मुझे याद रह गई हैं, जिसके अन्त में यह चरण आता है—'दीजै रंगशाला, रतिशाला को हवाला कहा, बिलखत जे हैं एक-एक ही निवाला को।' 'बिलखत जे हैं एक-एक ही निवाला को'—इस भाव पर बाद में तो कई कविताएँ लिखीं और यही कविता आज तक लिखता रहा हूँ, दरअसल यह उसी कविता का विस्तार है।

यह माना कि उस वक्त तो इतना सचेत रहकर आपने नहीं लिखा लेकिन उसके बाद तो आपने जो कुछ लिखा है, वह निरन्तर सजग रहते हुए लिखा है।

जैसा मैंने कहा, बीस वर्ष की आयु के बाद से तो मैंने निरन्तर उस राजशाही और सामन्तशाही के विरोध में एक तरह से बगावत ही की, और उस राज्य में जहाँ कवि-सम्मेलन की परम्परा हमीं लोगों ने समस्यापूर्ति के रूप में शुरू की थी, वहीं यह कविता पढ़ी—'मधु के प्यालों में पलते हो वैभव के मादक दीवानो! अरे तुम्हारे कुत्ते-बिल्ली दूध-जलेबी पीते-खाते। मुर्गे-मुर्गी महलों की शोभा के साधन समझे जाते।' यह जब मैं बी.ए. में पढ़ता था, तब की कविताएँ हैं। बाद में जब मैं हेड-मास्टरी छोड़कर लौटा, तब भारत आजाद हो चुका था और जब मैं कोटा में पढ़ने लगा, तब तक तो पूरी-पूरी जानकारी हो गई कि जब तक विषमतावादी समाज मौजूद है, गैर-बराबरी और सामन्तशाही मौजूद हैं, और जब तक अंग्रेजी मानसिकता मौजूद है, तब तक कोई भी कविता सार्थक नहीं हो सकती।

तब तक मैं पचीस वर्ष की आयु पार कर चुका था। मुझे लगने लगा कि कांग्रेस जब तक रहेगी, किसी समतामूलक व्यवस्था की सम्भावना नहीं है। हम लोगों की उस समय ऐसी मान्यता थी कि कांग्रेस की जो सोच है, वह स्पष्ट नहीं है। उसका राजनीतिक चिन्तन भी, आजादी के समय का मिला-जुला चिन्तन है, जबकि अब देश को बनाने के लिए क्रान्तिकारी सामाजिक व्यवस्था की आवश्यकता है। उस समय समाजवादी पार्टी में भी, जैसे आचार्य नरेन्द्रदेव थे, वह यह मानते थे कि वर्ग-संघर्ष की आवश्यकता है, लेकिन जयप्रकाश, डॉ. लोहिया आदि पर गांधी का ही प्रभाव था। गांधी का प्रभाव खासतौर से जयप्रकाशजी पर था, लोहिया पर भी था और दूसरे समाजवादियों पर भी था। लेकिन आचार्य नरेन्द्रदेव उन सबमें अलग थे,

जो यह मानते थे कि वर्ग-संघर्ष जब तक प्रबल नहीं होता है, तब तक आजादी के सुफल मुकम्मिल रूप से प्राप्त नहीं हो सकते। लेकिन इस मतभेद के चलते 'लोकतांत्रिक समाजवाद' पर सभी की सहमति थी।

कांग्रेस के बारे में आपका यह जो नजरिया है, वह आजादी से पहले का है या बाद में आपको ऐसा लगा?

यह जब मैं समाजवादी पार्टी में शामिल हो गया, तब कांग्रेस के सम्बन्ध में मेरी यह धारणा बनी। उन दिनों मैंने एक कविता भी लिखी, 'धन का अजगर', जिसमें कांग्रेस की पूँजीवादी नीतियों पर भी कटाक्ष है, कुछ यह जो अहिंसावादी तत्त्व हैं, उसके प्रति भी और धार्मिक-विद्वेष का जो वातावरण बना, उसकी भी निन्दा है :

जी हाँ, यह 'धन का अजगर' है मोटा-ताजा
इसको बिड़ला के बेटों ने दूध पिलाकर पोसा-पाला
यह लेटा पाकिस्तानी मस्जिद में गुमसुम
यह लेटा हिन्दुस्तानी मन्दिर में गुप-चुप
अब खादी की नई केंचुली में सज-धज कर
फन फैला कर
सरक रहा है धीरे-धीरे...

और इसका अन्त होता है : 'जिसने छोड़ा वह सम्हाल ले, वरना फिर तोड़ेंगे हम जहरीली दाढ़ें, जी हाँ, इस धन के अजगर की।'

अच्छा, समाजवादी सोच और आन्दोलन से जुड़ने की क्या पृष्ठभूमि रही?

समाजवादी सोच से जुड़ने की पृष्ठभूमि कविता ही है। मैंने आपसे कहा कि कोई भी लेखक-कवि यथास्थिति के साथ जुड़ नहीं सकता, वह परिवर्तन और बदलाव के मूल्यों की पदचाप सुनता है। कवि होने के नाते मुझे विषमता या भुखमरी या गरीबी को सहन करना और रस-विलास में डूबे रहना सम्भव प्रतीत नहीं हुआ। चेतना के किसी स्तर पर भी यह कभी स्वीकार नहीं हुआ कि दुनिया की तरफ से आँख मूँदकर ऐसे संसार में डूबे रहें जो स्मृतियों का है, क्योंकि वे स्मृतियाँ भी सामाजिक-व्यवस्था से टकराती रहती हैं। दरअसल एक क्रूर संसार में कोई भी मुलायम, कमनीय स्मृति जीवित नहीं रह सकती। अगर आपको अपनी कमनीय स्मृति भी जीवित रखनी हो, तो संसार की क्रूरता, विषमता, गरीबी, भुखमरी आदि से संघर्ष करना ही होगा। यह संघर्ष कविता से अलग नहीं है। कुछ रचनाकार यह कहते हैं कि दोनों अलग-अलग हैं, एक नागरिक की तरह कह लीजिए और दूसरे के साथ कविता में लौट आइए। मेरे लिए यह मानना कभी सम्भव नहीं हुआ। मैं यह मानता हूँ कि जो सामाजिक संघर्ष है, वही दरअसल कविता का संघर्ष भी है और जो सामाजिक संघर्ष से निखर-छनकर आते हैं, वे बड़े कवि होते हैं।

नन्द बाबू, आपकी कविता से ही जुड़े वैचारिक पक्ष के सिलसिले में मैं यह जानना चाहूँगा कि मार्क्स, गांधी और लोहिया के विचारों और जीवन-दर्शन सम्बन्धी मान्यताओं की आप अपने तईं क्या समीक्षा करते हैं—किस माने में लोहिया के विचार आपको भारतीय सन्दर्भ में ज्यादा उपयुक्त और व्यावहारिक नजर आते हैं?

दरअसल इस तरह से मैंने कभी सोचा नहीं, इसका विश्लेषण भी नहीं किया। इसका यह कारण है नन्द जी, कि हम लोगों की जो पीढ़ी रही है, वह बड़ी विविधताओं की है। उसके मन में बहुत-से आदर भाव हैं और हमारा जो वैचारिक जगत् है, वह कई चिन्ताओं को शामिल किए हैं। उसमें से कभी इस तरह से हम लोगों ने नहीं छाँटा, या विभाजन नहीं किया और न यह जिद की कि यह मार्क्सवाद है, यह गांधीवाद है या यह लोहियावाद है। ऐसा मुझे लगता रहा कि किसी समस्या को हल करने के लिए मार्क्स बेहतर समझ देते हैं, किसी समस्या को हल करने में गांधी का दृष्टिकोण ठीक लगता है, तो किसी समस्या के लिए लोहिया उपयुक्त हैं। अब भी मैं इन तीनों में से किसी को भी अस्वीकार कर सकता हूँ और तीनों ही को स्वीकार कर सकता हूँ और वक्त आए तो दो को अस्वीकार करके एक को स्वीकार कर सकता हूँ। जैसे वर्ग-संघर्ष की बात अगर आप करें या व्यक्ति-सम्पदा की बात करें तो मुझे मार्क्स का दर्शन सार्थक मालूम होता है, लेकिन जब मैं व्यक्ति-उन्नयन की बात करने लगता हूँ, उसका जब मैं विश्लेषण करने लगता हूँ, उसकी क्रूरताओं को देखने लगता हूँ, आचरण का विश्लेषण करने लगता हूँ, तो मुझे गांधी से कई बार प्रेरणा मिलती है। जैसे जब जन-आन्दोलन के बारे में सोचता हूँ, तब प्रश्न करता हूँ कि गांधी में वह कौन-सी कूवत थी, कौन-सी शक्ति थी, कि न हो उतना वैज्ञानिक सोच फिर भी, उतना बड़ा आन्दोलन चला सके, कौन-सा वह जादू था और हमारे पास वह कमी क्यों है तो कई बार गांधी भी प्रभावित करते हैं। लेकिन लोहिया से एक तो हम लोगों की पार्टी-सैद्धान्तिक निकटता रही; दूसरे, गांधी को व्यक्तिगत रूप में नहीं देखा और मार्क्स को तो देखने का सवाल ही नहीं था लेकिन लोहिया के साथ तो आन्दोलन भी किया। फिर लोहिया का फक्कड़ाना आक्रामक स्वभाव, वह बड़ा आकर्षक लगता रहा। दूसरे, उनकी शब्द और कर्म के प्रति निष्ठा भी, वह सत्यनिष्ठा प्रभावित करती थी। तीसरी बात यह कि हमारे अपने समय में अंग्रेजियत के आग्रह थे, और जिन पर नेहरू बल दे रहे थे, और लोहिया जैसे भाषा का संघर्ष करते थे, पूरे देशज मिजाज के थे, या जैसे छोटे लोगों को उठाने की कोशिश करते थे और एक निर्लिप्त मन उनका जैसा था, जैसे मुसलमानों के प्रति सख्ती भी, उनको ताकीद भी, मिलाना भी। जैसे स्त्रियों का पक्ष लेना और उन्हें राष्ट्रीय जीवनधारा में शामिल करना, ये कुछ ऐसे प्रसंग थे जो कुल मिलाकर मुझे लोहिया-प्रशंसक बनाते थे। जैसे मार्क्स के प्रति लगाव के कारण कुछ लोग तो कहते

थे कि मैं, जैसे शंकराचार्य के लिए कहते थे कि 'वे' 'प्रच्छन्न बौद्ध' थे, इसी तरह मुझे कहते थे कि मैं 'प्रच्छन्न कम्यूनिस्ट' हूँ। उसी समय प्रगतिशील लेखक संघ झालावाड़ में बनाया और कविता-पाठ भी साथ-साथ करने के लिए साधुओं की-सी जमात चलती है, ऐसे ही कवियों की जमात ले गए। दरअसल हमने बारीक सैद्धांतिक भेद भी नहीं किया। बाद में यह मालूम होने लगा कि समाजवाद में और साम्यवाद में अन्तर है। हमारा लक्ष्य विषमतामूलक सभ्यता थी, उसको नष्ट करने में लगे हुए थे, लेकिन बहुत बाद में लोहिया ने इस सिद्धान्त का प्रतिपादन किया, 'इक्वल-डिस्टेंस थियरी' का कि 'इक्वल डिस्टेंस'—समान दूरी—रहे कांग्रेसजनों से और साम्यवादियों से भी। दोनों से सैद्धान्तिक दूरी और अपनी पहचान अलग रखी जाए, क्योंकि संयुक्त मोर्चे में उनके जो अनुभव रहे होंगे, मुझे नहीं जानकारी है कि क्या तनाव रहे, लेकिन बाद-बाद में तो मैंने कई बार यह अनुभव किया कि हमारी ज्यादा-से-ज्यादा समीपता यदि किसी से हो सकती है तो वे साम्यवादी ही हैं। हमारा भारतीय जनता पार्टी या स्वतंत्र पार्टी से मेल कैसे हो सकता है? तो जैसा आपने पूछा कि मार्क्स, गांधी और लोहिया के विचारों का क्या प्रभाव रहा, तो यह एक ढीला-ढाला उत्तर है।

हम यह भी देखते हैं कि हमारे भारतीय समाज में समाजवादी आन्दोलन ने अपने लिए जो लक्ष्य निर्धारित किए थे, वह उन लक्ष्यों को पूरा नहीं कर पाया, वह कामयाबी उसको नहीं मिली। क्योंकि आप उस पूरे प्रसंग या उस आन्दोलन से जुड़े रहे हैं, तो आप थोड़ा विश्लेषण करके बताएँगे कि वे कौन-सी ऐसी नुक्ते की कमजोरियाँ या तो पैदा हुईं या उस पूरे कार्यक्रम में ही ऐसी खामियाँ छूट गईं, जिनकी वजह से यह समाजवादी आन्दोलन हमारे देश में कामयाब नहीं हो पाया?

क्या रहा नन्द जी, एक तो मुझे यह लगता है कि समय का अभाव रहा। समय ही सबसे बड़ा तत्त्व या कारण रहा—जितने दिन वह लोकतांत्रिक समाजवादी आन्दोलन चला उतने में वह अलग से पहचान ही नहीं बना सका। दूसरे, मुझे यह प्रतीत होता है कि उसमें ज्यादातर वही लोग थे, जो कांग्रेस से ही टूटकर आए थे, चाहे जयप्रकाश हों, चाहे राममनोहर लोहिया हों, चाहे कृपलानी हों, चाहे रामानन्दन मिश्र हों या अच्युत पटवर्धन हों, मूलतः वे सब लोग कांग्रेस से ही आ रहे थे और वे कांग्रेस की परिधि में ही अपने सिद्धान्तों की व्याख्या करते थे, कोई अलग से सिद्धान्त नहीं बने। केवल 'राज-काज' की नीतियों और तरीकों को वे नाकारा बता रहे थे। अहिंसा, सत्य इत्यादि को वे सही मानते थे, गांधी के रचनात्मक कार्यक्रम को भी समर्थन दे रहे थे। उनका मतभेद उस कांग्रेस के नेतृत्व से था जो पूँजीपतियों के मध्यवर्गीय लोगों के हाथों में था और जिनकी मानसिकता बहुत कुछ अंग्रेज-शासकों से मिलती-

जुलती थी। इस मानसिकता के कारण समाजवादियों को लगता था कि कांग्रेस गांधी के उसूलों का भारत नहीं बना सकती और बाद-बाद में तो बड़े उद्योगों की बात होने लगी, जो पहले से सम्पत्तिशाली लोग थे, उनकी समृद्धि की बात होने लगी, जैसे बिड़ला जैसे लोग की। 'बिड़ला रहस्य' नाम से लोहिया ने एक छोटी किताब भी लिखी। देखा कि आजादी के बाद जो पूँजीपति हैं, वे कांग्रेस की नीतियों से समृद्ध होते जा रहे हैं और एक छलावा या एक नाटक चल रहा है, तो उनको यह लगा कि जिन लोगों ने आजादी के लिए संघर्ष किया था, उन लोगों को तो पीछे धकेल दिया और जो शोषक थे, वे समृद्ध हो रहे हैं। एक तो वे इस यथास्थिति को देखते रहे और दूसरी ओर कांग्रेस से अलग हटकर कोई बड़ा सैद्धान्तिक मॉडल या विश्लेषण नहीं कर पाये। जयप्रकाश जी ने जो 'सम्पूर्ण क्रान्ति' की बात कही या लोहिया ने 'सप्त क्रान्ति' की, दरअसल इन दोनों में बहुत-सी बातें गांधी सैद्धान्तिक की थीं। इस तरह कोई सैद्धान्तिक नजरिया नहीं बन सका। जो विश्लेषण किया, वह थोड़ा-बहुत लोहिया ने किया, लेकिन वे ही चूँकि आन्दोलन भी चला रहे थे और विश्लेषण भी कर रहे थे—यदि वे कर्म में इतना लिप्त न होते और क्रान्ति दर्शन की अधिक स्पष्ट व्याख्या करते तो पार्टी को मजबूत जनाधार मिलता।

क्या आपको यह अन्तर्विरोध बहुत निर्णायक नहीं लगता कि अगर कोई निश्चित कार्यक्रम लेकर क्रान्ति की बात नहीं उठाई जाएगी तो वह क्रान्ति सफल नहीं होगी? यानी हम बदलने की सारी बातें तो करें, लेकिन बदलने का तरीका हमारे पास नहीं हो?

तरीके तो थे, लेकिन वे जिन तरीकों की बात करते थे, वे 'गांधियन' तरीके थे। जैसे बड़े उद्योगों के स्थान पर जो 'इंटरमीडियरी इंडस्ट्रीज' हैं, उनकी बात उन्होंने की। जो मध्यम दर्जे के उद्योग हैं, भीमकाय उद्योग नहीं और बहुत छोटे भी नहीं। वे 'मशीनीकरण' के विरोध में नहीं थे, लेकिन पश्चिमी मुल्कों में जो उद्योग बढ़े और उनसे जो वहाँ की संवेदनशीलता और संस्कृति का ह्रास हुआ, उससे वे चिन्तित थे। जो साम्यवादी देशों में, बाद में स्टालिन के युग में, नृंशसता आई, जिन किन्हीं भी कारणों से, वे यहाँ नहीं देखना चाहते थे। वे लोकतंत्र भी चाहते थे और समाजवाद भी। तो लोकतंत्र और समाजवाद में जो अन्तर्विरोध है, क्योंकि लोकतंत्र व्यक्ति-गरिमा और स्वातंर्त्र्य का पक्ष-समर्थक है और समाजवाद बराबरी का। लोकतांत्रिक समाजवादी दोनों चाहते थे और जैसा कि रोजा लक्जम्बर्ग का सिद्धान्त था—'ब्रैड एंड रोजेज बोथ' यानी रोटी और गुलाब दोनों। उनकी दृष्टि से यह सम्भव नहीं था कि पहले समाजवाद और फिर लोकतंत्र। वे यह समझते थे कि मानवीय विकास के लिए स्वाधीनता और समता—दोनों मोर्चों पर एक साथ संघर्ष किया जाना चाहिए।

इस वक्त भारत में समाजवादी आन्दोलन की जो भी परिणति होनी थी, वह आपके सामने स्पष्ट है, आगे आपको और कोई सम्भावना दिखाई देती है तो वह आप और स्पष्ट करेंगे लेकिन आप आज की स्थिति में किस तरह से पूरे परिदृश्य और परिणति पर सोचते हैं और आगे के लिए क्या विकल्प चुनते हैं?

अब समाजवादी आन्दोलन पर मैं कुछ नहीं सोचता, क्योंकि वह आन्दोलन तो समाप्त हो गया है और उसके लिए मन में केवल दुःख ही बचा है। वह पार्टी भी अब लगभग समाप्त हो गई। जो छोटी पार्टी का हश्र होना था, वह हो गया। अब तो मुझे यह भी लगता है कि बड़ी-बड़ी पार्टियों का भी अन्त होता चला जा रहा है और उनकी शक्ति भी क्षीण होती जा रही है। कई बार कुछ क्रान्तिकारी संगठन बनते हैं, वे भी असफल हो जाते हैं। मैं कभी-कभी सोचता हूँ कि अगर साम्यवादी पार्टी कुछ परिवर्तन अपनी नीतियों में करे और भारत के मन को, भारत की संस्कृति को, भारत के स्वभाव को देखते हुए अपने संघर्ष की रचना करे तो मुझे यह विश्वास है कि वह कुछ कर सकती है, लेकिन अब सवाल यह भी है कि साम्यवादी पार्टी भी कौन-सी? यहाँ सबसे बड़ा संकट यह आ गया है। आप अगर मुझसे पूछें कि मैं किस साम्यवादी पार्टी का सदस्य होना चाहता हूँ तो मेरे जैसे बहुत-से लोगों के लिए सीधे-सीधे इसका उत्तर दे पाना कठिन है।

पार्टी से जुड़ने की बात अगर कुछ अरसे के लिए छोड़ भी दें, तो भी उस विचार-दर्शन से सहमति होने पर उस विचारधारा से जुड़ी सामाजिक चेतना के निर्माण की दिशा में न्यूनतम सहमति के आधार पर काफी दूर तक सक्रिय रहकर काम किया जा सकता है और इसी क्रम में पार्टी से जुड़ने का मसला भी काम के दौरान सुलझाया जा सकता है।

मैंने आपसे कहा न कि विचारधारा का जो सबसे जटिल पक्ष है, वह यह है कि विचारधारा के बाद मुझे यह लगता है कि उसका सदस्य भी हो जाना चाहिए। यह विलम्ब समझ में नहीं आता कि हम विचारधारा के पक्ष में तो रहें, लेकिन जब सदस्यता का मौका आए और उसके लिए काम करने की और कुछ छोड़ने की बात आए, तब हम मनमौजी कवि हो जाएँ। दूसरी बात यह है कि ज्योंही हम सदस्य हो जाते हैं, तब सबसे बड़ी बात यह हो जाती है कि उस पार्टी में रहते हुए हम जो अवसरवादिता के विरोध में होते हैं, पाते हैं कि यहाँ भी अवसरवादिता की रंगशाला खुली हुई है। हम देखते हैं कि पार्टी नेता की तानाशाही के विरुद्ध हम न कुछ कह सकते हैं, न कर सकते हैं। हम देखते हैं कि एक पार्टी-नेता दूसरे नेता को झूठा कह रहा है और एक नेता अपने को दूसरे से अधिक क्रान्तिकारी मानता है या एक नेता एक सिद्धान्त को दूसरे से बढ़कर प्रतिपादित करने वाला साबित करता है। हमें एक

प्रकार से 'बौद्धिक तानाशाही' देखने को मिलती है। यह भी देख पाता हूँ कि पार्टी नेता हमेशा ही साहित्यकार की संवेदनशीलता को हास्यास्पद मानते हैं। वे यह मानते हैं कि यह कवि-चित्त है, एक भावुक आदमी है, दरअसल काम करने वाला आदमी तो 'ट्रेड-यूनियनिस्ट' ही है।

आप चूँकि मूलतः कवि या रचनाकार हैं, इसलिए मैं बात का रुख फिर रचना की ओर ही मोड़ता हूँ और खासतौर से इसलिए भी कि एक विचार और राजनीति से भी आपका गहरा सम्बन्ध रहा है। थोड़ा अपने उस अनुभव से बताएँगे कि रचना और विचार-दोनों के जो अन्तर्सम्बन्ध हैं, उनको आप किस तरह से देखते हैं, यानी कहाँ विचार रचना की मदद करता है या उसे बाधित करता है?

ऐसा निर्णय रचना से होता है। रचना को अलग करके हम विचार नहीं कर सकते और विचाररहित रचना नहीं होती। विचार और रचना का सम्बन्ध अन्योन्याश्रित है। हम विकृतियों को, गैर-बराबरी को, विषमता को किस शिद्दत से अनुभव करते हैं, यह हमारी अपनी संवेदनशीलता पर निर्भर करता है। इस समय जो मुहावरे हैं, वे इतने तेज-तर्रार हो गए हैं और कवियों या रचनाकारों, बड़े रचनाकारों के सम्बन्ध में मैं यह नहीं कहता, लेकिन बहुत-से रचनाकार उन तेज-तर्रार मुहावरों से कविता बना लेते हैं और पार्टियाँ, साहित्यकार भी (जो उन पार्टियों में शामिल हैं) हर्ष व्यक्त करते हुए उस मुहावरे पर श्रेष्ठ कविता होने की छाप लगा देते हैं। लेकिन यह कहना कि विचारधारा से कविता कमजोर हो जाती है, यह मुझे मान्य नहीं है। विचारधारा से कविता श्रेष्ठ हो जाती है, मैं यह भी नहीं मानता। मैं ऐसी कई कविताओं के बारे में जानता हूँ जिनको विचार ने श्रेष्ठ बना दिया है और कई ऐसी निकम्मी कविताओं को भी जानता हूँ जो विचार होने के उपरान्त भी लद्धड़ हैं। शायद कविता का मर्म उसकी अन्तरंगता और एकाग्रता में है जिसके लिए कोई फार्मूला नहीं है। मैं अपने समय के कवियों को देखता हूँ तो मुझे प्रतीत होता है कि वे सामान्य जन के साथ थे। उनकी आर्थिक स्थिति और सामान्य जनों की आर्थिक स्थिति में आज जैसा अन्तर नहीं था, मकानों में ज्यादा अन्तर नहीं था, भोजन में ज्यादा अन्तर नहीं था, लेकिन आजकल बहुत-से लोग जो क्रान्ति सन्दर्भ की कविता करते हैं, उनके जीवन और कच्ची बस्ती वालों के जीवन में भारी अन्तर आ गया है और वह कविता में भी नजर आता है। उदाहरण के लिए नागार्जुन जी की कविता और उनके जीवन में कोई फर्क नहीं रहा। वे उन्हीं लोगों की तरह जीवन जीने वाले कवि थे। अब क्योंकि कविता का निजीकरण हो रहा है। अब ऐसी कविता लिखी जा रही है जिसमें संवेदनशीलता और जनोन्मुखता का अभाव नजर आता है। मेरी मान्यता है कि विचार से रचना निष्प्रभ नहीं होती लेकिन वह किताबी विचार न हो। उसका हमारे

जीवन से तालमेल और तादात्म्य हो। जब तक लेखक स्वयं को 'डी-क्लास' नहीं कर लेता, तब तक कविता सम्भव नहीं होती। मैं मानता हूँ कि विचार से रचना समृद्ध होती है लेकिन जब तक विचारक रचनाकार नहीं होता, तब तक केवल विचार के बल पर कोई कविता बहुत प्रभावशाली नहीं हो सकती।

मार्क्सवादी सौन्दर्यशास्त्र की एक बुनियादी अवधारणा है कि वस्तु और रूप, दोनों एक-दूसरे से अभिन्न हैं, इन्हें एक-दूसरे से अलग किया ही नहीं जा सकता, लेकिन इसके बावजूद वस्तु की भूमिका रचना में या टोटल क्रिएशन में निर्णायक मानी जाती है, यानी आकृति बदलती है। आकृति न बदली होती तो कविता कालिदास के जमाने से लेकर आज तक इतनी विकसित न हुई होती। वह विकसित होती है और चूँकि सामाजिक यथार्थ भी बदलता है, स्थितियाँ बदलती हैं तो उनके साथ रचना की आकृति भी बदलती है और दोनों एक-दूसरे को प्रभावित भी करती हैं लेकिन इस प्रभावित करने में वस्तु की या अन्तर्वस्तु की भूमिका निर्णायक होती है। इस धारणा को कभी-कभी गैर-मार्क्सवादी लोग भी अपने पक्ष में उद्धृत करते हैं, लेकिन अपनी मनमानी व्याख्या के साथ। मैं जानना चाहूँगा कि आप इस सम्बन्ध में किस तरह सोचते हैं?

मुझे यह मानने में कोई संकोच नहीं है कि जो वस्तु है, या जो कथ्य है, वह महत्त्वपूर्ण होता है। मैं किसी कविता या कहानी के सम्बन्ध में सोच ही नहीं सकता हूँ, जिसमें कथ्य न हो, लेकिन सवाल फिर वहीं आता है कि वह कथ्य हमें कैसे और कहाँ से प्राप्त होता है? क्या वह हमारी व्यापक जिन्दगी का हिस्सा है या कोई दूसरे स्रोतों से हमने उसे हासिल किया है? क्या वह बहुत संश्लिष्ट अनुभव है? और यदि वह संश्लिष्ट है तो हमें उस संश्लिष्टता को व्यक्त करने के लिए वह कला रूप भी विकसित करना पड़ेगा जो उस संश्लिष्टता की अभिव्यक्ति के लिए अभीष्ट है। इसके साथ ही 'आस्वाद' की समस्या भी जुड़ती है। ध्यान देने की बात यह है कि कोई भी कला रूप, कोई भी रंग, कोई भी स्वर, कोई भी शब्द स्वयं एक लम्बे सामाजिक अनुभव से भी आता है और कवि-अनुभव से भी। हो सकता है कि कभी-कभी कवि-अनुभव प्रबल हो जाता हो और कभी सामाजिक-अनुभव। जब विचारधारा की बात होती है तो हमारे सामाजिक अनुभवों से मेल खाते हुए अनुभवों को हम महत्त्व दे देते हैं लेकिन जब कवि-अनुभव से कोई चीज मेल खाती है, या कवि किसी सिद्धान्त से कुछ अलग हटकर अपने जीवनानुभवों से जुड़कर किसी अनुभव को प्रकट करता है, तो हम उस रचना की अन्तर्वस्तु को 'इंडिविजुअलिस्टिक' कहकर या उसकी निजता को असंगत मानकर अवमूल्यित करने लगते हैं। तब हमारी भी अपनी भूमिका स्पष्ट होनी चाहिए।

एक तो यह कि रचना के लिए कोई भी विषय वर्ज्य नहीं है, जीवन सम्पूर्ण रूप में उसका विषय है, इसलिए यह कहना कि सामाजिक यथार्थ की बात करना ही रचना के लिए असंगत है, तो विचारणीय है।

लेकिन नन्द जी, उस सम्पूर्ण रूप के सम्बन्ध में भी एक बात हमें ध्यान रखना होगा कि मान लीजिए, जीवन को सम्पूर्ण मानकर मैं एक ऐसी रचना को जन्म देता हूँ, या ऐसा शब्द-कौतुक करता हूँ, कौशल बताता हूँ कि अन्त में जिसमें से एक निरर्थकता या सत्त्वहीन जीवन निकल आए, तो इस सीमा तक रचना औचित्य के बारे में सोच पाना मेरे लिए असम्भव है और न मैं उसके पक्ष का हूँ। मैं यह सोचता हूँ कि कविता मनुष्य-केन्द्रित ही होगी लेकिन कैसा मनुष्य—शोषक या शोषित? वह शोषित ही होगा क्योंकि शोषक का अमानुषीकरण पहले ही हो चुका है। उसमें मनुष्यत्व बचा ही नहीं है। उसे लेकर क्या लिखा जा सकता है?

नन्द बाबू, आपने अपने लेखों और रचनाओं में तंत्र या सत्ता का निरन्तर विरोध किया है, लेकिन आपके उस विरोध में पूँजीवादी तंत्र और समाजवादी तंत्र के बुनियादी चरित्र में बहुत कम भेद नजर आता है। क्या सभी समाज-व्यवस्थाओं का बुनियादी चरित्र आपकी दृष्टि में एक-सा ही है? आखिर आपके इस अनवरत प्रतिपक्ष का अपना पक्ष क्या है?

आप अगर विचारधारा की बात करें तब तो मैं यह मानता हूँ, दोनों अलग-अलग हैं। जैसे आप समाजवादी या साम्यवादी या मार्क्सवादी और पूँजीवादी विचारों में अन्तर करें, तो मुझे यह प्रतीत होता है कि वे बिलकुल भिन्न हैं और उनको मिलाना ठीक नहीं, लेकिन जब व्यवस्था की बात आती है तो पिछले दिनों जो राजनीति विकसित हुई है, उसे देखते हुए यह प्रतीत होता है कि व्यवस्था का अपना एक-सा चरित्र हो गया है और उनमें भी इस कदर अवसरवादिता और आत्म-रक्षा की भावना आई है कि कभी-कभी ऐसा प्रतीत होता है कि साम्यवादी देशों और पूँजीवादी देशों के राजनीतिक आचरण में साम्यवादी कोई अन्तर हो। कहीं व्यवस्था ही तो इसका कारण नहीं है? जैसे चीन साम्यवादी मुल्क है। वह जब सम्प्रदायवादी पाकिस्तान के साथ मेल-जोल करता है तो उसकी राजनीति और व्यवस्था के प्रति मेरे मन में सन्देह होता है। जब चीन अमेरिका को आमंत्रित करता है और उसके परिणाम भी फौरन हमको मालूम होने लगते हैं कि वहाँ एक-दूसरे प्रकार का रुझान शुरू हो जाता है और पूँजीवादी उपभोक्ता अपसंस्कृति का प्रभाव नजर आने लगता है। जब मैं सोचता हूँ कि उनकी मैत्री लोकतांत्रिक भारत से होनी चाहिए, तब कट्टरतावादी पाकिस्तान से होती है। ऐसे ही शस्त्रों के व्यापार की बात है। अब देखिए, शस्त्र में सभी देश पैसा लगा रहे हैं, तो वे सभी बाजार भी तलाश कर रहे हैं और जब बाजार तलाश करते हैं, तो बारी-बारी से अपनी मित्रता के घोड़े भी बदलते रहते हैं, क्योंकि

बन्दूकें तो बिकनी ही हैं—चाहे वह अमेरिका बेचे, चाहे वह रूस बेचे, यहाँ तक कि भारत भी बेच रहा है, तब मैं समझता हूँ कि व्यवस्था में जो अवसरवादिता आ गई है, वह थोड़े-बहुत अन्तर के साथ एक विश्व-चरित्र बना गई है, इसलिए मुझे पूँजीवादी व्यवस्था में और साम्यवादी व्यवस्था में समानता नजर आती है, गोकि उनकी विचारधाराओं में बहुत अन्तर है। पिछले बीस-पच्चीस वर्षों में जो राज्य-व्यवस्थाओं का चेहरा नजर आने लगा है, उसमें अनेक समानताएँ देखने को मिल जाती हैं। तब सत्ता के अनवरत विरोध का औचित्य भी अनुचित नहीं लगता।

लेकिन नन्द बाबू, मेरा खयाल है कि अन्ततः जो जिम्मेदारी है, वह उस समाजवादी देश की जनता पर ही आती है कि वह अपनी व्यवस्था के इस भटकाव को किस हद तक नियंत्रित करती है या करने की आवश्यकता महसूस करती है।

इस सम्बन्ध में एक तो यह देखें नन्द जी कि इतनी शिक्षा होती नहीं है जनता की। दूसरी बात यह है कि जो चौकसी है, वह पुरानी चौकसी की तरह नहीं है। अब चौकसी के अभिप्राय आप जानते हैं—इतनी समर्थ हो गई है व्यवस्था और इतनी क्रूर भी हो गई है, और इतने सैनिक तथा शस्त्र भी उसने एकत्रित कर लिये हैं कि अब व्यापक जन-क्रान्ति जैसा कोई सिलसिला मैं देख पाने में असमर्थ हूँ। अब गांधी जैसा जन-आन्दोलन भारत में होगा, इस भ्रष्ट व्यवस्था को उखाड़ने के लिए, ऐसा मुझे मुमकिन नजर नहीं आता। चीन में माओ को भी विस्मृत कर देने की चेष्टा हुई, वह तो अभी-अभी की बात है। व्यवस्था 'आत्म-रक्षा' के लिए सारी क्रूरताओं को तर्कसंगत मानती है। उसके पास जो संचार-साधन आ गए हैं, वे सत्य को असत्य और असत्य को सत्य में जैसे चाहें, पेश कर सकते हैं। उनके अखबार, उनका मीडिया, उन सबके सामने कोई विरोध कर पाना मुश्किल है। तंत्र इतना समर्थ हो गया है कि बहुत ईमानदारी से भी मैं कोई कोशिश करूँ, तो मुझे परेशानी नजर आती है, इसलिए जनता की चौकसी वाला मुहावरा मुझे कभी-कभी ललचाने वाला मुहावरा तो लगता है, लेकिन उसके अनुकूल कोई कार्रवाई होना कठिन लगता है।

हम फिर रचना और रचनाकार की तरफ आते हैं, क्योंकि कन्सर्न हमारा वही है। जब एक खास तरह की परिस्थिति है, जैसे हम आज की परिस्थिति को देख लें, हमारे देश में जो आतंक, अलगाव और साम्प्रदायिक राजनीति उभरकर आई है, तो इस स्थिति में या किसी भी तरह की सामाजिक परिस्थिति में रचनाकार की, जिसके लिए आपने भी शुरू में कहा था कि उसके लिए चरित्र में बहुत भेद नहीं करना चाहिए, तो उस परिस्थिति में उसकी क्या भूमिका बनती है? उसे किस तरह अपनी रचनाओं के माध्यम से उस परिस्थिति में काम करना चाहिए?

अब कठिनाई थोड़ी बढ़ गई है नन्द जी, और आप भी चूँकि रचनाकार हैं इसलिए चाहता हूँ कि आप भी इस परिस्थिति पर विचार करें। आप देखें कि मुझे जो जीवन-यापन करना पड़ता है, वह कई बार प्रतिकूल तंत्र और व्यवस्था के अन्तर्गत रहकर करना पड़ता है। मुझे जो तरक्की पानी होती है, जो समृद्धि आती है, पदोन्नति आती है, वह उस व्यवस्था के अधीन है। बहुत इच्छा करने पर भी मैं एक सीमा तक ही ईमानदार हो पाता हूँ। अक्सर तो जीवन और व्यवस्था की जटिलताएँ ही मुझे बहुत-सी अवसरवादिता और समझौते के लिए तैयार कर देती हैं, क्योंकि मैं देख पाता हूँ कि वैसा आचरण ही मेरी समृद्धि के रास्ते खोलता है। तब रचनाकार जीवन-निर्वाह के लिए क्या करे? कोई सम्मानजनक वैकल्पिक साधन तो उसके पास है नहीं। स्वतंत्र साधन तो क्या, अगर आप एक बोतल घासलेट के लिए भी बाजार में जाएँ और कोई सिफारिश आपके पास न हो तो सम्भव है, आपका पूरा दिन छुट्टी का व्यतीत हो जाए और शाम को आप खाली बोतल लौट आएँ। रचनाकार की सबसे बड़ी परेशानी यह हो गई है कि इस व्यवस्था में जीते हुए वह अपने वजूद को, अपनी रचनात्मक ऊर्जा को कैसे बरकरार रखे, जबकि सारे लाभ उन्हीं लोगों के हाथ में हैं, उसी व्यवस्था के हाथ में हैं, जिस व्यवस्था की विकृतियों और विसंगतियों से वह परेशान है। यह 'लव-हेट रिलेशनशिप' का मामला है, यह प्यार और घृणा का द्वन्द्व है कि आप उसी तंत्र में हैं और उस तंत्र में नहीं भी हैं, उसका विरोध भी करते हैं। तो आज ये दोनों मोर्चे रचनाकार के सामने भी मौजूद हैं। जैसे आज के रचनाकार को लें, जो यूनिवर्सिटी में पढ़ाता है, आकाशवाणी पर जाता है, टी.वी. पर जाता है, किताब लिखता है, यदि वह सत्ता-व्यवस्था का विरोध करता है, तो जहाँ-जहाँ व्यवस्था उसको लाभ देने वाली है, उन लाभों से उसको दूर होना होगा। आज मैं इस बात पर निरन्तर चिन्ता करता रहता हूँ कि सत्ता, व्यवस्था की निरंकुशता के बीच रचना-कर्म की स्वाधीनता को कैसे बचा सकता हूँ?

मेरा खयाल है, जीवित रहा जाए, यह समस्या तो है ही, और जैसा आपने बताया, बहुत प्राथमिक स्तर पर यह आज के हरेक साधारण आदमी की समस्या है, लेकिन हमारी समस्या थोड़ी इससे आगे से शुरू होती है कि इस बुरी व्यवस्था से मुकाबला कैसे किया जाए, लड़ा कैसे जाए? अकेले स्तर पर तो सम्भवतः इसके कोई रास्ते नहीं दिखाई देते, लेकिन अगर संगठित रूप में कोशिश की जाए, तो रचनाकार के रूप में एक मानसिकता, एक चेतना तो तैयार की ही जा सकती है, कम-से-कम अपनी ही तरह सोचने वाले पचास लोगों को जुटाया तो जा सकता है?

मुझे संगठित होने वालों में भी एक चालाकी नजर आती है।

वह तो आपको हर जगह नजर आएगी, लेकिन हम उस जरूरत की बात कर रहे हैं।

उस चालाकी के चलते हमारे अपने जो क्रान्ति तेवर या जो संघर्ष हैं, उनसे निराशा उत्पन्न होती है, बाद में उन्हीं लोगों का चरित्र हमें संदिग्धताओं से जुड़ा नजर आता है।

हम इस बात को भी जानते हैं कि यह कमजोर लोगों का साथ है, इसके बावजूद इन कमजोर लोगों में कुछ ऐसी बाते हैं, जो कहीं उस बड़ी लड़ाई में काम आ सकती है, क्या उस तरह की न्यूनतम बातों को एक जगह रखकर हम साथ काम नहीं कर सकते?

वैसी लड़ाई से कोई मुझे लाभ प्रतीत नहीं होता कि आप बहुत छोटी-छोटी लड़ाइयाँ शुरू करें और वे भी जो संगठित हुए हैं लोग, उन्हीं के व्यक्ति-हित की हों। एक तरफ विश्व और सामाजिक स्थितियों के लिए क्रान्तिधर्मी संघर्ष-शीलता और दूसरी तरफ किसी के प्रमोशन के, किसी के स्थानान्तरण के मुद्दे की माँग क्या विचित्र विसंगति नहीं होगी?

नन्द बाबू, आप जानते हैं कि जितने भी लेखक हमारे चाहे किसी भी भाषा से आते हैं, वह मुख्य रूप से निम्न-मध्यवर्ग में से निकलकर आते हैं और जैसा आपने पहले बताया कि उनकी अपनी निजी कठिनाइयाँ हैं, उनके समान हित हैं, उनकी एक सामूहिक चेतना भी बन सकती है?

अब नहीं। अब मैं उनको समृद्ध लेखकों में और विपन्न लेखकों में अलग-अलग करने लगा हूँ। एक समृद्ध लेखकों का समूह है जिसमें आप बहुत-से नाम ले सकते हैं, जिनका दु:खों से, जीवन-संघर्षों से कोई वास्ता नहीं है, बल्कि उनका अपना एक तर्क भी है कि लेखक को क्यों न वह समृद्धि मिले जो सामान्य जीवन में एक बड़े अफसर को मिल जाती है? अब उसमें भी कई लेखक दोनों तरफ हैं, वे क्रान्तिकारी लोगों में भी शामिल हो जाते हैं और वे समृद्ध लोगों में भी शामिल हो जाते हैं। यहाँ अपराध-बोध के कारण और वहाँ प्रतिष्ठित होने की दृष्टि से। समृद्ध लेखक तो सब तरह के खेल करता है और विपन्न लेखक इन्तजार करता है, प्रतीक्षा करता है।

लड़ाई तो समृद्ध और विपन्न की ही है, अब चाहे आप उन्हें लेखक में या और किन्हीं में बाँट दें, वह बात दूसरी है, लेकिन कुल मिलाकर समृद्ध और विपन्न की लड़ाई है, और मेरा खयाल है कि विपन्न अगर अकेले रूप में लड़ेंगे तो वह कहीं भी नहीं पहुँचेंगे। रचनाकार के रूप में भी वे टूटेंगे ही...?

अब यही है कि रचना की लड़ाई में जैसे एक अच्छी कविता है और एक बुरी कविता है, मेरा मानना है कि विपन्न लेखकों को अपने मुद्दे कविता में भी लाने चाहिए और कविता के माध्यम से भी लोगों में जागरूकता उत्पन्न करनी चाहिए, इसमें मुझे कोई आपत्ति नजर नहीं आती है। लेकिन फिर यही है कि वह कविता गरीबों की कविता

नहीं हो, यानी कविता का जो कौशल है, उसमें यह न हो कि चूँकि हम क्रान्ति के लिए कविता लिख रहे हैं और चूँकि क्रान्ति पक्ष के लोग निम्न जन हैं, इसलिए मैं उनके लिए निम्न-बुद्धि की कविता करूँगा, और जब दूसरे लोगों में सुनाने जाऊँगा तो मैं कविता का रंग बदल दूँगा।

मैं आपकी बात से जो निष्कर्ष निकाल पाया, वह यह है कि लेखक को संगठित होने की कोई जरूरत नहीं है। उसे स्वतंत्र रूप से, जो उसका विवेक ठीक कहता है या जिस चीज को गलत मानता है, उस 'गलत' के खिलाफ उसे अकेले लड़ना चाहिए, उसे संगठित होकर या उस तरह के तमाम लोगों को इकट्ठा होकर, एक सामूहिक चेतना के तहत लड़ने की कोई जरूरत नहीं है।

नहीं, मेरे खयाल से मैंने ऐसा नहीं कहा है, मैंने यह कहा है कि ऐसा नहीं हो कि हम संगठित होते समय, या अन्याय पक्ष की लड़ाई लड़ते समय उस कविता-कर्म को दोयम दर्जे का बना दें।

यह बात तो हमारी पहली बुनियादी शर्त है कि रचना के रूप में समर्थ रचनाकार को रचना पर सबसे पहले ध्यान देना चाहिए।

लेकिन लेखक संगठनों की प्रायः यही भूमिका देखी जाती है कि वे उन लेखकों को पसन्द करते हैं, जो उनकी विचारधारा को स्थूल कविता रूप दे देते हैं और कविरूप में स्थापित हो जाते हैं।

अगर समर्थ लेखक उस तरह के संगठनों में सक्रिय न हो, उन संगठनों को बेहतर न बनाएँ, केवल मध्यम श्रेणी के लेखकों के लिए ही वह सब कुछ छोड़ दें, तो ऐसे में तो निश्चित रूप से इसी तरह की चीजें ज्यादा विकसित होंगी, क्योंकि समर्थ लोग तो इस खतरे या आशंका के कारण दूर हैं कि वे तो वही राजनीति करेंगे।

ऐसा होना सम्भव है। लेकिन परेशानी तब होती है जब पार्टी नेतृत्व की तानाशाही और हुकूमत चलने लगती है और वे लेखन-सम्बन्धी हिदायतें देने लगते हैं। वे लेखक-संगठन को 'पार्टी-लाइन' के प्रचार का साधन समझते हैं। लेखक इसे 'सर्जनात्मक स्वाधीनता' का निषेध मानते हैं। यह एक बारीक-सी बात है जिस पर विचार करना जरूरी है।

एक और पक्ष है जिस पर मैं आपकी राय जानना चाहूँगा— और वह है भाषा के सम्बन्ध में हमारे दृष्टिकोण का पक्ष, क्योंकि इधर भाषा को लेकर हमारे देश में जिस तरह की स्थितियाँ बनी हैं, और जिस तरह से लेखकों में एक तरह की फाँक पड़ गई है, खासतौर से एक ही प्रान्त में रहने वाले दो भाषा के लेखक या तीन भाषा के लेखक, उनके बीच में

कोई संवाद नहीं है, उनके बीच में बेहतर सम्बन्ध नहीं है, तो उस लिहाज से बताएँ कि एक तो विभिन्न भाषाओं के साहित्य के सम्बन्ध में हमारा बुनियादी नजरिया क्या हो और उस स्थिति को सुधारने के लिए हम क्या कुछ कर सकते हैं?

वैसे तो बहुत बड़ी बात है, लेकिन हम, जैसे हमारे राजस्थान प्रान्त को ही लें, इसमें थोड़े-से रचनाशील लेखक हैं। अगर वे बहुत दुराग्रही कठमुल्ला और जिद्दी नहीं हैं, तो उनकी आपस की मैत्री को कौन रोकता है? पहले जैसे प्रगतिशील लेखक संघ के जरिये होता रहता था कि नगर के उर्दू, हिन्दी, राजस्थानी और ब्रजभाषा के लेखक एक मंच से अपनी रचनाएँ सुनाते थे और उनके बीच सौहार्दपूर्ण संवाद भी होता था। इसे किसने रोका, इसके बीच दीवारें कैसे पैदा हुईं और क्यों हुईं? देखिए, मैं रचना भाषा की बात कर रहा हूँ। उस भाषा की नहीं कि आप किस भाषा की पाठ्य-पुस्तक पढ़ाएँ। सभी भाषा के रचनाकारों का तो पिछले दिनों सौभाग्य रहा कि उन्होंने एक ऐसी ऊर्जावान भाषा विकसित की कि जो लोकतांत्रिक भावाभिव्यक्ति के लिए उपयुक्त रही।

हुआ क्या कि यहाँ भी थोड़ी राजनीति हुई। अकादमियाँ बनीं। जिन्हें मेल-मिलाप और श्रेष्ठ सृजन का अंग होना था, एक पुल बनाना था, उन्होंने हदबन्दी कर ली। पहले अकादमियाँ नहीं थीं तो सब एक मंच पर आते थे, अब अकादमियाँ हुईं तो उन्होंने लेखकों का भाषावार बँटवारा कर लिया। होना यह चाहिए था कि अकादमियाँ वर्ष में लेखकों का एक शिविर ऐसा आयोजित करती कि जिसमें सब मिलते और रचना उत्सव होता। लेकिन क्या एक भी अवसर आपको ऐसा याद आता है कि जहाँ सब भाषाओं के लेखकों को बुलाकर संवाद आयोजित किया गया हो? वहीं दुर्भाग्यपूर्ण यह हुआ कि अकादमियों को भाषाओं के द्वेषपूर्ण नजरियों ने जकड़ लिया और लेखक एक-दूसरे के सृजन-कर्म से अपरिचित हो गए। प्रान्त की विभिन्न भाषा लेखकों के बीच एक-दूसरे को प्रतिस्पर्धी भावना से देखने के भाव नजर आने लगे।

संयोग से बात चूँकि राजस्थान के प्रसंग में हो रही है तो मेरी यह भी जिज्ञासा है कि जो इधर आजादी के बाद में राजस्थान में लेखन हुआ है, एक तो उस लेखन पर गुणवत्ता की दृष्टि से उसके स्तर और उपलब्धियों की दृष्टि से हम सभी जानते हैं कि हिन्दी में बहुत कम चर्चा हुई है, जबकि हिन्दी जगत में जो बड़े लेखक माने जाते हैं, उनके साथ जब हम राजस्थान के लेखकों की रचनाओं का मिलान करते हैं तो हमें यह भी लगता है कि कई चीजें बहुत आगे की रही हैं, जबकि उनकी उस रूप में बहुत कम चर्चा हुई है। उसकी आप क्या वजह मानते हैं?

अब कारण तो बहुत-से रहे। सबसे बड़ा कारण तो यह रहा कि पाठ्य-पुस्तकों में जो लेखक आ गए, चर्चित हो गए। इस गरीब प्रान्त में और कोई साधन तो प्रसिद्ध होने को थे नहीं, अब भी नहीं है। आप बी.ए. के पाठ्यक्रम में किसी कवि को ले आइए और उसके गुण-दोष बताने लगिए, उसको सभी लोग जान जाएँगे। श्रुति-परम्परा की जो साधना थी, जो खुले रूप में, जैसे ब्रजभाषा की कविताएँ वगैरह हुआ करती थीं, वह परम्परा समाप्त ही हो गई। जब लिखित परम्परा, छपित परम्परा या पाठ्य-पुस्तकीय परम्परा आई तब तक हमारे पास पाठ्य-पुस्तक भी हमारी नहीं थी। हमारी पाठ्य-पुस्तक के प्रसंग में भी जैसे हमारे प्रान्त की, वैसे हमारी पाठ्य-पुस्तकों की सामग्री भी राजनीति आयातित थी, आयातित रहीं और जैसे राजनीति में हमें विकसित नहीं होने दिया गया, ऐसे ही हमारे लेखक का रूप भी विकसित नहीं हुआ। दरअसल बहुत सारे राजनीतिक जुड़ाव रहे। दूसरा यह रहा कि कुछ प्रान्तों ने तो अपने साहित्यिक विस्तार के लिए कोशिश की, जैसे उत्तर प्रदेश, बिहार, मध्यप्रदेश। बिहार के रामवृक्ष बेनीपुरी, फणीश्वरनाथ रेणु, रामधारी सिंह 'दिनकर' आदि ने। उनकी राजनीतिक क्षेत्र में पहचान भी रही। हमारे यहाँ ऐसे लेखक नहीं हुए कि जिनकी बड़ी राजनीतिक पहचान बनी हो और जो साहित्यिक प्रतिनिधि होकर राज्य सभा या कि लोक सभा में गए हों। लेकिन आप उधर देखें तो कई लेखक ऐसे दिखाई देंगे जिन्होंने राज्य सभा-लोक सभा वगैरह में नुमाइन्दगी की और राजनीतिक प्रभाव बनाया। तो राजनीति के प्रभाव की दृष्टि से हम घाटे में रहे। बाद में विश्वविद्यालय खुले तो वहाँ भी दूसरे प्रान्त के लेखकों का, प्रोफे सरों का प्रभाव और हस्तक्षेप बना रहा। वहीं के उप-कुलपति भी रहे। इस तरह वे अपने लेखकों को लाए। जब हम अपने लिए जगह की माँग करने लगे तब कहा यह जाने लगा कि 'प्रान्तवाद' फै ला रहे हैं। हमारे रचनाकर्म की उस समय समीक्षा करने वाला था ही कौन? हमारे समीक्षा लेखक जो भी थे, वे हमें कमजोर कर रहे थे। हमारी गुणवत्ता को कोई देखने वाला ही नहीं था। हम रचनाकार हैं, कोई यह स्वीकार करने को ही तैयार नहीं था। तब हम लोगों ने ही यह काम किया। कविता भी लिखी और ढोल भी पीटे। हम अपने और साथियों के नगारे बजाने लगे। मैं तो हमेशा यह मानता रहा कि यदि हमारा लेखन दूसरे लेखकों से बड़ा नहीं है तो कमजोर भी नहीं है। लेकिन यह बात भी कौन सुनता था? यह बात भी आप कह सकते हैं जो राजस्थान के हैं, और रचनाकार हैं और यही बात मैं आपके सम्बन्ध में भी कह देता हूँ, मैं भी यहाँ का हूँ और रचनाकर हूँ। तो 'परस्पर' प्रशंसन्ति, अहो रूपं अहो ध्वनि' यह आरोप लगाया जाता है। दूसरा जब हम अपने साथियों की समीक्षा करने लगते हैं तो हम चूँकि कोई प्रथम श्रेणी के माने हुए समीक्षक नहीं हैं, इसलिए हमारी समीक्षा को ही समीक्षा नहीं माना जाता। हम तो अभी भी अपने घर में बहुत समादृत लेखकों में से नहीं हैं। आप बतलाइए कि आज राजस्थान की पाठ्य-पुस्तकों में हिन्दी के

हमारे कितने लेखकों की रचनाएँ शामिल हैं ? कभी किसी वि.वि. की पाठ्य-पुस्तक समिति में मित्रों के आ जाने से राजस्थान के कवियों की कविताएँ शामिल करना अनिवार्य हो गया था तब भी बहुत सारे कवि-मित्र नाराज़ हो गए और उन्होंने यह प्रस्ताव रखवाया कि कोई बाध्यता न हो। खुली प्रतिस्पर्धा में श्रेष्ठता ही आधार हो। परिणाम यह हुआ कि अब जो पुस्तकें हैं, उनमें संयोग से ही प्रान्त के लेखकों की रचनाएँ नजर आती हैं। इस तरह हमारा संघर्ष अपनों से भी है और बाहर से तो है ही। अभी भी मुझे यह लगता है कि राजस्थान के लेखकों को यह मानने में संकोच का अनुभव होता है कि हमारे लेखक बड़े नहीं तो छोटे भी नहीं हैं। इसलिए नजर आएगा कि दूसरों को उद्धृत करते हुए हमें किसी प्रकार का संकोच नहीं होता जबकि अपने परिवार या अपने प्रान्त के लेखकों को उद्धृत करते गहरे संकोच का अनुभव होता है।

आपने 'बिन्दु' जैसी पत्रिका निकाली, बल्कि इस दौर में 'लहर', 'वातायन', 'ओर' आदि बहुत-सी साहित्यिक पत्रिकाएँ राजस्थान से निकलीं और मेरा खयाल है कि आप लोगों ने बहुत प्रयत्न करके राजस्थान के लेखकों को प्रमुखता से न भी छापा हो, इसके बावजूद राजस्थान का बहुत-सा श्रेष्ठ लेखन इन पत्रिकाओं के माध्यम से सामने आया है, और कहीं-न-कहीं इन पत्रिकाओं के माध्यम से राजस्थान के लेखन की सार्थक चर्चा भी हुई है। तो थोड़ा अपने अनुभव से बताएँ कि एक आपद्धर्म के रूप में ही सही, इस तरह प्रकाशन के जो प्रयत्न शुरू हुए, क्या आज आप उस तरह के प्रयत्नों की जरूरत नहीं महसूस करते?

इन प्रयत्नों की बेहद जरूरत है। अब तो मुझे लगता है नन्द जी कि राजस्थान के लेखन को हमें तब भी अपनी पत्रिकाओं में ज्यादा प्रतिनिधित्व देना चाहिए था। मैंने श्रेष्ठ लेखन की परम्परा को ध्यान में रखते हुए कोशिश तो की कि राजस्थान के अच्छे लेखक प्रकाशित हों, लेकिन और ज्यादा प्रयत्न हो सकते थे। ऐसा ही मुझे 'लहर' में भी लगा, 'वातायन' में भी लगा कि अनायास जो हो गया, वह हो गया, लेकिन सायास और अधिक प्रयत्न होते तो एक सशक्त साहित्यिक मोर्चा बन सकता था और हमारी साहित्यिक पत्रकारिता को यह श्रेय मिलता कि हमने प्रदेश को महत्त्व दिया। अब कई बार हमारे साथी यह कहते हैं कि आपने ही 'बिन्दु' में राजस्थान के कितने लोगों को छापा तो पछतावा होता है और कहना पड़ता है कि और ज्यादा छापना चाहिए था। आप यह देखिए, कितनी विचित्र बात है कि इस प्रान्त से, जिसकी लोग कोई सम्भावना नहीं देखते थे, वहाँ एक बार साहित्यिक पत्रकारिता का उन्मेष हुआ और लम्बे समय तक उनके सम्पादकों ने संघर्ष किया और सभी सम्पादकों को मैं जानता हूँ कि उन्होंने घर-फूँक तमाशा देखा। चाहे प्रकाश जैन हों,

चाहे हरीश भादानी हों, चाहे 'बिन्दु' के समय की बात याद करें, तो आर्थिक दीनता ही का समय नजर आता है।

लेकिन नन्द बाबू, वह उपलब्धि भी छोटी नहीं थी।

यह नहीं मैं कह रहा हूँ कि उपलब्धि छोटी रही, लेकिन उस वक्त धार में थे, यह तो जब मैं तटस्थ होकर देखता हूँ, तब मुझे लगता है कि वह समय था जब हम लोगों को अपने प्रान्त की रचनाशीलता के लिए ज्यादा कुछ करना चाहिए था, लेकिन एक बात यह भी थी कि रचनाशीलता के क्रम में हम खड़े ही कहाँ थे, हमारी दौड़ भी तो बाद में शुरू हुई। यह बात दूसरी है कि हम दौड़े बाद में और बराबर आ गए। आज कुछ मित्र-लेखक तो हैं ही कि जिन्होंने ध्यान आकर्षित किया है। शिकायत तो दूसरों को दरगुजर करने की है।

बात तो होना जरूरी है ही लेकिन उनके लिखे हुए को व्यवस्थित करके प्रकाशित किया जाना शायद और भी ज्यादा जरूरी है।

है जरूरी, लेकिन आप भी जानते हैं कि प्रकाशित क्यों करे कोई, जब उनको कोई व्यवस्थित पहचान ही न मिली हो? अब तो राजनीतिक लाभ के दिन आ गए हैं। जो राजनीतिक सम्पर्क के लोग हैं, उन्हीं का प्रकाशन होता है, उन्हीं की पुस्तकें खरीदी जाती हैं। अब कोई लेखक अपनी रचनाशीलता के कारण नहीं खरीदा जा सकता है। राजनीतिक मैत्री और सम्पर्क के आधार पर ही सब सम्भव होता है—पद, प्रतिष्ठा, पुरस्कार, मान-सम्मान।

इस सारी स्थिति के बावजूद आपको कुछ उम्मीद के आसार नजर आते हैं?

यही क्या कम है कि जीवित हैं, और लिख रहे हैं और कोई नहीं सुन रहा है तो भी बोल रहे हैं और अपनी बात कहे जा रहे हैं? यदि इस लड़ाई और कष्ट में से यह ऊर्जा भी निकलती है कि हम जो बात करते हैं, वह निराश नहीं करती, बल्कि कई बार निराशा के कर्तव्यों के लिए राजस्थानी शौर्य को जगाती है (उन्मुक्त ठहाका और हँसी)।

['संवाद निरन्तर' के सौजन्य से]

समता और स्वाधीनता के लिए ही लिखता हूँ

डॉ. पल्लव एवं प्रो. हिमांशु पंड्या की नन्द चतुर्वेदी से बातचीत

पल्लव : *आपने जब लेखन शुरू किया था, चीजों को देखना-समझना शुरू किया था, तब से आज तक समाज में आए बदलावों को आप किस तरह से देखते हैं? कैसा लगता है आपको नए परिवर्तन देखकर?*

मैंने जब लेखन प्रारम्भ किया था, तब हम लोग पूरी तरह से राजस्थान में सामन्तों के दबाव में थे और उन्हीं का प्रभुत्व था। एक तरह से वे ही हमारे नियामक-नियंत्रक थे। उस समय से लेकर अब तक व्यापक परिवर्तन हुए हैं और विशेषतया वे परिवर्तन जो निराशा के बावजूद आशावान बनाते हैं, वे मुझे एक बड़े परिवर्तन का संकेत भी लगते हैं। जैसे, जैसा-कैसा भी लोकतंत्र हमें प्राप्त है, लेकिन जो लोकतंत्र हमें प्राप्त है, वह बहुत आशान्वित करने वाला न होते हुए भी एक क्षीण-सी आशा जाग्रत् करता है। उसके चलते जो स्त्रियों का, दलितों का, वंचितों का, उत्पीड़ितों का सवाल बार-बार उठ कर आता है, यद्यपि वह बार-बार दबाया भी जाता है। लेकिन सवाल तो है। तो मैं इस तरह से देखता हूँ जो मेरे समय में, जब लेखन मैंने प्रारम्भ किया था और चारों ओर सामन्तों का दबाव था, उस दबाव से बहुत-सी आजादी और स्वतंत्रता मिली है, इससे मैं एक तरह से खुश भी हूँ।

पल्लव : *क्या अब मानव जीवन को बेहतर बनाने के स्वप्न, ऊर्जा और इच्छाशक्ति आप कहीं देख पाते हैं? या आपको ऐसा लगता है कि प्रार्थना ही अब अंतिम उपाय रह गया है?*

(थोड़ा विचार कर गम्भीर होते हुए) मैं देख पाता हूँ और मैं कई ऐसे समुदायों से, आन्दोलनों से परिचित हूँ, जो बहुत बड़े तो नहीं हैं। इस अभिप्राय में जैसी कि राजनीतिक पार्टियाँ हुआ करती हैं और उनके एजेंडा होते हैं, लेकिन जो छोटे पैमाने पर छोटे स्तर पर हैं। लेकिन वे बहुत उम्मीदें जगाते हैं। हमेशा ऐसा हुआ है कि बड़े-बड़े आन्दोलनों के बीच निराशा आई है। किन्तु, वे आन्दोलन, जो हमें छोटे मालूम होते हैं, फिर कब अपना बीज-रूप छोड़ देते हैं, बड़े हो जाते हैं और फिर किस समय

जहाँ हमने समाप्त किया है, वहीं से कुछ नया शुरू होता है, इसका अनुमान लगाना कठिन है।

इसलिए मैं कहता हूँ कि इस समय भी यद्यपि बहुत-सी निराशाएँ मौजूद हैं, लेकिन तब भी, जैसा मैंने कई बार कहा है और अब फिर से कहता हूँ कि इसके लिए लोहिया ने बहुत बढ़िया मुहावरा काम में लिया था, 'निराशा के कर्तव्य', तो हमें हमेशा यह याद रखना चाहिए कि जब-जब कभी हमें निराशा व्याप्त हो, तब इस निराशा को आशा में बदलने के जो कर्तव्य हमारे पास हैं, उन्हें कभी भी हम न भूलें और एक प्रबुद्धता हमारे पास है या इस पीढ़ी के पास है, बल्कि मैं यह कहता हूँ, इस समय बहुत-से लोग लद्दड़ भी हों, लेकिन बहुत-से लोग ऐसे हैं जो जीवन को बहुत गहरी दृष्टि से देखते हैं और उसके लिए ईमानदार परिवर्तन के आकांक्षी भी हैं। ऐसे लोगों को भी, ऐसे युवा लोगों को, युवतियों को न भूलें और उनसे लगातार बात करें, सम्पर्क रखें।

जैसे साहित्य की बात ही आपसे करूँ तो मैं ऐसे बहुत-से युवा साहित्यकारों को जानता हूँ जो साहित्य-जीवन को नजदीक लाने की जबरदस्त चेष्टा में लगे हुए हैं और वे केवल दिखावा नहीं, एक ईमानदार प्रयत्न भी करते हैं, तो मैं अब भी एक तरह से, जैसे कविता में कहते हैं न 'हारा नहीं हूँ', तो इस दृष्टि से कभी हारा नहीं हूँ और जैसा कि तुम्हें मालूम है, मैंने अभी एक गीत भी लिखा था—गा, हमारी जिन्दगी, कुछ गा। वही मैं कहता हूँ कि इस सघन अँधेरे में भी हम उत्पीड़न और विषमताओं के विरुद्ध आवाज सजग रख सकते हैं।

पल्लव : *इसका यह एक अर्थ मैं मान सकता हूँ कि आप अभी भी यह मानते हैं, विश्वास रखते हैं कि लिखने का असर पड़ता है और लेखन की ताकत और उसकी सामाजिक प्रासंगिकता अभी भी बची हुई है, जबकि लोग अब पहले जैसे पढ़ने वाले तो शायद नहीं रहे हैं।*

पता नहीं, पल्लव ऐसा निष्कर्ष कैसे निकालता है कि इतने पढ़ने वाले लोग अब नहीं रह गए हैं? (थोड़ा ठहरकर) अब ठीक से पुस्तक को कब पढ़ा जाएगा या किस आवश्यकता से वह पढ़ ली जाएगी, इसका अनुमान हम नहीं लगा सकते और इसलिए कभी-कभी यह निराशा होती है कि यह पुस्तक कौन पढ़ता है। लेकिन आप यह कैसे जानते हैं कि कौन-सी पुस्तक कौन कब पढ़ता है? उसकी आवश्यकता पाठक को किस समय अनुभव होती है? मैं तुम्हें एक बात बताता हूँ, बहुत पहले काका कालेलकर की एक पुस्तक आई थी—'जीवन और साहित्य'। मेरे पास वह रखी थी : आप आश्चर्य करेंगे कि उस पुस्तक को मैंने अभी छह-एक महीने पहले पढ़ा। अब क्या आप अनुमान लगा सकते हैं कि पचास वर्ष बाद 'जीवन और साहित्य' आठ आने की पुस्तक, मैं उसे 51वें या 52वें साल में पढ़ूँगा? आज यह

जो सहज साधारणीकरण कर लिया जाता है कि पुस्तक कौन पढ़ता है, इसका कौन सर्वेक्षण करता है कि कौन-सी पुस्तक कब पढ़ी जाती है और क्या यह बिलकुल सही है कि पुस्तकें नहीं पढ़ी जातीं? खास तौर पर यह कहा जाता है कि ज्यों-ज्यों औद्योगिकीकरण होगा या ज्यों-ज्यों टी.वी. और रेडियो आते चले जाएँगे, पुस्तक पढ़ने वाले कुछ कम हो जाएँगे, लेकिन जो पुस्तक में मैसेज निहित हैं, वह प्रकारांतर से टी.वी. में भी हो सकता है, रेडियो में भी हो सकता है। हो सकता है कि जीवन को बनाने वाले संदेश पुस्तक के अतिरिक्त दूसरे उपकरणों और माध्यमों से भी दिए जाने लगें, लेकिन महत्त्व इस बात का है कि मनुष्य की सीखने की और जानने की अदम्य इच्छा है या नहीं?

मैं समझता हूँ कि यह कुछ अतिरंजित वक्तव्य है और हम लोगों को पुस्तक पढ़ने वाली संस्कृति को चलाने की जैसे-तैसे भी हो, कोशिश करनी चाहिए। कम-से-कम अपने वक्तव्यों से निराशा और बेबुनियाद बातें तो फै लाना नहीं ही चाहिए।

हिमांशु पंड्या : *नहीं, नन्द बाबू, मुझे लगता है कि अपने-आपमें यह अतिरंजित वक्तव्य नहीं है, जैसा कि आपने अभी कहा, मैं आपको थोड़ा उत्तेजित कर रहा हूँ। असल में तकनीक का जो प्रभुत्व इस समय बढ़ रहा है, वह एक प्रकार का विचार-विरोधी वातावरण तो बना ही रही है। सिर्फ पुस्तक की बात नहीं है, किसी भी प्रकार से विचार फैले, चाहे पुस्तक के बजाय माध्यम और कोई क्यों न हो, लेकिन कुल मिलाकर विचार का महत्त्व इस दशक में समाज में घटा है, मुझे ऐसा लगता है। निश्चित रूप से लिखते समय लेखक यह मानने के लिए स्वतंत्र है ही कि उसका लिखा हुआ कोई-न-कोई, किसी-न-किसी मोड़ पर जरूर पढ़ेगा। यह तो भवभूति से लेकर आज तक के लेखकों का विश्वास रहा है और होना भी चाहिए। लेकिन बात यह है कि इस समय विचार को कितना महत्त्व हासिल है?*

आपने ठीक कहा हिमांशु, लेकिन मैं आपसे एक प्रतिप्रश्न पूछता हूँ, वह यह कि आप जिस विचार की बात कहते हैं, क्यों हमेशा ही ज्यादा लोग विचार में दिलचस्पी रखते हैं? कभी आप देखिए, हम पुराने समय में भी देखें तो कुछ ही विरल विचारक रहे होंगे और फिर बाद में वे विचार व्यवस्था में बदल गए। हम लोग कुछ धर्म, कुछ कर्मकांड, कुछ इस तरह के विचार बनाने लगे, तब भी विचार के प्रति सजगता, विचार का विरोध, विचार का प्रतिविचार ऐसी परम्परा आप अपने लेख में देखते हैं क्या?

हिमांशु पंड्या : *विचार का प्रतिविचार तो मुझे लगता हमेशा ही रहा है, उसका कभी-कभार दमन हुआ हो और वह हमारे सामने न आ आया पाया हो, यह एक अलग बात है। इस युग में हम कल्पना करें कि विचार*

इसलिए है, क्योंकि पुस्तकें ज्यादा बिक रही हैं या विचार इसलिए है, क्योंकि लोग लेख ज्यादा पढ़ना चाह रहे हैं। मैं जब विचार की अनुपस्थिति कह रहा हूँ तो इस सन्दर्भ में ग्रहण करें कि इस देश में परिवर्तन की इच्छा रखने वाले जो लोग थे, उनकी इच्छाएँ शनैः-शनैः समाप्त हुई हैं। 'समाप्त हुई हैं' का अर्थ यह है कि जो उनकी इच्छाएँ थीं, वे एक 'यूटोपिया' के रूप में बदलती जा रही हैं। आज प्रतिविचार के लिए जगह नहीं है। मैं यह पूरे देश के सन्दर्भ में बात कर रहा हूँ, जहाँ उदारीकरण के बाद में बहुत सारे लोग यह मानकर चलने लग गए हैं कि अब जो-जो स्थितियाँ हैं, उन्हीं को मानकर उन्हीं में प्रयास किया जाए। प्रतिविचार की अनुपस्थिति से मेरा अर्थ इस रूप में है कि नई परिस्थितियों में किसी परिवर्तन की उम्मीद करना ही बेमानी लगने लगा है।

मुझे, हिमांशु, यह एक तरह से नियतिवादी वक्तव्य-सा ही लगता है कि मनुष्य अपने पराक्रम को, अपनी वैचारिक शक्ति को कभी भी इतना दयनीय बना देगा या नष्ट कर देगा। ऐसा कई बार प्रतीत होता है कि अब कुछ बदलने वाला नहीं, लेकिन जैसा आप जानते हैं और वास्तविकता भी है कि कभी भी विचार या प्रतिविचार रुकता नहीं है।

थीसिस-एंटीथीसिस के चलते भी हम देखें तो भी यह मनुष्य प्रकृति है ही नहीं कि वह अपनी विचारशक्ति से विरत हो जाए। ऐसा कभी भी किसी क्रूरतम समय में भी नहीं हुआ और मैं देखता हूँ कि ग्लोबलाइजेशन के प्रतिपक्ष में भी सारे विश्व की अनेक बिखरी हुई शक्तियाँ एकजुट हो रही हैं और यह धीरे-धीरे समझने लगी हैं कि जो एक आकर्षक और मोहक व्यंजन पेश किया जा रहा है, वह सारी मनुष्य जाति के स्वास्थ्य के लिए पुष्टिकर नहीं है तो बिखरी-बिखरी जनशक्ति, जैसे जेनेवा में हुआ, आप अनुमान लगा सकते हैं कि यूरोप के लोग भी इतने उद्विग्न, इतने परेशान होकर एक प्रति-विश्वशक्ति के रूप में खड़ी हो जाएगी—ग्लोबलाइजेशन के विपरीत, ग्लोबलाइजेशन की सम्भावनाओं को चुनौती देते हुए। तब इस सन्दर्भ में क्या हम लोगों की निराशा एक तरह से नियतिवादी निराशा नहीं मान ली जानी चाहिए और क्या यह मान लिया जाना चाहिए कि मनुष्य हमेशा विचार को बेच देगा? विचार को नष्ट हो जाने देगा और अपने हित और अहित के बीच की जैसी भी क्षीण, बारीक रेखा हो, उसको विलुप्त हो जाने देगा? मैं आपसे इस सम्बन्ध में फिर से विचार करने का आग्रह करता हूँ।

पल्लव : *अब हम थोड़ी दूसरी तरफ चलते हैं। मैं आपसे धर्म के सम्बन्ध में कुछ पूछना चाहूँगा। धर्म को लेकर आप क्या सोचते हैं और यह दिलचस्प तथ्य तो आप जानते हैं कि भारतीय नवजागरण का एक भी व्यक्तित्व नास्तिक नहीं था।*

देखिए, पल्लव, यह एक जटिल मुद्दा है और इसके सम्बन्ध में हमें ज्यादा बड़ी चिन्ता करनी चाहिए। क्योंकि धर्म के मामले में भावुकता भी एक विशेष प्रकार की कमजोरी है, जो हम सब लोगों में रहती है। लेकिन मैं जो समझता हूँ, वह यह कि हम धर्म से दुनिया के बदलाव को धुन्ध में न डालें।

धर्म का जो मुद्दा है, उससे मनुष्य के उत्पीड़न को अलग रखें और जो लौकिक जीवन है, जिसका अर्थ सेक्यूलर है, मैंने सेक्यूलर का अर्थ पढ़ते हुए कहीं यह जाना कि सेक्यूलर होना अपने लौकिक जीवन को समृद्ध करना है और वह मैं लगातार विश्वास के साथ स्वीकार करता हूँ, जो हमारा वर्तमान है, उस वर्तमान को समृद्ध होना चाहिए और यहाँ मुझे धर्म सबसे ज्यादा विचलित करता प्रतीत होता है, क्योंकि धर्म एक तरह से अपरिवर्तन की शक्ति का आग्रह करता है या अगर वह परिवर्तन भी करता है, तो कुछ पहले से बने-बनाए ढाँचे में ही परिवर्तन का आग्रह करता है। लौकिक और वर्तमान जिसमें मनुष्य कष्ट भोगता है और लगातार अपने भविष्य को नष्ट होते देखता है, उसके सन्दर्भ में धर्म ज्यादा कोशिश नहीं करता और अपनी दुनिया में, अपने समय में ही जीवित रह सकता हूँ। अपनी परिस्थितियों से संघर्ष करता ही जीवित रह सकता हूँ। वहाँ बार-बार मुझे ईश्वर या धर्म से प्रेरणा नहीं मिलती। यह बात यूरोप में नहीं है। यूरोप में कोई भी व्यक्ति वर्तमान जीवन की सुख-सुविधाओं को छोड़कर धर्म की तरफ नहीं भागता। जैसे मैंने आपसे शायद कहा हो कि वह जो विदेशी महिला मेरे पास आई थीं और वे कल्चर इत्यादि के सम्बन्ध में बात कर रही थीं, वे भी धर्म के सम्बन्ध में कुछ पूछ रही थीं। मैंने उनसे कहा कि आप अपनी जो भौतिक सुख-सुविधाएँ हैं, उनको छोड़कर धर्म के पास नहीं जातीं। आप हमारे यहाँ जो बार-बार धर्म की तलाश करने आती हैं, वह इसलिए आती हैं कि आप वहाँ भौतिक सुख-सुविधाओं से अघा गए हैं इसलिए हमारे यहाँ ये विरक्ति इत्यादि के मार्ग ढूँढ़ती हैं।

अभी 'कथन' के एक अंक में रमेश उपाध्याय ने यह लिखा था कि हमें थोड़ी-सी विरक्ति बतानी चाहिए, तो मैंने उनसे यह कहा था कि हमारे घरों में तो विरक्ति ही विरक्ति का आलम है। (हँसते हैं) हमारे पास हरिस्मरण और हरिशरण, इसके सिवाय कुछ बचता नहीं है। मेरी मुख्य बात यह है कि मेरा धर्म से जो झगड़ा है, वह यह कि धर्म वर्तमान को, हमारे लौकिक जीवन को, जो किंचित् हमारे लौकिक सुख-आराम हैं, उनको धुँधलाता है और इस दृष्टि से मैं धर्म से भी झगड़ने के लिए तैयार हूँ।

पल्लव : *नन्द बाबू, हमारे यहाँ राजनीति में जिस तरह प्रतिदिन नित-नए परिवर्तन हो रहे हैं, जो छिछलापन आया है, उससे आपको क्या लगता है कि लोकतंत्र में आम आदमी की आशा बनी रह सकेगी?*

मुझे नहीं मालूम पल्लव, एक लेखक से इस सवाल की कोई बहुत अच्छे उत्तर की आशा हो सकती है क्योंकि मैं यह देखता हूँ कि इस लोकतंत्र में जो छद्म लोकतंत्र है, जिससे उत्पीड़न और दु:ख तो कम होता नहीं है और लोकतंत्र चलता रहता है। एक तरह से मैंने पिछले समय में यह देखा भी है कि लोक ही गायब हुआ है, तंत्र प्रबल हुआ है। यह लोकतंत्र का दुखद पर्यवसान है।

आप पिछले तीन-चार दशक को देखें, 'लोकशक्ति' का एक जबरदस्त अभ्युदय करने की दृष्टि से जयप्रकाश ने आन्दोलन किया था और तीस-चालीस वर्ष के दौरान ही यह दुर्घटना हम देखते हैं कि आज वही लोकशक्ति का विमर्श या लोकशक्ति के सम्बन्ध की चर्चा या राज्य और लोक का सम्बन्ध, वे सब राजनीति की बुनियादी और आवश्यक बातें सहसा ही गायब हो गई हैं। इसका परिणाम आप देखते हैं कि एक पूँजीवादी समाज बनाने की तरफ ही हमारी सब प्रबल आकांक्षाएँ मुड़ गई हैं।

पूँजीवादी समाज नहीं, समृद्धिमूलक समाज बनाने में मुझे कोई हिचक नहीं है, लेकिन यह समृद्धिमूलक समाज किन्हीं नैतिक अवधारणाओं के बल पर नहीं बनाना चाहते। श्रम करने वाली संस्कृति ही तिरोहित होती चली जा रही है और हम यह देख रहे हैं कि जिस तरह से 'फास्ट फूड' तुरत, इसी प्रकार से तुरन्त पूँजी की सारी सम्भावनाओं को तलाश करने वाले लोग, खास तौर पर मध्यवर्ग-नवधनाढ्य लोग पैदा होते चले जा रहे हैं। (थोड़ा ठहरकर) लेकिन तब, पल्लव, अपने से ही सवाल पूछता हूँ कि विकल्प क्या है? तब थक-हार कर फिर से जनोन्मुख होना, लोक की शक्ति को जगाना, उनको वर्तमान के प्रति चिंतित करना, यही मुझे नजर आता है। जैसा गांधी भी कहते हैं कि 'अंतिम आदमी' का दारिद्र्य उत्पीड़न से मुक्ति हमारी सारी राजनीति की श्रेष्ठता है। इन्हीं सब कारणों से लोकतंत्र के प्रति लोग निराश भी हो रहे हैं। जैसा आपने कहा, उसको हिकारत की दृष्टि से देखते भी हैं। लेकिन तब भी वे राजनीति से बच नहीं पाएँगे। बल्कि इस समय एक चौकन्ने और सजग राष्ट्र को जिस तरह से राजनीति में रुचि लेनी चाहिए, मेरा तो यह आग्रह होगा कि चौकन्ने और सजग राष्ट्र के नागरिकों की तरह तंत्र पर अपनी दृष्टि रखें और उसको कभी भी वह स्वतंत्रता न दें कि जिससे वह स्वतंत्रता पर आघात कर सके।

हिमांशु पंड्या : *यहाँ मैं जरूर हस्तक्षेप करना चाहूँगा, क्योंकि जिसे आप नियतिवाद की संज्ञा दे रहे थे, मुझे लगता है कि कहीं-न-कहीं आपके विचार में भी वह झलक रहा है। फिर चाहे आप उसके बाद लेखन की या जनता के चौकन्नेपन की बात कहें, इन दोनों में इतना अन्तरविरोध है कि यह रस्मी-सा नजर आता है। यह जो तथाकथित समृद्धिमूलक सभ्यता है, यह किसी भी रूप में समतामूलक नहीं है और यह समृद्धिमूलक सभ्यता भी अपने साथ इतना सारा माल लेकर आ रही है कि वह सबसे*

निचले पायदान पर खड़े व्यक्ति को भी दो रोटी दे सकती है। अब ऐसे में किसी भी प्रकार के परिवर्तन की आकांक्षा ज्यादा मुश्किल इसलिए होती जा रही है पुराने समय से आज तक कि सबको कुछ-न-कुछ देने के लिए इसके पास है, क्योंकि यह कल्याणकारी राज्य के भेस में आता है। ऐसे में और ज्यादा मुश्किल है कि हम किसी परिवर्तन की उम्मीद में या किसी समतामूलक समाज की उम्मीद में काम करें। मतलब, चीजें अगर अपने क्रूरतम रूप में हों तो उनका विरोध करना आसान होता है, ऐसे में हम कहें कि जनता चौकन्नी होगी, तो मुझे यह एक कल्पना बहुत दूर की कौड़ी इसलिए ही लगती है कि उसके लिए हमने कोई आधार छोड़ा ही नहीं है।

आपने कहा कि इतनी उदारता तो उनमें आ ही गई है कि सबको कुछ-न-कुछ दे दें, लेकिन धीरे-धीरे। धीरे-धीरे क्या हिमांशु, यह बात भी समझ में नहीं आती कि यह उनकी बचाव की रणनीति ही है? यह उनका एक 'प्रोटेक्शन' है, एक कवच है। इस प्रकार की चालाकियाँ क्या मनुष्य या लोक या कि जन, जो भी आप कहें, धीरे-धीरे इस सबको समझ नहीं आता? क्या इन अन्तर्विरोधों को वह जान नहीं जाता? आप पुराने समय में भी आन्दोलनों को देखें, चाहे वह भक्ति आन्दोलन हो या साम्प्रदायिक, किसी किस्म का आन्दोलन हो, लेकिन क्या गाँव के लोग वास्तविकता तथा छल और उत्पीड़न के अन्तर को समझ नहीं जाते? अगर वे इसको समझते हैं, तो क्या वे धीरे-धीरे एक वृहद् आन्दोलन में अपनी शक्ति को तब्दील नहीं कर देते? जैसे अंग्रेजों के समय में आप देखें, लोग पुलिस से और जिसे अपने यहाँ सिणा कहते हैं, जो रेवेन्यू उगाहता था, उस तक से डरते थे। जब भी अन्त में उन डरपोक लोगों ने उनके विरुद्ध झंडे उठाए, आन्दोलन किए, ताँगे के पीछे उन लोगों को घसीटा गया और न जाने कितने-कितने प्रकार की उन लोगों को यातनाएँ दी गईं, तब भी क्या हुआ? तो इस बात से मुझे सन्तोष मिलता है कि अन्तरविरोधों के बीच में भी, कोई तो शक्ति ऐसी है, कोई बुद्धि ऐसी है, कोई विवेक ऐसा है, जो हमारी लगातार क्षीण होती हुई विरोधी शक्ति को संगृहीत करता है, संगठित करता है। मैं कभी यह कल्पना नहीं कर सकता कि आने वाले दिनों में हो सकता है कि हमारे संघर्ष के तरीके बदल जाएँ, हम अनुकूल तरीकों की तलाश करने लगें, लेकिन उत्पीड़न यदि है तो उत्पीड़न के विरोध के मोर्चे भी खुलेंगे, यह आशा करना हमेशा फलदायक होता है।

पल्लव : *नन्द बाबू! एक बार मायावती ने कहीं कहा था जो दलित गांधीजी के मार्ग पर चले, वे पिछड़ गए और जो अम्बेडकर के अनुयायी थे, वे तरक्की कर गए, क्या यह आकलन हतप्रभ करने जैसा नहीं लगता?*

वैसे इस प्रकार के जो वक्तव्य हैं, वे गम्भीर नहीं होते। वे केवल राजनीतिक वक्तव्य होते हैं, इसलिए उन पर हम लोगों को ज्यादा चिन्ता करने की आवश्यकता नहीं है और न ही उनसे हतप्रभ होने की आवश्यकता है, क्योंकि ऐसे चमत्कारपूर्ण वक्तव्य, जिनका आधार किसी सिद्धान्त की तलाश नहीं करना है, बल्कि एक तात्कालिक राजनीति को उद्वेलित करना है। उससे हमें ज्यादा न तो हतप्रभ होना चाहिए और न विचलित होना चाहिए। (थोड़ा ठहरकर)...जैसा कि आप जानते हैं कि अम्बेडकर और गांधी–विमर्श जटिल भी है और उसकी ज्यादा जटिलता राजनीतिक कारणों से है, इसलिए हमें इस सवाल को फिलहाल एक राजनीतिकार का नैतिक वक्तव्य मानकर छोड़ देना चाहिए और गांधी व अम्बेडकर की प्रतिद्वंद्विता की जगह दोनों के दलित–मुक्ति के प्रयत्नों को पहचानना चाहिए।

पल्लव : *आरक्षण को लेकर युवावर्ग में जो हताशा और गुस्सा उभरा था या शायद वह अभी भी है, यह हमें किस ओर ले जाएगा?*

'हम' का मतलब आप अगर अपर क्लास से लें कि वह आपको किस तरफ ले जाएगा, तो अब एक तरह से तो समझौता हो गया है। एक तरह से अपर क्लास ने 'कम्प्रोमाइज' कर लिया है उसके साथ। और अपर क्लास जो राजनीति कर रहा है, उस राजनीति के दौरान दलित वर्ग को भी यह समझ में आ गया है कि जिनके लिए आरक्षण है, उनके आरक्षण की सुविधा हटाकर वे वोट की राजनीति में हार जाएँ। इसीलिए, उनके पास जो लगाम है, तब भी वे लगाम को ढीली छोड़ना नहीं चाहते। अभी जैसे जो आरक्षण–विरोधी हैं, वे भी आरक्षण की सुविधाएँ देने को तैयार हैं और उन्हें बढ़ा रहे हैं। लेकिन छल यह नहीं है पल्लव! छल यह है कि आरक्षण–विरोधी राजनीति हमारे मन में है। देखिए, उसको मैं आने वाले दिनों में बड़ा अजीब परिप्रेक्ष्य देखता हूँ। अब ज्यों–ज्यों 'प्राइवेटाइजेशन' होता जाएगा और अपर क्लास ही इसके मालिक होंगे...वे इस प्रकार की व्यवस्था करेंगे कि आरक्षण के चलते हुए भी पूरी मुक्ति मिल जाए। हताशा...आप 'अपर क्लास' पर ही चिन्ता मत कीजिए। हताशा उन लोगों की भी है, जो तंत्र में 50 या 51 या 52 प्रतिशत हैं : ज्यों–ज्यों प्राइवेटाइजेशन बढ़ता चला जाएगा, इन सामान्य लोगों की हताशाएँ, चिन्ताएँ और अधिक गहरी होती चली जाएँगी क्योंकि पक्षपात, जातिवाद बढ़ता चला जाएगा। तब जो जातियाँ 'प्राइवेटाइजेशन' करेंगी, वे अपनी ही जातियों को आर्थिक सुरक्षा भी प्रदान करेंगी। आज जातिवाद का प्रसंग इतना जटिल हो गया है कि जब अपर क्लास करता है, तब हमें वह जातिवाद नजर नहीं आता। लेकिन जब 'शिड्यूल कास्ट' का आदमी यत्किंचित जातिवाद करता हुआ नजर आता है तो हम उसको 'माइक्रोस्कोप' से देखने की कोशिश करते हैं और तब वह इतना वृहद नजर आने लगता है कि जैसे केवल वे ही जातिवाद फै ला रहे हैं। हम तो सीधे–सच्चे साधुमना

लोग हैं तो मुझे, जो आगे आने वाले समय में हताशा और चिन्ता नजर आती है, वह अपर क्लास की नहीं, लेकिन प्राइवेटाइजेशन के साथ-साथ जो निहित स्वार्थ जुड़े हैं तब की नजर आती है। अभी भी आरक्षण की व्यवस्था होने के बावजूद यूनिवर्सिटियाँ, अस्पतालों में देख लीजिए, कितने प्रतिशत लोग होंगे, जो प्रोफेसर हैं, डॉक्टर हैं ? दरअसल, मीडिया जो निम्न वर्ग के साथ सहानुभूति प्रदर्शित करता है जबकि वह स्वयं उच्चवर्गीय स्वार्थों और महत्त्वाकांक्षाओं का प्रतिनिधि है।

पल्लव : *टी.वी. व फिल्मों में आदर्श परिवारवाद जैसी चीजों का उभरना और एक काल्पनिक हवाई दुनिया में विचरण करना क्या आज के प्रश्नों से न टकराने की वजह से हो रहा है या इसके पीछे कुछ और गम्भीर सवाल हैं?*

वे किसी से टकराना-वकराना कुछ नहीं चाहते हैं, दरअसल जो टी.वी. की तकनीक है, उस तकनीक में ये चीजें 'टी.आर.पी.' बढ़ाने वाली हैं। ये प्रसंग उनकी लोकप्रियता बढ़ाने वाले होते हैं। ये एक मनोरंजक, आसानी से समझ में आने वाले द्वंद्वरहित, कॉप्लेक्स सवालों से बचाव करते हैं। आप टी.वी. से किसी बौद्धिक टकराहट की, जटिल समस्याओं से जूझने की, इनके उत्तर तलाश करने की आशा करें, यह भी हमारी सबसे बड़ी भूल होगी।

हिमांशु पंड्या : *मैं बीच में रोक रहा हूँ, लेकिन क्या आप यह कह रहे हैं कि टी.वी. का हमारे वैचारिक उद्देश्यों को आगे लाने के लिए इस्तेमाल नहीं किया जा सकता? जैसे न्यूज चैनल, जो तथाकथित विचार को आगे बढ़ाने की बात करते हैं, उनमें भी मैंने यह बात देखी है लगातार, कि वे सिर्फ सनसनीखेज खबरों को या जो बिकता है, उसे आगे लाने की कोशिश करते हैं, जो विचार हैं, वह तो टी.वी. से लगातार अनुपस्थित ही रहता है, तो क्या हम इसमें उस वैचारिक सघनता को नहीं पा सकते कभी भी?*

नहीं, मैं यह नहीं कहता। मैं तो उनका लक्ष्य कहता हूँ कि वे वैचारिक शून्यता उत्पन्न करना चाहते हैं। अभी थोड़े दिन पहले की याद करें, एक बार टी.वी. पर समानान्तर फिल्में दिखाने का दौर शुरू हुआ था, वह कुछ ही समय में सिमट गया। उसके सिमटने का कारण भी यही था कि जो मीडिया के नियामक हैं, नियंत्रक हैं, उनकी इच्छा सजग वैचारिकता उत्पन्न करना नहीं है, क्योंकि ज्यों-ज्यों विचार-शून्यता उत्पन्न होती चली जाएगी, उन लोगों का काम आसान होता चला जाएगा। उनको इसी परिस्थिति में ज्यादा से ज्यादा दर्शक मिलेंगे। यह उनके व्यापार का हिस्सा है। अपने बाजार को सुदृढ़ करने के लिए वे जान-बूझकर इस प्रकार की मसखरियाँ, इस प्रकार की रोमांचकता और नशा पैदा करना चाहते हैं।

लेकिन हमारी कठिनाई यह है कि जहाँ हमें जनता को शिक्षित करना चाहिए, उसे अपने वास्तविक कष्टों को उनके कामकाजी लक्ष्यों को बताना चाहिए, वहाँ हम नाकामयाब हो जाते हैं क्योंकि हमारे पास वैकल्पिक साधन नहीं हैं। टी.वी. की जगह हम कुछ और विकल्प दें कि टी.वी. देखने से स्त्रियाँ थोड़ी विरत हों, या थोड़ा वे समझने लगें कि यह दरअसल उन्हें ही फँसाने का जादू है, या उन्हें ही निष्क्रिय या विचारशून्य करने का षड्यंत्र है।

पल्लव : *स्वतंत्रता-आन्दोलन के दिनों में आप लगभग 20-20 साल के रहे होंगे और आपने 'भारत छोड़ो' आन्दोलन व स्वतंत्रता-प्राप्ति के दिन भी देखे हैं। वे अनुभव कैसे थे, आप हमें कुछ बताएँगे?*

ज्यादा मुझे कुछ देखने को मिला नहीं, क्योंकि एक तो मैं बहुत छोटी जगह छोटे नगर में रहता था, झालावाड़ में। दूसरे, वहाँ स्वतंत्रता का आन्दोलन प्रबल नहीं था। मुझे जो कुछ देखने का थोड़ा अवसर मिला, वह जब अजमेर में मैं बी.ए. करने आया था, तब ही मिला। (थोड़ा विचार कर)...लेकिन उन दिनों मैंने किसी संघर्षशील, स्वतंत्रता संग्राम के बड़े सेनानी को न पहचाना, न जाना। बस, एक रोमानी खयाल था कि स्वतंत्रता कोई महत्त्वपूर्ण उपलब्धि है और वह हमें प्राप्त करना चाहिए या अंग्रेजी राज से मुक्त हो जाना चाहिए जबकि हमारे ऊपर कोई अंग्रेज राज नहीं था, हमारे ऊपर तो राजाओं का ही नृशंस शासन था, लेकिन एक तरह से जो वातावरण बन गया था, उस वातावरण के हम भी साझेदार थे।...जो हमारी नाराजी थी, वह राजाओं के प्रति ही थी। जैसी मेरी अपनी नाराजी ही थी, जो मैंने कविताओं में व्यक्त भी की, जब पेरिस से राजा कुत्ते ले आए। वह जो प्रायः आपको कहा करता हूँ, वह नाराजी जो राजा के प्रति थी, वह शायद प्रकारांतर से अंग्रेजों के प्रति भी थी और उसी के विरुद्ध हम लोग लड़ रहे थे। मैंने कुछ आन्दोलनात्मक काम, जब मैं अजमेर में बी.ए. पढ़ने आया था, तब किए थे।

हिमांशु पंड्या : *नन्द बाबू, गांधीजी की हत्या के समय आप कहाँ थे? और उस समय क्या साम्प्रदायिक शक्तियों को लेकर जनता में किसी प्रकार के गुस्से या किसी प्रकार का कोई भाव आप देख पाते थे?*

मैं उस समय महाराष्ट्र में एक स्कूल का प्रधानाध्यापक था, यद्यपि मेरी आयु छोटी थी, क्योंकि मैंने बी.टी. कर लिया था, इसलिए प्रधानाध्यापक बना दिया था। महाराष्ट्र की राजनीति कांग्रेस और कांग्रेस-विरोध में बँटी थी। महाराष्ट्र के अधिकांश ब्राह्मण प्रतिक्रियावादी और दक्षिणापंथी विचारधारा के थे लेकिन कृषक-श्रमिक वर्ग गांधी के साथ था। 'न्यू इंग्लिश स्कूल' की जो मैनेजिंग कमेटी थी, उसमें ब्राह्मण भी थे और किसान भी। जो वहाँ के अध्यक्ष थे, उनका नाम था रामभाऊ कुलकर्णी। वे ब्राह्मण थे, और उन्होंने अपने साले को अध्यापक बना दिया था। मैं इन बातों को

ज्यादा गहराई से जानता नहीं था, लेकिन उस कस्बे में नसीराबाद में (जो भुसावल के पास है), वहाँ आर.एस.एस. का काफी काम था, महाराष्ट्र में तो था ही। मैंने पहली बार गोलवलकर को जलगाँव में देखा था। जलगाँव की एक सभा में मैं उनको सुनने गया था और जिस प्रकार का जुलूस और जनसभा मैंने देखी, उस प्रकार की जनसभाएँ मैंने पहले कभी नहीं देखी थीं। अनुशासन के आतंक में वह जनसभा आयोजित थी। श्री गोलवलकर काली शेरवानी पहने थे। वे घोड़े पर उस सभास्थल तक लाए गए थे, जहाँ मैंने उनका भाषण सुना था। नसीराबाद में विचार-सभाएँ होती थीं, पर वे एकांत स्थानों पर होती थीं जिनमें वे मुझे भी बुलाते थे। वे मुझे इसीलिए बुलाते थे कि मैं उस नगर में हेडमास्टर था जहाँ हेडमास्टर होना बहुत महत्त्व की बात थी। मैं हमेशा ही आश्चर्य करता था कि वे मीटिंग रात में ही क्यों होती है। दूसरी मेरी सबसे बड़ी दिक्कत यह थी कि मैं हिन्दी ही समझता था और वहाँ जो सभा की कार्रवाई होती थी, वह मराठी में होती थी। लेकिन उनके लिए मेरी उपस्थिति ही काफी थी। अध्यक्ष के साले कोरोणो आर.एस.एस. के सक्रिय कार्यकर्ता थे और जो स्कूल की संरचना थी, वह इस प्रकार की थी कि उसमें विद्यार्थीगण वहाँ की वर्नाक्यूलर फाइनल परीक्षा देकर ही दाखिला लेते थे। तब तक वे सत्रह-अठारह वर्ष के हो जाते थे। इस तरह 'न्यू इंग्लिश स्कूल' के लड़के युवा थे और कृषक वर्ग के थे। वे आर.एस.एस. के अध्यापक की नियुक्ति से चौकन्ने हो गए। उन्हीं दिनों गांधी की हत्या हो गई और जिस दिन हत्या हुई, कोरोणों पेड़े बाँटकर गायब हो गया। यह बात किसी-न-किसी तरह से उन युवा विद्यार्थियों को मालूम पड़ गई। इससे बड़ा भारी उपद्रव हुआ और उपद्रव के कारण होने वाली भारी हिंसा से मैंने नगर को बचाया। इससे विद्यार्थी भी बचे और वह नगर भी बचा। उपद्रव-स्थल पर खड़े होकर मैंने भीड़ को सम्बोधित किया। नाराज छात्रों का जुलूस अध्यक्ष कुलकर्णी के घर तक पहुँच गया था और भारी पथराव हो रहा था, बिजली काट दी गई थी। मैंने अपने कपड़े उतार दिये और कहा कि मैं यहाँ हूँ—तुम्हारा हेडमास्टर। 'न्यू इंग्लिश स्कूल' के विद्यार्थी अगर यहाँ हैं तो मैं कहता हूँ कि गांधी की मृत्यु का बदला हिंसा से लेना उनकी मृत्यु का अपमान होगा। तुम जो पत्थर फेंकोगे, वे मेरे ऊपर ही होंगे। इसका परिणाम यह हुआ कि लड़के वहाँ से चले गए। जिन पर बाद में उस मैनेजिंग कमेटी के ब्राह्मण सदस्यों ने यह आरोप लगाया था कि वे मेरे उकासाए विद्यार्थी थे। इसलिए मेरे कहने से लौट गए। इसका सबसे ज्यादा दुःख मुझे हुआ और मैं त्यागपत्र देकर राजस्थान आ गया। लेकिन पूरा महाराष्ट्र जल उठा था। जहाँ मैं प्रधानाध्यापक था, वहाँ लोगों ने भारी नाराजगी व्यक्त करते हुए आर.एस.एस. पर प्रतिबंध लगा देने की माँग की। उस समय की नाराजी को देखते हुए अगर हमारे राजनेताओं ने चौकसी की होती तो आज हम जिस साम्प्रदायिक अग्नि में झुलस रहे हैं, उसकी लपटें कुछ कम प्रभावशाली होतीं। जयप्रकाश ने यह

सवाल उठाया था कि इसमें गृह-विभाग की ही लापरवाही थी कि उन्होंने गांधी जी को वह सुरक्षा प्रदान नहीं की, जो उनको दी जानी थी। खास तौर पर उस समय, जब हिन्दुत्ववादी और हिंसावादी शक्तियाँ प्रबल हो रही थीं, याद करें, गांधी जी ने भारत सरकार को यह याद दिलाया था कि पाकिस्तान और हिन्दुस्तान के बीच में लेन-देन का जो करार हुआ है, उसके अनुसार धन पाकिस्तान को दिया जाना है।

जनता गांधी की हत्या से बहुत नाराज थी। थोड़े दिनों तक साम्प्रदायवादी शक्तियों ने अपना चेहरा छिपाए रखा लेकिन समय आने पर उन्होंने फिर वही चेहरा लगा लिया, जिसको उसने बहुत दिनों तक गांधी की हत्या के कारण छिपा लिया था।

हिमांशु पंड्या : *क्या आपको ऐसा नहीं लगता कि साम्प्रदायिक शक्तियों के सामने आज भी गांधी जैसा धार्मिक व्यक्ति और उनका चिंतन ही सबसे बड़ी चुनौती है?*

हाँ, हिमांशु, वे ही चुनौती हैं और इसलिए आप देखते होंगे कि गांधी ने जिस देश को तैयार किया, उसी देश के मूल्यवान आदर्शों को नष्ट करने में साम्प्रदायिक ताकतें प्रबल रूप से काम कर रही हैं। उन्हें इतना बड़ा प्रतिरोधी दूसरा नजर नहीं आता, जितना बड़ा गांधी नजर आता है। इसलिए उनकी सबसे बड़ी चिन्ता गांधी के बनाए हुए भारत से ही है। दूसरे नेताओं को तो वे बहुत-से लांछन लगाकर दरकिनार कर देते हैं, लेकिन गांधी पर कौन-सा लांछन लगाएँ?

पल्लव : *नन्द बाबू, आखिरी सवाल पूछ रहा हूँ, वह यह कि अब आप अस्सी वर्ष के हो गए हैं। कवि, आलोचक और निबन्धकार के रूप में आपने पर्याप्त स्तरीय साहित्य पाठकों को दिया है। आपने जब लिखना शुरू किया था, तब से आज तक आखिर वे कौन-से सवाल और चिन्ताएँ निरन्तर आपके लेखन का आधार बनती गईं?*

ऐसा है पल्लव, तुमने प्रश्न किया, इसमें मुझे कोई आपत्ति नहीं है, मैं हो ही गया हूँ अस्सी साल का, लेकिन हमारे हिन्दू मन में आयु का भाव प्रबल ही रहता है, प्राय: परेशान करता रहता है। तुम्हीं नहीं हो, बहुत सारे लोग-बाग जहाँ अनावश्यक होता है, वहाँ भी यह पूछते रहते हैं, अब आप कितने वर्ष के हो गए हैं; जबकि मनुष्य की आयु से नहीं, उसकी सृजनात्मक ऊर्जा से हमें खुश होना चाहिए। आयु तो हो ही गई है और उससे मैं इनकार भी नहीं करता। यह भी एक प्रकार का पलायन ही है, जब आपने बहुत पहले से जन्म लिया हो, तो और भी वर्ष हो जाएँगे क्योंकि यह वर्ष का स्वभाव है। लेकिन खुशी इस बात की है कि आयु के उपरांत भी जो मेरे मन का उत्साह है, वह अघटित है। अभी मैंने पीयूष (दइया) के 'रंगायन' के लिए लगभग पचास कविताओं—जो कुछ संथाली हैं, कुछ ऊरांव हैं—का अनुवाद किया है।

कल ही एक पुस्तक की भूमिका लिखी है और ऐसा कोई दिन नहीं होता, जब कुछ-न-कुछ रचनात्मक काम न हो जाता हो। तब भी मुझे कोई बुरा नहीं लगता कि आप आयु की बात करें। (अत्यन्त कोमल भाव से मुस्कुराते हैं।)

पल्लव : *क्षमा करें, नन्द बाबू! मेरा उद्देश्य आपको आहत करना नहीं था। जैसा आपके अधिकांश पाठक व मित्र कहते ही हैं, आप चिर युवा हैं। हाँ, मेरा प्रश्न रह गया, वह यह था कि वे सवाल और चिन्ताएँ क्या थीं, जो आपके लेखन का निरन्तर आधार बन सकीं?*

पल्लव, मैंने इसका कई बार जिक्र किया है कि मेरे जीवन का अधिकांश जुड़ाव दो ही महत्त्वपूर्ण चिन्ताओं से है। उनको मैं कई तरह से देखता हूँ। जब मैंने लिखना प्रारम्भ किया था तब मैं एक रोमानी दृष्टि से देखता था। अब मैं उनको बहुत आवश्यक दृष्टियों से देखने लगा हूँ, क्योंकि मुझे अब वे आर्थिक, राजनीतिक, सांस्कृतिक प्रभाव लेती नजर आ रही हैं। जब मैंने लिखा था, पद्माकर की शैली के एक छन्द का प्रतिकार करते हुए, आपको पद्माकर का वह छन्द मालूम है :

गलीचा हो गुनीजन हो चाँदनी हो चिक हो
चिरागन की माला हो कहें पद्माकर ज्यों...

(हँसते हुए पूरा करते हैं) पद्माकर का सुप्रसिद्ध छन्द जिसमें पद्माकर ने 'बालाओं' को 'मसाला' कहा है। (फिर हँसी, संयत होकर) मतलब स्त्रियाँ भी एक मसाला हैं तो उसका उत्तर मैंने बहुत छोटी आयु में छन्द लिखकर दिया था जिसकी अंतिम पंक्ति है :

दीजै रंगशाला, रतिशाला को हवाला कहा
बिलखत जे हैं एक-एक निवाला को।

जो एक-एक अन्न के दाने, ग्रास के लिए बिलख रहे हैं, उनको 'दीजै रंगशाला', 'रतिशाला को हवाला कहा'। और यह कोई मैंने मार्क्स की, लोहिया की, गांधी की, या जयप्रकाश की पुस्तक पढ़कर नहीं लिखा। यह सहज ही पीड़ादायक उद्‌गार थे जो उत्पीड़न के विरुद्ध थे। यह क़विता पंद्रह-सोलह वर्ष की आयु में लिखी थी। पर बाद में जब मैंने इन्हीं भावों को अपनी कविताओं के लिए चुना तो मुझे लगा कि मेरी कविता की चिन्ताएँ मूलतः यही हैं। मुझे अब भी वह सारी बयानबाजी, जो समाज से साहित्य को काटने के सन्दर्भ में दी जाती हैं, निरर्थक और क्षुब्ध करने वाली लगती हैं और मेरे पास उसके तर्क भी हैं। मैं दो लक्ष्यों को बार-बार चिन्हित करता हूँ : मनुष्य की स्वाधीनता और मनुष्य की समता।

मुझे ऐसा लगता है कि दोनों ही चीजें बुनियादी और जीवन की अपरिहार्य आवश्यकताएँ हैं। मनुष्य का स्वाधीन होना, क्योंकि स्वाधीन लोग ही समता की और समता के लोग ही स्वाधीनता की बात कर सकते हैं। पूँजीवादी या कि

अधिनायकवादी व्यवस्थाएँ, मैं समझता हूँ, सब आवश्यकताएँ, सुख-सुविधाएँ उपलब्ध करा देंगी। लेकिन तब हम एक-दूसरे प्रकार की पराधीनता को भोगेंगे। सब सुखों के बीच भी स्वाधीनता अपना एक मूल्य रखती है और सारी स्वाधीनता के बावजूद समता न हुई तो एक दुखांत पराधीनता की ओर ही जाएँगे।

जब मैंने कविता लिखना प्रारम्भ किया था, तब तो शायद मेरे मन में यह खयाल न रहा हो और एक 'इंस्टिक्टिव' आवेश रहा हो, लेकिन आज तो मैं समता और स्वाधीनता के लक्ष्यों को साहित्य के लिए बहुत जरूरी और बुनियादी मानता हूँ।

['प्रभात खबर' के सौजन्य से]

समानता के मानवीय सपनों के पक्षधर

डॉ. विश्वम्भर व्यास

हाल ही में आपकी नई किताब आई है 'अतीत राग'। आपका कहना है कि अतीत से भविष्य के लिए दृष्टि मिलती है। शोषणरहित समाज की रचना इसका मकसद है, पर समाज में शोषण को किसी-न-किसी रूप में अपना आधिपत्य जमाए देखा जा सकता है। क्या अब भी आप इस उम्मीद को सँजोए हैं कि एक-न-एक दिन अपने मकसद में कामयाब होंगे?

मैं समझता हूँ कि यह एक बुनियादी तृष्णा है, इच्छा है कि एक समाज ऐसा बने जो शोषणरहित हो इसलिए जब तक शोषण है विकृतियाँ हैं तब तक यह 'यूटोपिया' जीवित रहेगा कि एक संसार ऐसा बने जो इन विकृतियों से मुक्त हो और मनुष्य को एक सुखमय, शान्तिमय, तनावरहित जीवन हासिल हो। मैं सारी मनुष्य जाति की तरफ से यह इच्छा करता हूँ कि विषमताओं का यह समाज विषमता-रहित हो और अनेक तरह की जो विषमताएँ हैं, चाहे वे जाति की हों, चाहे धर्म की हों, चाहे अशिक्षा की हों, चाहे वे अस्वास्थ्य की हों, उनसे मनुष्य को कम-से-कम कष्ट हो।

200 पृष्ठों में फैले इन निबन्धों में 'अतीत' को जिस शिद्दत से पेश किया गया है, उनसे भविष्य के प्रति कौन-सी दृष्टि बनती है?

यह शायद पहले प्रश्न में निहित है। इस प्रश्न का भी यही उत्तर है कि भविष्य की कल्पना में एक शोषण-मुक्त समाज शामिल है क्योंकि जब तक व्यवस्था बदलती नहीं है तब तक हमारे निजी प्रयत्न चाहे जितने ऊर्ध्वमुखी हों, चाहे जितने आनन्ददायक हों, लेकिन वे व्यक्ति की परिधि में रह जाते हैं। व्यक्तिगत-परिधि की एक सीमा है। अगर हमें व्यक्तिगत कष्टों से मुक्ति पानी है तो यह बहुत ही आवश्यक होगा कि हम उन्हें केवल ईश्वरीय इच्छा या और किन्हीं धुन्ध भरे शब्दों में न बाँधें, बल्कि एक सामाजिक व्यवस्था की रचना भी करें, जो यह विश्वास दिलाए कि मनुष्य के कष्टों का अन्त होने वाला है। देखिए, इसमें बहुत सारी बातें हैं। आप अगर धर्म के स्वरूप को भी देखें, तो वह भी इसी भावना को पुष्ट करता है कि यदि व्यक्ति

धर्माचरण करेगा, तो उसके जीवन में आनन्द और सुख प्राप्त होगा यानी धर्म की भी मूल कामना मनुष्य को कष्ट-मुक्त करना ही है। अगर धर्म की मूल कामना कष्ट-मुक्त करना है और धर्म ने मनुष्य की इस कष्ट-मुक्ति के लिए न केवल शुभकामनाएँ ही दी हैं, बल्कि एक व्यवस्था भी बनाई है। एक धार्मिक व्यवस्था भी है। उस धार्मिक व्यवस्था का भी आग्रह कष्ट-मुक्त करना ही है और अन्त में वह एक ऐसी मुक्ति की कामना ही है जिससे बार-बार जन्म न लेना पड़े। ऐसा प्रतीत होता है कि जन्म लेना शायद एक व्यवस्था के कष्टों से घिर जाना है, जो दुःख का कारण है। सारे धर्माचार्य, सारे धर्म, अगर मुक्ति की कामना करते हैं, तो क्यों करते हैं? शायद इसलिए कि उनके अनुयायी इस गैर-बराबरी की कष्ट देने वाली दुनिया और व्यवस्था से मुक्ति पा सकें।

'प्रभात-खबर' में इसे लेकर अच्छी-सी समीक्षा हरिवंश ने लिखी है। जयप्रकाश, लोहिया जी, हीरालाल जी, राजेन्द्र जी, नरेन्द्र जी का अपने ध्येय के प्रति समर्पण निःसन्देह प्रेरणास्पद है, पर आज समाजवादियों की जो दशा-दुर्दशा, दिशाहीनता है, उसे देखते तो निराशा का ही आभास होता है। इस परिप्रेक्ष्य में आप क्या कुछ टिप्पणी करना चाहेंगे?

यह बड़ा अच्छा प्रश्न है लेकिन उत्तर देना थोड़ा कठिन है। इस दृष्टि से तो आप ठीक ही कहते हैं कि पिछले दशकों में जो समाज की रचना हुई है, उसमें अधिकांशतः ऐसा ही प्रतीत होता है कि पहले के बहुत सारे प्रयत्न उलट दिये गए हैं और एक ऐसी व्यवस्था की स्थापना होने जा रही है कि जो व्यक्ति और शोषण-केन्द्रित है, जो लुका-छिपी का खेल भी खेल रही है और यह भी कि जिसने चालाक किस्म का एक वर्ग तैयार कर लिया है, जिसको हम कई बार 'मध्यमवर्गीय मानसिकता' भी कहते हैं तब मुझे यह विचार करना आवश्यक प्रतीत होता है कि इस समय हम किस तरह का संघर्ष करें या कि शोषण-मुक्त सामाजिक व्यवस्था बनाएँ...? क्योंकि आज कठिनाई यह आ गई है कि शत्रु चेहराविहीन हो गया है। मशीनों का गांधी जब विरोध करते थे तब ऐसा लगता था, जैसे वे कोई नया और कभी सफल न होने वाला 'यूटोपिया' बना रहे हैं, लेकिन अब तो मुझे यह लगता है कि मनुष्य की सम्पूर्ण इच्छाशक्ति आधुनिक 'टेक्नोलॉजिकल' व्यवस्था ने समाप्त कर दी है और वह पहचान ही नहीं पा रहा है, क्या हो रहा है? वह खुद जैसे मशीन हो गया है!

लक्षित करें कि वह पहले की लड़ाई, जिसे हम 'समाजवादी लड़ाई' कहते थे, वह लड़ाई हमें नजर आती थी। एक वर्ग, जो पूँजीवादी वर्ग था, एक मशीन स्थापित करने वाला मालिक था, उसके लोभ या लालच के विरुद्ध हम मजदूर-यूनियन बनाते थे या लड़ाई के लिए मोर्चा तैयार करते थे, लेकिन अब जिस तकनीक का विस्तार होता चला जा रहा है, वह चेहराविहीन है, धुआँ-धुआँ है।

●

लेकिन समाजवादियों की दशा-दुर्दशा...पर आपकी टिप्पणी?

यह तो आप ने ठीक ही कहा कि समाजवादियों का जो निष्ठावान समूह था, वह विलुप्त हो गया है और इससे बड़ा नुकसान यह हुआ कि एक दृष्टि देने वाली पार्टी का अभाव हो गया है। अब तो हमें यह भी नजर आता है, जैसे एक तो यह हुआ, जिसे हर्बर्ट मार्क्यूज ने 'यूनिडायमेंशनल' कहा है। अब हमें व्यवस्था का दूसरा विकल्प नजर नहीं आता, जैसे 'समाजवाद' जिसके समाप्त होने से पूँजीवाद निरंकुशता की सीमा तक पहुँच गया है। कहने के लिए जरूर लोकतंत्र या डेमोक्रेसी की बात की जाती है, लेकिन सारी व्यवस्था में से जो सम्भावना, जो भविष्य निकल कर आ रहा है, वह 'तानाशाही' का है, क्योंकि अगर 'यूनिडायमेंशनल' व्यवस्था बनती है कि जिसमें कोई विकल्प नहीं है, 'बहुवचन' है ही नहीं...एकवचन ही है तो दुर्भाग्यपूर्ण है। यह समाज के शुभाकांक्षी के लिए एक चुनौती भी है। एक और दुर्घटना हुई जिन्हें 'आत्म-संशय' कह सकते हैं जिसके चलते मनुष्य स्वयं अपनी बुनियादी नैतिक स्थापनाओं से ही लड़ रहा है और उसको यह विश्वास नहीं है कि किस प्रकार की दुनिया 'मंगलकारी' और मानवीय होगी। आज का मनुष्य स्वयं यह नहीं जानता कि मुक्ति का रास्ता अन्ततः क्या है?

'अतीत राग' के कुछ संस्मरण निश्चय ही अपनी प्रामाणिकता और बेबाकी के कारण न केवल दिलचस्प हैं बल्कि प्रभावित करने वाले भी हैं, जहाँ आवाज अन्दर से निकलती है। खास तौर पर मैं 'लंदन के दस दिन', 'माँ का गाँव' और 'भागीरथ काका' की बात करना चाहूँगा। लेकिन राजनीति से जुड़ी शख्सियतों के लेख मन-मानस पर वह प्रभाव नहीं छोड़ते, जितना होना चाहिए। पता नहीं, आप क्या सोचते हैं इस बारे में?

ये अलग-अलग प्रसंगों पर लिखे गए हैं। मैंने अपने प्रारम्भिक लेख में इस तथ्य को व्यक्त किया है कि ये अलग-अलग प्रसंगों, व्यक्तियों की स्मृतियाँ हैं और इनमें कोई तारतम्य नहीं है। दूसरा यह कि ये इस दृष्टि से कभी लिखे भी नहीं गए कि एक पुस्तक के रूप में प्रकाशित होंगे। ये भिन्न-भिन्न प्रकार के, भिन्न-भिन्न अवसरों पर लिखे गए कुछेक लेख हैं। इनमें से कुछ लेखों में मेरा भी मन रमा है—वहाँ, जहाँ स्मृतियों के साथ सघनता और 'तादात्म्य' है। कुछ लेखों में औपचारिकता भी है। लेकिन जिनसे तादात्म्य हुआ है, वे वही लोग हैं, जिनका मैं पारिवारिक या सामाजिक हिस्सा हूँ। दरअसल जब तक लेखक अपनी स्मृतियों के पूरे परिवेश में नहीं रमता, उसका आत्मीय हिस्सा नहीं होता, तब तक उसके लेखन में वह 'ताप' नहीं आता जो गैर पाता है। हम कई बार लेखक से यह पूछते हैं, 'क्या इस लेख में उसका ईमानदार चेहरा चमका है?' तब 'अतीत राग' के कुछ लेखों से मैं यह समझ पाता हूँ कि वे 'ईमानदार' लेखन के चमकते चेहरे के प्रमाण हैं, दूसरे श्रद्धा के या

सामाजिक कर्तव्य पूरा करने के। लेकिन ऐसा करने से कुछ हानि नहीं होती। लेखन कई आवश्यकताओं की पूर्ति करने के लिए किया जाता है। लेखक को कई दृष्टियों से काम करना पड़ता है। इसमें कभी-कभी बाहरी दृष्टियाँ भी होती हैं। लेखक हमेशा ही आन्तरिक दबाव के कारण लेखन नहीं लिखता।

विश्वव्यापी मंदी के महाव्याल ने पिछले कुछ एक साल से जनजीवन को बुरी तरह प्रभावित किया है। जीवन का शायद ही कोई ऐसा क्षेत्र हो जो इससे प्रभावित नहीं हुआ हो। जाहिर है, कविता भी इसकी चपेट में आई है, उसकी दशा-दिशा पर कोई टिप्पणी करना चाहेंगे?

मेरा ऐसा मानना है कि लेखन और उसका प्रचार—ये दो अलग-अलग चीजें हो सकती हैं। कविता का लेखन और उसके बाद...इन दो स्थितियों के बीच का अन्तर समझना चाहिए। लेखन करते समय मंदी और बेरोजगारी और बहुत सारी दूसरी बातें प्रभावित नहीं करतीं लेकिन जब आप लिख चुके होते हैं, तब आपके सामने दूसरी स्थितियाँ होती हैं। उस लिखे हुए के व्यापार में वह कवि रूप में मौजूद नहीं होता, जो कविता या साहित्य लिखता है। लेखन के बाद 'मार्केटिंग' करने वाला साहित्यकार चोला बदल लेता है। वह फिर एक व्यापार वाला व्यक्ति होता है और इस व्यापार में वह बहुत सारी तिकड़में काम में लेता है। कविता के लेखन का क्षण और कविता-लेखन का आवेश गुजरने के बाद का दो मन:स्थितियाँ बन जाती हैं। लेखन के समय का आवेश और लेखन का समय गुजर जाने के बाद की तृष्णा। इन दोनों को हमें अलग-अलग करके सोचना चाहिए। मैं यह मानता हूँ कि इस युग में जब पूँजीवाद का इतना जबर्दस्त प्रभाव हो तब एक लेखक के मन में अगर यह इच्छा उत्पन्न होती है कि उस लेखन का मार्केटिंग कर ले, तो यह स्वाभाविक है। तब वह अखबारों को ढूँढ़ेगा, मैत्री को भी ढूँढ़ेगा, राजनीति भी करेगा, प्रचार भी करेगा और अपने लिखे हुए को एक उत्पाद—एक 'प्रोडक्ट'—एक माल बनाकर 'लांच' करेगा और उससे वह धन भी कमाना चाहेगा। लेकिन मैं समझता हूँ कि उस वक्त वह आदमी एक 'बाजार का आदमी' होगा, लेखक नहीं।

लेकिन आप यह तो स्वीकार करते हैं कि मंदी का असर कहीं-न-कहीं किसी-न-किसी रूप में होता ही है?

इससे यह नहीं कह सकते कि कविता 'व्यापार' हो गई है क्योंकि वह पुरस्कार ला रही है, रॉयल्टी ला रही है, वह 'बाजार' बना रही है; या हो सकता है कि कुछ लेखक, बाजार की गति को देखकर, अपने सम्पूर्ण लेखन के प्रयोजनों को ही बदल ले रहे हैं। ऐसी चतुराई देख सकता हूँ और आप यह देखते भी हैं कि बहुत सारे समृद्ध नगरों में, योरोप में इधर-उधर कई कार्यशालाएँ हैं, कई वर्कशॉप्स हैं, जिनमें यह सिखाया जाता है कि कहानी कैसे लिखी जाए, कविता कैसे लिखी जाए? अगर इस

प्रकार कोई 'ट्रेनिंग' फलदायक होती हुई कवि या लेखक बनाती है तो फिर दूसरा सवाल होता है कि क्या कविता जन्मजात गुण है अथवा कवि 'बनाया' भी जा सकता है? अगर हम यह कहते हैं कि यह एक वर्कशॉप है, एक कार्यशाला है जिसमें कविता लिखने का हुनर सिखाया जाता है तब यह कहना बड़ा विवादास्पद हो जाएगा कि कवि 'जन्मना' होता है। कवि 'कर्मणा' भी हो सकता है। अगर वह सचमुच एक कर्मणा कवि है तो वह उस व्यापारिक-कौशल को भी काम में लेगा जो उसकी अभीष्ट पूर्ति करे, जो उसने पहले से ही तय कर रखे हैं। आपका प्रश्न कई तरह की जिज्ञासाओं को जन्म देता है कि क्या आज के जमाने में कविता भी एक तरह की 'स्किल' होकर एक व्यवसाय हो सकती है? जैसे आप 'हँसोड़' कवि-सम्मेलनों को लीजिए। अभी मैं यह कह रहा था कि वे कोई हँसोड़-कवि हैं और उनको बुलाया गया। बुलाने वालों ने उनको 15000 रुपए दिये। मैं इसको एक तरह का व्यापार ही मानता हूँ कि उनको 15000 रुपए दिये गए क्योंकि वे लोगों को एक उदास वातावरण में हँसाने का काम करते आए थे। यह एक पूर्व-निश्चित काम था जो कविता के जरिए किया जाता था यानी हँसाना है, इसलिए कविता है। ऐसी सारी कविताएँ कविता के क्षेत्र में नहीं आतीं। जैसे पहले आयुर्वेद शास्त्र था। आयुर्वेद शास्त्र के सारे के सारे नुस्खे उनके रसायन, कविता रूप में वर्णित हैं। किसी समय वैद्य को 'कविराज' कहा जाता था। लेकिन उनमें से कभी-किसी को अश्वघोष या कालिदास की श्रेणी में नहीं रखा गया क्योंकि वे पूर्व-निश्चित विषय को छन्द-रूप देते थे।

अभी 'हिन्दी आउटलुक' पत्रिका ने हिन्दी के 'टॉप' तीन कवि चुनने के लिए पाठकों से यह जानना चाहा कि सच्चे अर्थों में जनमानस में किस कवि की लोकप्रियता कैसी और कितनी है? चुनिन्दा नाम थे— केदारनाथ सिंह, अशोक वाजपेयी, कुँवर नारायण, विष्णु खरे, विष्णु नागर, अरुण कमल, विनोद कुमार शुक्ल, मंगलेश डबराल, राजेश जोशी, चन्द्रकान्त देवताले, ज्ञानेन्द्रपति, आलोक धन्वा आदि। राजस्थान के एक भी कवि का नाम इसमें शामिल नहीं था। क्या यहाँ का कोई भी कवि इस हैसियत का नहीं कि उसका नाम सम्मिलित होता? यह कैसी मनोवृत्ति है? आप कुछ कहेंगे इस पर?

इस मनोवृत्ति की व्याख्या करने की कोई आवश्यकता नहीं है, क्योंकि अब तो बहुत सारी पहचान संचार-साधन ही करवाते हैं। इन कवियों को उन संचार-साधनों की सुविधा अधिक उपलब्ध हुई है, और राजस्थान में जो लेखन हुआ है, उस लेखन को यह 'सुविधा' अपेक्षाकृत बहुत कम मिली है। अभी हम लोग उन सारी सुविधाओं से वंचित हैं, जिन्हें आप दिल्ली में या दूसरे 'बड़े' नगरों में देख सकते हैं। राजस्थान

में शिक्षा का भी अभाव रहा है। राजस्थान में जो भी कॉलेज या विश्वविद्यालय खुले, उनमें राजस्थान के साहित्य की, कला की, संस्कृति की विशिष्टताओं की अवमानना हुई। हम यह भी समझते थे कि साहित्य का क्षेत्र तो शाश्वत और विश्वव्यापी है, इसलिए हमारे लेखकों को भी उस समय तक इंतजार करना चाहिए जिस समय तक उनकी अपनी प्रतिभा तथा अपना वैशिष्ट्य स्वतः ही प्रमाणित न हो जाए। लेकिन यह बात जाननी चाहिए कि प्रतिभा का विकास अवसरों की अनुकूलता और उपलब्धता से होता है। यदि अवसर न मिलें तो अच्छी से अच्छी प्रतिभा नष्ट हो सकती है। जैसे यह कि मनुष्य के पास बोलने के सभी उपकरण होते हुए भी यदि उसे बोलने के अवसर न मिलें तो वाणी का वरदान खो देगा। हमारे यहाँ जो कवियों या साहित्यकारों का दखल नहीं हुआ है, वह इस कारण से कि यहाँ शिक्षा के क्षेत्र में, मीडिया के क्षेत्र में, हमारी उपेक्षा है। अभी भी प्रान्त के जो अखबार निकलते हैं, उनकी हमारे साहित्य में कितनी सीमित रुचि है? अभी भी आप वर्षों से स्थापित एकेडेमियों की दुर्दशाओं के सम्बन्ध में सोच सकते हैं। हमारे प्रचार, हमारे पक्ष के मुख्य केन्द्र हैं इतने दुर्बल, इतने क्षीण हो गए हैं कि उनसे किसी प्रकार की साहित्योन्नयन की आशा या किसी प्रकार की साहित्य को प्रतिष्ठित करने की बात करना अपमान-सी मालूम होती है। अगर हमारे नाम कोई नहीं जानता तो यह महज अवसरों की अनुपलब्धि है।

'उत्सव का निर्मम समय' की भूमिका में आप बिहारी के हवाले से 'सुजानों के मन को बाँधने वाली चितवन' की बात कहकर उससे रू-ब-रू होने की बजाय बड़ी चतुराई से किनारा कर गए। आखिर क्या होती है वैसी चितवन, बताएँगे?

आपका सवाल कठिन है लेकिन जवाब देने की कोशिश करता हूँ। जिसे 'चितवन' की विलक्षणता कहा है, वह बड़े रचनाकारों की सृजनात्मक प्रतिभा का अवदान ही है जो कई विशेषताओं के कारण उल्लेखनीय होता है। जैसे कालिदास की वर्णनात्मक क्षमता विलक्षण थी और गालिब का 'अंदाजे-बयाँ'। कहते हैं कि गालिब का 'अंदाजे-बयाँ' कुछ और। यह एक तरह से अभिव्यक्त होने की विलक्षणता है अर्थात् जो हमारे भावों की स्थापित दुनिया है, उसे बदलना, पुनर्नवा करना, सौन्दर्य-बोध की क्षमता देना। बिहारी शायद इसी उथल-पुथल को 'चितवन' मानते हैं जो 'सुजानौ' को सम्मोहित करती है। कदाचित् यही विलक्षणता है, जो याद करने योग्य रह जाती है, अन्यथा सामान्यतया जो चीजें घटित हो रही हैं, वे घटती ही रहती हैं...लेकिन जैसे बहुत सारे चित्रों में भी देखते हैं, एक चीज एक चित्रकार को कहीं की कहीं मालूम होती है, जैसे कई चित्रों में पेट में आँख होती है। सामान्यतया यह बुद्धिगम्य नहीं होता कि पेट में आँख है, लेकिन जो चित्रकर्म करते हैं, उनको यह

आँख उतनी ही सत्य मालूम होती है, जितनी सामान्य जगह आदमी को आँख की तरह आँख होना। तो यह जो उसकी, एक कवि की, एक चित्रकार की, एक कृतिकार की, एक तीक्ष्ण अनुभूति या तीक्ष्ण विवेक या इसको कुछ भी नाम दे सकते हैं, हालाँकि नाम देते समय आदमी का सावधान रहना चाहिए क्योंकि उससे बहुत सारे भिन्न-भिन्न अर्थ भी निकल जाते हैं। तो अभी तो मैं आपके प्रश्न के सन्दर्भ में इतना ही समझ पा रहा हूँ। कोशिश करूँगा कि और समझूँ। लेकिन मैं जरूर इस बात की तलाश में लगा रहूँगा कि वह विलक्षणता क्या है, जिसको बिहारी कहते हैं, 'वह चितवन और कछू'।

कई बार कवि अपने पाठकों से यह अपेक्षा रखते हैं कि उनकी कविता को पढ़ने वाले प्रबुद्ध हों या सहृदय हों। क्या आप भी अपने पाठकों से कुछ इसी प्रकार की अपेक्षा रखते हैं कि वे ऐसे-ऐसे हों और क्या यह ध्यान में रखकर कविता करते हैं?

मुझे कई बार सन्देह होता है कि ये खास विवेक, खास बुद्धि और आम बुद्धि और आम सहृदयता का विभाजन उचित है कि नहीं, क्योंकि कई बार हम देखते हैं कि कई कविताएँ सुजनों और सामान्य जनों को समान रूप से प्रिय लगती हैं तब क्या सहृदयता को श्रेणीबद्ध किया जाना चाहिए या एक सर्वसाधारणीकरण के रूप में ही देखा जाना चाहिए क्योंकि साधारणीकरण को भी हम महत्त्व देते रहे हैं और काव्य की विशेषता भी मानते हैं?

तो 'सहृदय' की माँग करना...?

इसका उत्तर देने की बजाय मैं आपसे प्रश्न करता हूँ कि यह 'सहृदय' और 'सामान्य' का भेद करना 'कविता की सराहना' के क्षेत्र में औचित्यपूर्ण है या नहीं है? साधारणीकरण फिर क्या है? तुलसीदास की कविता को ही ले लीजिए। जो सन्त-कवि हैं, उन्होंने कविता के साधारणीकरण का पक्ष लिया है और लोक-परिचित प्रतिमानों को चुना है। जैसे कबीर कहते हैं कि 'झीनी झीनी रे चदरिया'। 'चदरिया' एक सामान्य सन्दर्भ है। किन्तु कविता में प्रयुक्त होते ही एक जानी-पहचानी विद्रूपता के साथ वह हमारे भाव-लोक को चमत्कृत करना सहज ही आध्यात्मिकता का रहस्य समझता है।

सृजन का एक आयाम 'अतीत राग' में देखा जा सकता है। क्या 'अतीत राग' भाग-2 की भी प्रतीक्षा की जा सकती है?

यह एक भाग भी अनायास ही छप गया है जिसकी मैंने कोई योजना नहीं बनाई थी। शायद मेरी आयु को देखकर (मेरे पुत्र) अनुराग ने यह सोचा हो कि मैं अपनी बिखरी हुई सारी रचनाओं व्यवस्थित कर लूँ...। इस दृष्टि से मैंने उन्हें इकट्ठी कर

लीं। अनुराग के प्रयत्नों और राजकमल के व्यवस्थापक भाई अशोक महेश्वरी के अनुग्रह से प्रकाशित हो गई। हिन्दी में अभी भी इस प्रकार की सुविधा प्राय: मुहैया नहीं होती।

काव्य को लेकर आजकल का माहौल क्या निराशा पैदा करने वाला नहीं है? कवि-सम्मेलनों की गिरती साख उसे और अधिक शोचनीय बना देती है...कुल मिलाकर आपकी क्या प्रतिक्रिया होगी इस बारे में?

देखिए, अब आप कठिन से 'कठिनतर' प्रश्न करते जा रहे हैं। पहले आपने बहुत सरल-सरल प्रश्न किए थे, अब कठिन प्रश्नों में फँसाते चले जा रहे हैं। जिन्हें आप सरल मान रहे हैं, उसके पीछे पूरी एक सामाजिक बदलाव की प्रक्रिया है। इन कवि-सम्मेलनों की बढ़त का क्या कारण है...तो आप देखेंगे कि इनका कारण शहरों के बड़े होने से और मध्यवर्ग की आर्थिक सम्पन्नता से जुड़ गया है। आप बड़े शहरों में जाइए तो मालूम पड़ेगा कि वहाँ अधिकांश स्त्रियाँ अपने पतियों के सान्निध्य की प्रतीक्षा करती रहती हैं। इन कवि-सम्मेलनों में एक ऐसा आकर्षण होता है जिसमें पति-पत्नी दोनों साथ-साथ बैठकर आनन्दित होते हैं और यह एक अवसर मिलता है उन दोनों को साथ-साथ रहने का। मैंने एक बार ऐसे कवि-सम्मेलनों का विश्लेषण किया था। अपने पत्र-वाचन में यह कहा था कि जिन कवि-सम्मेलनों को हम मनोविनोद का माध्यम मान रहे हैं, वे एक प्रकार की स्वास्थ्यवर्द्धक-आरोग्यदायिनी औषधि भी है, क्योंकि यहाँ बैठकर पति-पत्नी—दोनों एक विरक्त जीवन से अनुरक्त जीवन में आ जाते हैं और इसलिए बड़े नगरों में इस प्रकार का वातावरण बनाने में ये कवि-सम्मेलन जान-बूझकर आयोजित भी किए जाने लगे हैं। श्री रामरिख 'मनहर' का नाम आपने सुना होगा जो कवि और 'हँसोड़ संयोजक' भी थे, उनके कवि-सम्मेलनों में जो पति दिनों तक व्यावसायिक गतिविधियों में लिप्त होने के कारण अपने दाम्पत्य जीवन को नहीं सँभाल रहे थे, 2-3-4 घंटे फिर से अपनी पत्नी के साथ बैठकर आनंदित होते हैं। सच पूछा जाए तो उन गृहस्थों का 'कविता' से मतलब नहीं होता, वे केवल अपनी अकेली जिन्दगी की थकान मिटाने का उपाय ढूँढ़ रहे होते हैं जो इस कवि-सम्मेलन से मिल जाता है। लेकिन आप जो दूसरा प्रश्न पूछ रहे हैं कि एक निराशा का वातावरण तो नहीं है, तो मैं गम्भीर कविता के लिए जरूर निराशा का समय कहूँगा। नई कविता मनोविनोद की कविता नहीं है। वह जीवन के गहन मनुष्यों की सामाजिक उथल-पुथल की अभिव्यक्ति है इसलिए एक प्रबुद्ध पाठक वर्ग की अपेक्षा करती है। इसी प्रसंग में ध्यान देने की बात यह है कि हास्य कवि-सम्मेलनों की आवश्यकता भी धीरे-धीरे कम होती जा रही है क्योंकि टी.वी. ने अपने चैनलों से प्रोफे शनल हास्य-अभिनेता जोड़ लिये हैं। वे विविध प्रकार के 'लाफ्टर' कार्यक्रम दिखाते हैं।

सुना है, आपको वकालत की पढ़ाई करने के लिए भेजा गया और कवि बनकर लौटे। कैसे कुछ हुआ यह बदलाव?

राजस्थान में तब बहुत कम कॉलेज ऐसे थे, जहाँ एम.ए. की पढ़ाई हो सके। जब मैंने बी.ए. पास कर लिया तब मैंने उस समय कई वाद-विवाद प्रतियोगिताओं में भाग लिया था और कविता पाठ तो मैं करता ही था। जब मैं थोड़ा युवा हो गया तो मैं अच्छी तरह कविता पाठ करने लगा। एक विशेष प्रकार के आरोह-अवरोह के साथ मेरा उच्चारण भी शुद्ध और स्पष्ट—ये सब होने के कारण और पिता ने सोचा कि मुझे एल.एल-बी. कर लेना चाहिए। उस समय एक सुविधा यह थी कि एम.ए. और एल.एल-बी.—दोनों तीन साल में हो जाते थे यानी कि बी.ए. के बाद एम.ए., एल.एल-बी. तीन साल में हो जाता था। नियम यह था कि दो फाइनल परीक्षाएँ एक साथ नहीं दे सकते। इस तरह एम.ए., एल.एल-बी. में दाखिल लेकर मैं आगरा यूनिवर्सिटी में पढ़ने लगा। एल.एल-बी. की क्लासेज संध्या में होती थीं। थोड़े दिनों बाद ही इन सांध्यकालीन कक्षाओं से मेरा मन उचटने लगा। मुझे लॉ की पढ़ाई नीरस लगने लगी। संयोग से कुछ ही दिनों बाद किसी पर्व या त्योहार के अवसर पर अजमेर आया जहाँ मुझे डी.ए.वी. कॉलेज में अनायास नौकरी मिल गई। नौकरियों के लिए मुझे कभी प्रयत्न नहीं करने पड़े। इस तरह मेरी एल.एल-बी. की पढ़ाई छूट गई और अध्यापक-जीवन शुरू हो गया जिसको अन्त तक निभाता रहा।

शुरुआती दिन ब्रजभाषा में कवित्त सवैया लिखने का था। क्या आप याद कर सकते हैं कि क्या थी आपकी आदि कविता?

मैंने बताया आपको, वही थी मेरी आदि कविता जो 'समस्या-पूर्ति' थी—'हमारे हैं'। वह जो समस्यापूर्ति थी, उसमें राजा का ही गुणगान था। यह न समझें कि वह कोई राष्ट्रीयता की कविता थी। ऐसे हमारे नृपति हैं। इनमें ये-ये-ये-ये गुण हैं। वे वैभव में इन्द्र जैसे हैं या पार्थ प्रणवारे हैं। सब अतिशयोक्तियाँ थीं। राजा को प्रसन्न करने वाली थीं।

एम.ए. प्रीवियस में रहा होऊँगा मैं तब आपको 'ओ ह्वेनसांग' कविता सस्वर पढ़ते हुए सुना था। लीक से हटकर लगी थी वह और हाल ही में 'महाराज' कविता भी सुनी, तो 'ह्वेनसांग' से लगाकर 'महाराज' तक की कविता...यदि पीछे मुड़कर देखें तो कैसा महसूस करेंगे? वे कौन-से स्थल हैं, जो आपको सर्वाधिक आह्लादित करते हैं? दरअसल मैं जानना यह चाह रहा था कि आपकी कविता-यात्रा में कई पड़ाव-मुड़ाव, माइल स्टोन रहे होंगे...?

काव्य-यात्रा के जो पड़ाव हैं, वे हमारे आन्दोलन से चिन्हित होते हैं, जैसे प्रयोगवादी, प्रगतिशील या सुररियेलिस्टिक या दादावादी, एक्जिस्टन्सिये—लिस्ट इत्यादि। अगर

आप पीछे मुड़कर देखें तो सबसे बड़ी बात वह यह है कि प्रारम्भ की जो बहुत सारी कविताएँ हैं, वे भाववादी सिम्पलीफिकेशन्स हैं, वे स्थूलताओं में ज्यादा उलझी हुई हैं। लेकिन जो बाद वाली कविताएँ हैं, जैसे 'उत्सव का निर्मम समय' में एक कविता है—'किला' या 'किताब', बहुत लोगों को 'किला' बहुत अच्छी लगी। मुझे भी बहुत अच्छी लगती है। 'किताब' अन्तराल से लिखी गई थी। लेकिन बहुत सारे लोगों को वह प्रभावित नहीं कर सकी। उसमें एक फिलॉसोफिकल टोन है। यह धीरे-धीरे अमूर्तीकरण हुआ था कविता का। मुझे ऐसा लगने लगा कि जो स्थूलताएँ हैं, वे बाहरी रंग तो पैदा करती हैं लेकिन जो सामाजिक परिवर्तन की समस्याएँ या जिन्दगी के विषाद हैं, उन्हें व्यक्त नहीं करतीं। जैसे 'किला' कविता में देखें, जब सब स्त्रियाँ आत्मदाह के लिए जाती हैं, उनसे भी यह पूछा जाता है कि वे कैसे गई थीं—अँधेरा था या उजाला था? बुर्ज पर उनको कोई देखने वाला था या नहीं था? किशोरियाँ थीं वे या वृद्धाएँ थीं। हमें ऐसा लगता है, जैसे वे बड़ी साहसिक थीं! बाहर से वह साहस लगता है लेकिन अन्दर से जो उनका क्षत-विक्षत होता संसार था, अप्रत्याशित मृत्यु थी, उसका कॉनसैप्चुअलाइजेशन मुझे ज्यादा मार्मिक लगने लगा और यह भी लगने लगा कि विषाद के जो बाहरी आवरण हैं, वे इतने मारक नहीं हैं जितना अन्दर का क्षरण है या अन्दर का टूट जाना है या अन्दर का दुःख। यह नहीं कि वह अन्दर का दुःख व्यक्तिगत दुःख है...वह एक सामाजिक परिवर्तन भी है। दरअसल निराशा की कविताएँ रोने की कविता नहीं होतीं, कुछ होने की भी होती हैं। रोने और होने में अन्तर करना चाहिए। आप निराशा में रो भी सकते हैं और निराशा में आप फिर से पैदा भी हो सकते हैं। मुझे निराशा बुरी नहीं लगती क्योंकि अगर वह जीवन में है और जीवन का सत्य है तो कविता में भी उसका आना क्या बुरा है? लेकिन बहुतों को लगता है कि ये निराशा की कविताएँ व्यक्तिवादी होती हैं, जैसे वह जो चैक लेखक है काफ्का—फ्रैंज काफ्का—मुख्य धारा के बहुत सारे...खासतौर पर समाजवादी खेमे के लेखक साहसिक साहित्यकार नहीं मानते। उनको उसमें कोई सम्भावनाएँ नजर नहीं आतीं। मुझे नहीं लगता कि काफ्का को इतने तिरस्कार की दृष्टि से देखना चाहिए। बहुत सारा स्थूलीकरण कविता के मर्म को नष्ट कर सकता है और यह कि जानबूझकर स्थूलीकरण करना इसलिए कि वह समझ में आ जाएगी, कवि कर्म को एक आयामी बना सकता है।

लेकिन आप कविता में लगातार सूक्ष्म से सूक्ष्मतर होते चले जाएँगे तो समझने वालों की तो कमी होती चली जाएगी न? कितने लोगों के लिए वे 'ग्राह्य' हो पाएँगी?

मुझे यह लगता है कि दोनों तरफ से होना चाहिए समाजीकरण। मतलब अगर आप एक बिलकुल निर्बुद्धि समुदाय...एक पूरे बाहर-बाहर देखने वाले समुदाय में ही

कविता करते रहे तो भी कविता का क्षरण हो जाएगा। अगर आप एक ऐसे समुदाय के लिए कविता करें, जिसको कविता के रस-बोध की कोई चिन्ता न हो तो वह समाज भी कभी संवेदनशील समाज नहीं बनेगा। कविता अगर संवेदनशील समाज बनाती है तो संवेदना एक कठिन पक्ष तो है ही, खास तौर पर एक हिंसक समाज जब बन रहा हो, तो आप कविता की क्या भूमिका सोचते हैं?

कविता एक औजार बन जाएगी तब...?

यह औजार की जो बात है, यह अपने-आपमें कविता का लक्ष्यच्युत होना है क्योंकि तब आप उसको सीमित कर देंगे। आपकी आन्तरिक आवश्यकता, आवेश सबको दरगुजार कर आप केवल आक्रोश अभिव्यक्त कर रहे होंगे।

तो फिर वही पुराना सवाल सामने आ जाता है कि कला किसके लिए है? कला कला के लिए है या जीवन के लिए है?

नहीं, उसकी चिन्ता नहीं करनी चाहिए। सवाल आते रहें, बार-बार भी सवाल आते रहें और हम बार-बार उसका उत्तर देते रहें और बार-बार उन डायमेंशन्स को खोजते रहें, जो हमारी लापरवाही में विलुप्त भी हो सकते हैं। इसमें आपको क्या नुकसान मालूम होता है कि सवाल बार-बार आ जाते हैं?

नहीं, नहीं, नुकसान की बात नहीं है...।

कोई बात नहीं अगर मनुष्य है और उसमें जिजीविषा है तो पुराने सवाल भी आएँगे और नए सवाल भी आएँगे और उनका उत्तर भी देना पड़ेगा और हो सकता है, पुराने तरीके से रिपीट भी करना पड़े। आखिर पुराने का भी तो मनुष्य ने उत्तर दिया है। अगर मनुष्य ने पुराने सवालों को भी 'इंटरप्रेट' किया है तो आपको कैसा लगता है? नहीं, आप बताइए न? नहीं, यह मेरा जो प्रश्न है, जिसे कुछ उग्र होकर पूछा आपसे ...आप भी एक साहित्यकर्मी, एक आलोचक हैं...उत्तर दीजिए न? क्या किसी प्रश्न का एक उत्तर हो सकता है?

नहीं, यह मैंने कब कहा?

अच्छा, अगर आपका प्रश्न पुराना भी है...पुराना प्रश्न इतना पुराना हो गया है कि वह जैसे जीर्ण वस्त्र हो गया हो, जिसमें गर्मी बिलकुल न रह गई हो!

कविता के लिहाज से आपका कोई रोल मॉडल भी रहा है, जैसे मैथिलीशरण गुप्त का यह कहना था कि 'राम तुम्हारा चरित स्वयं ही काव्य है, कोई कवि बन जाए सहज संभाव्य है'? रांगेय राघव तुलसीदास की लोकप्रियता और प्रसाद की कविता के कायल रहे हैं, क्या आपका...?

नहीं, मैं नहीं सोचता कि कोई रोल मॉडल रहा है। दरअसल हम लोगों की जो ट्रेनिंग हुई है, हम लोग साहित्य के जिस वातावरण में रहे हैं और जिस दौर से गुजरे हैं, उसमें मताग्रह इतना नहीं रहा। यों आधुनिकतावादी जिन कवियों को पुराना मानते हैं, उदाहरण के लिए जैसे दिनकर की छन्दोबद्धता...दिनकर का ओज मुझे प्रिय लगता है। उनके 'उर्वशी' के कुछ अंश, छन्द, आपको मालूम है, मुझे कंठाग्र है। यहाँ तक कि मुझे ब्रजभाषा के पद्माकर जैसे कवि, जो अनुप्राप्त को सर्वाधिक काम में लेते हैं, आनन्दित करते हैं। लेकिन मैथिलीशरण जी के राम की तरह किसी रोल मॉडल की बात करें कि कृष्ण हैं या शिव हैं या कि हनुमानजी तो मैं कहूँगा—न देवता न मनुष्य।

मुझे ब्लादिमीर मायकोवस्की पसन्द है?

हाँ-हाँ, जरूर पढ़ा और पसन्द आया होगा। क्या आपने बस मायकोवस्की को पढ़कर समाप्त कर दिया? आपने तो खूब पढ़ा है और मुझे भी पढ़ने को दिया है। मायकोवस्की को यत्किंचित मैंने भी पढ़ा है और कविताएँ भी पढ़ीं अंग्रेजी की, जैसे इलियट की कविताएँ—एजरा पाउंड की।

एलेन गिन्सबर्ग को पढ़ा आपने?

एलेन गिन्सबर्ग की कविताएँ इन्हीं दिनों पढ़ी हैं और दूसरे बीटनिक्स की कविताएँ और उनका जो 'थीरियोराइजेशन' है, 'कॉन्सेप्चयुलाइजेशन' है, उन्होंने समाज से कैसे विद्रोह किया और एक बीमार और गतानुगतिक समाज की कैसे अवमानना की और अकविता को भी पढ़ा। मैं सामाजिक चेतना जगाने वाले कवि और रचनाकारों और बुद्धिजीवियों को अपना आदर्श मानता हूँ और आज के समाजवादी कवियों का प्रशंसक हूँ, लेकिन समाजवादी कवियों ने जिस प्रकार की कविता के लिए यश पाया, वह स्वर इन दिनों मंद होता नजर आता है।

वे कौन-से बिम्ब, प्रतीक, रंग हैं जिन्होंने आपको गहरे आप्लावित, उद्वेलित कर दिया है?

हाँ, नदी...तो एक तरह से भारतीय जीवन की भी मुझे प्रतीक नजर आती है। उसमें जो एक प्रवाह का, एक कन्टीच्यूटी का, मुझे नदी ऐसी लगती है, जैसे वह मेरी जिन्दगी से मेल खाती हुई कन्टीच्यूटी है। इसलिए वह चाहे-अनचाहे बार-बार आती रहती है और जल भी, जो मेरे खयाल से भारतीय जीवन का एक विशेष अर्थबोध कराता है, उसकी पवित्रता का। और रंग? चटक रंग। मुझे राजस्थानी रंग प्रिय है। आधुनिक सभ्यता के रंग वे मुझे उदास करने वाले लगते हैं। ऐसे ही, जैसे चंदन की गंध मुझे प्रिय है। लेकिन 'परफ्यूम' मुझे ज्यादा तीव्र गंध वाले लगते हैं।

और कैक्टस...?

वे ज्यादा पानी नहीं माँगते, काँटों में भी रंग बिखेरते हैं। 'लहर' के सम्पादक-कवि प्रकाश जैन ने तो बहुत सारे और नानावर्णी कैक्टस के पौधे लगा रखे थे। यों उस समय कैक्टस भी कविता का एक हिस्सा बन गया था। वह 'गुलाब' का प्रतिद्वन्द्वी था।

अज्ञेय ने सृजन को एक 'यंत्रणाभरी प्रक्रिया' कहा है— छोटे-छोटे युद्धों का इतिहास। क्या आप भी कुछ ऐसा सोचते हैं? क्या है आपका प्रि-पोएटरी प्रोसेस?

व्यास जी, यह कि मुझे ऐसा लगता है कि कोई एक खास समय नहीं होता कविता सृजन का। एक पूरे समय ही आप शायद कविता रचते रहते हैं। अज्ञेय जब उसे यंत्रणा-भरी प्रक्रिया कहते हैं तब वे शायद उसकी संश्लिष्टता को ही लक्षित कर रहे हैं। कविता करना कोई सीधी रेखा खींचना नहीं है। व्यक्त करने का क्षण हो सकता है कि बैठें और आप कागज पर लिखें कलम से। लेकिन एक पूरे समय ही आप यह करते हैं। जैसे मैं आपसे बात कर रहा हूँ तो हो सकता है, अन्दर-ही-अन्दर कविता बुन रहा हूँ। जैसे बहुत बार ऐसा होता है, जैसे नींद में ही पूरी कविता हो जाती है।

हर्बर्ट रीड कहता है कि ध्वस्त आकांक्षाएँ, इच्छाएँ, स्वप्न, कला, कविता सृजन के जबर्दस्त कारक होते हैं...?

मैंने हर्बर्ट रीड की एक पुस्तक से कुछ अनुवाद भी किया था। पुस्तक थी 'द थिंग्ज अननोन टु कम'। वे कहते हैं कि बाहर से जो कवि अव्यवस्थित मालूम होता है, वह अपनी चेतना के स्तर पर सन्तुलित रहता है अन्यथा यह कैसे होता है कि जिन्दगी में अव्यवस्थित लगता कवि या लेखक एक ऐसी रचना लिख सके जो आनन्ददायी और प्रेरक हो? यह आश्चर्यजनक नहीं है कि दुनिया की नजरों में पागल से कवि, पागल से चित्रकार, पागल से नाटककार, सन्तुलित, सुव्यवस्थित, ऑर्डरली रचनाओं से दुनिया को समृद्ध करें?

ऑवरफ्लो ऑफ इमोशन्स?

...वर्डस्वर्थ ने कहा था। अंग्रेजी कवियों ने दरअसल बहुत सारी अपनी स्वभावजन्य विवशताओं को भी कविता की डेफिनेशन में शामिल किया, जैसे कॉलरिज व्याख्या करते हैं। एजरा पाउंड अलग।

आपको जो ख्याति मिली और पुरस्कार मिले, क्या उससे आप सन्तुष्ट हैं?

बहुत सारी चीजों में वह भी एक चीज है कि तत्काल आपको अच्छा लगता है। तात्कालिकता अच्छी लगती है लेकिन उसका क्रिएटिविटी या सृजनात्मकता पर कोई असर होता है, मैंने इस तरह कभी अनुभव नहीं किया।

पर प्रोत्साहन-पैकेज तो है ही यह एक?

नहीं, प्रोत्साहन बिलकुल एक बाहरी वस्तु है। मुझे प्रसन्न करती है लेकिन 'प्रोत्साहित' करती है। इस क्रिया-पद को काम में लेते हुए थोड़ा संकोच करूँगा। प्रसन्नता हमेशा प्रोत्साहित ही करे, यह आवश्यक नहीं।

तो क्या तत्त्व है जो प्रोत्साहित करता है?

इसका कोई स्पष्ट उत्तर नहीं हो सकता। यह कहना मुश्किल है कि बिहारी ने जो एक-एक अशर्फी प्राप्त करते दोहे लिखे, अगर नहीं दी जाती तो वे लिखते या नहीं? मैं नहीं जानता कि रचना का प्रेरणा-केन्द्र क्या है। मेरी दृष्टि से अनेक आवश्यकताएँ हैं—दुनिया की और रचनाकार की, जो लेखन के लिए स्फूर्त करती हैं।

यश भी...?

लेकिन केवल यश भी नहीं। इसके अतिरिक्त भी तो कुछ हो सकता है जिसकी काव्य के प्रयोजनों में गणना नहीं हुई हो! लिखने का प्रयोजन निर्धारित करना जटिल और बहुआयामी है। रचनाकार के लिए जो क्रिएटिविटी का कारण है, वह दूसरे के लिए न हो? कोई निश्चित उत्तर नहीं है। जैसे यह सोचें कि काफ्का एक बीमार आदमी थे इसलिए वे ऐसा लिखते थे। क्या बीमारी उसका कारण था? एडलर कहता है कि एक 'बेसिक हीनता' की क्षति-पूर्ति करने के लिए जो बहुत-से उपाय हैं, लिखना भी उनमें से एक है। फ्रायड के सृजनात्मकता को दमित कामेच्छाओं का उदात्तीकरण मानता ही है। भारतीय काव्यशास्त्र कुछ दूसरी तरह सोचता है।

आजकल आप क्या लिख-पढ़ और सोच रहे हैं?

बहुत सारी बातें होती रहती हैं। मैं कोई विशेष पुस्तक, कोई विषयाधारित या साहित्य से सम्बन्धित, साहित्यकारों से सम्बन्धित या किसी कवि विशेष पर लिखने की तैयारी में लगा हूँ, सो कुछ नहीं है। लेकिन इधर जो सामाजिक समस्याएँ हैं, उनका दबाव बढ़ता हुआ चला जा रहा है। वे मेरे मन पर भी दबाव बनाते हैं। उनके बारे में जरूर मैं चिन्ता करता हूँ और कष्ट भी पाता हूँ कि कितने छोटे-छोटे अन्याय हैं और मनुष्य उनको सह रहा है। उनमें शक्ति आए और वे उसका प्रतिरोध करें।

यह तो ठीक है, पर क्या कुछ पढ़ रहे हैं आजकल?

जैसे दलित विमर्श, तेजी से बदलती दुनिया के बारे में अपनी जानकारियाँ देने वाला साहित्य पढ़ता हूँ और एक बेहतर दुनिया बनाने की चिन्ता करते कुछ लिखता रहता हूँ।

['कला-प्रयोजन' से साभार]